BIBLIOTHÈQUE DU XVIIe SIÈCLE
sous la direction de Delphine Denis et Sophie Houdard
45

Série *Théâtre*
dirigée par Tiphaine Karsenti
8

Arma victricia (Bruges, 1652)

Ouvrage publié avec le soutien de l'Institut des civilisations, arts et lettres (INCAL) et du Centre d'analyse culturelle de la première modernité (GEMCA – Group for Early Modern Cultural Analysis)

Arma victricia

(Bruges, 1652)

Une pièce de théâtre jésuite des Pays-Bas espagnols

Édition sous la direction
de Ralph Dekoninck et Aline Smeesters
Traduction et édition critique par Grégory Ems,
avec la collaboration de Céline Drèze,
Caroline Heering et Dóra Kiss

PARIS
CLASSIQUES GARNIER
2022

Ralph Dekoninck, professeur d'histoire de l'art à l'UCLouvain, codirecteur du GEMCA, poursuit des recherches sur les rapports entre théologie de l'image et théorie de l'art à l'époque moderne. Ses travaux portent également sur la culture du spectacle baroque, les rapports entre arts et liturgie ainsi que sur l'iconographie du martyre.

Aline Smeesters est chercheuse qualifiée du FNRS à l'UCLouvain, où elle codirige le centre GEMCA et mène ses recherches dans le domaine de la littérature néolatine. Elle étudie en particulier la poésie néolatine (y compris le théâtre), les écrits de circonstance, les productions jésuites, ainsi que les croisements entre poétique classique et philosophie scolastique à l'époque moderne.

Grégory Ems, docteur en langues et lettres de l'UCLouvain, est un philologue classique spécialisé dans la littérature néolatine du XVIIe siècle. L'essentiel de ses publications est consacré aux emblèmes composés en grec ancien et en latin par les élèves des collèges jésuites de Bruxelles et de Courtrai au XVIIe siècle.

Céline Drèze, docteure en musicologie, est attachée temporaire d'enseignement et de recherche à l'université de Poitiers, collaboratrice scientifique à l'UCLouvain et membre associée à l'Institut de recherche en musicologie (Paris, CNRS). Ses recherches portent sur la culture musicale des communautés religieuses dans les anciens Pays-Bas, en France et en Italie, du XVIe au XVIIIe siècle.

Caroline Heering est chargée de recherche à l'UCLouvain et collaboratrice scientifique à l'IRPA (projet Fed-twin Christina). Docteure en histoire de l'art, elle a travaillé sur la question de l'ornement, envisagé d'un point de vue théorique, historique et formel, à travers ses expressions dans l'architecture, la peinture, la sculpture, la liturgie et la culture du spectacle baroque.

Dóra Kiss, danseuse, musicologue et chercheuse en danse, a publié *Saisir le mouvement*. Elle a consacré par ailleurs une quinzaine d'articles à la question de l'écriture et de la lecture de la danse du XVIIIe siècle. Actuellement, elle travaille sur les écrits de la danse conservés en Suisse ; elle élabore notamment un catalogue sur le sujet.

ISBN 978-2-406-12588-4 (livre broché)
ISBN 978-2-406-12589-1 (livre relié)
ISSN 2105-9527

INTRODUCTION GÉNÉRALE

La pièce de théâtre néolatine *Arma victricia*, tragédie en trois actes avec intermède comique et ballet, fut jouée entre le 23 et le 26 septembre 1652 par les élèves du collège jésuite de Bruges, appartenant à la province flandro-belge de la Compagnie de Jésus[1]. À travers le sujet biblique de la tragédie (la victoire de Judas Maccabée sur Nicanor) et le sujet mythologique de l'intermède (la Gigantomachie), c'est en réalité un événement militaire contemporain qui est célébré par le collège : la reprise de Gravelines (17 mai 1652) et de Dunkerque (16 septembre 1652) par le gouverneur Léopold-Guillaume[2].

Ce genre de spectacle était fréquent dans les collèges jésuites du XVIIe siècle : chaque collège en produisait au moins un par an. À côté des exercices déclamatoires et des représentations de moins grande envergure qui ponctuaient l'année scolaire (et exception faite de la célébration de circonstances exceptionnelles), un grand spectacle était en général donné en automne, à l'occasion de la fin ou de la reprise de l'année scolaire, souvent en même temps que la distribution des prix. Il s'agissait presque

---

1 De 1564 à 1612, il existe une province jésuite belge ; de 1612 à 1773, deux provinces séparées : flandro-belge et gallo-belge.

2 Bibliographie de base sur cette pièce : Jozef Mertens et Franz Aumann (éd.), *Krijg en Kunst. Leopold Willem (1614-1662), Habsburger, Landvoogd en Kunstverzamelaar*, Alden Biesen, Landcommanderij Alden Biesen, 2003 (voir les articles de Goran Proot, « Leopold Willem en het Jezuïetentoneel in de 'Provincia Flandro-Belgica' », p. 65-70, spécialement p. 66-67 et 69 (avec reproductions de trois dessins) ; Jozef Mertens, « De gehuldigde krijgsheer », p. 71-87, spécialement p. 82 ; Piet Stryckers, « *Vivat Vivat Leopoldus, Mecenatus nostri munificentissime.* Het muziekmecenaat van Leopold Willem in Brussel », p. 109-118, spécialement p. 117 ; catalogue n° II.2.34, p. 219) ; Renate Schreiber, *« Ein galeria nach meinem humor ». Erzherzog Leopold Wilhelm*, Vienne, Kunsthistorisches Museum Wien, 2004 (Schriften des Kunsthistorischen Museums, 8), p. 152-153 (avec reproduction de deux dessins) ; thèse de doctorat inédite de Goran Proot, *Het schooltoneel van de jezuïeten in de* Provincia Flandro-Belgica *tijdens het ancien régime [1575-1773]*, Proefschrift (Promotor : prof. dr. H. Meeus), Universiteit Antwerpen, Faculteit Letteren en Wijsbegeerte, 2008, second volume *Spectacula Iesuitica Belgica Antiqua* (ci-après abrégé *SIBA*), p. 157-158, B(rugg)e 37-38.

toujours de pièces en latin, souvent des tragédies ponctuées d'intermèdes plus légers, et éventuellement agrémentées de danses. Les fonctions de ce théâtre étaient multiples : pédagogiques (maîtrise de la langue latine, diction, maintien, mémoire, confiance en soi…), publicitaires (vitrine pour le collège) mais aussi morales, religieuses et souvent politiques[3] (à travers les messages et les valeurs véhiculés par les pièces).

Le théâtre des jésuites fait l'objet de recherches depuis la fin du XIXe siècle ; depuis quelques décennies, il profite du regain d'intérêt que connaissent, d'une part les lettres néolatines, d'autre part l'histoire de la culture du spectacle pendant la première modernité. Il est même devenu ces dernières années l'un des domaines les plus actifs de la recherche en néolatin[4]. La plupart des travaux semblent indiquer que le théâtre scolaire jésuite a eu un impact bien réel sur la vie littéraire, artistique et musicale contemporaine. Les jésuites veillaient en effet à être à la pointe des évolutions du goût, des courants et des techniques artistiques. En outre, leurs spectacles touchaient un large public : une bonne partie de

3 Sur la dimension politique du théâtre des jésuites belges, voir notamment : Annick Delfosse, « Quand la politique est conviée sur les planches. Spectacles, patriotisme et morale politique dans les collèges jésuites belges au XVIIe siècle », dans Philippe Desmette (éd.), *Église, pouvoir civil et enseignement (XVIe-XVIIIe siècle)*, Bruxelles, Presses de l'Université Saint-Louis, 2008, p. 33-55.

4 Victoria Moul (éd.), *A Guide to Neo-Latin Literature*, Cambridge, Cambridge University Press, 2017, p. 229. Les travaux répondent généralement à une logique géographique, couvrant un pays, une région voire même un collège particulier. Quelques références incontournables : pour les Pays-Bas espagnols : Goran Proot, *Het schooltoneel van de jezuïeten in de* Provincia Flandro-Belgica, *op. cit.*, 2008. Pour la France : François de Dainville, *L'éducation des jésuites (XVIe-XVIIIe siècle)*, textes réunis et présentés par Marie-Madeleine Compère, Paris, Minuit, 1978 ; Anne Piéjus (éd.), *Plaire et instruire. Le spectacle dans les collèges de l'Ancien Régime*, Rennes, Presses Universitaires de Rennes, 2007. Pour le monde allemand : Jean-Marie Valentin, *Le théâtre des jésuites dans les pays de langue allemande (1554-1680)*, 3 vols, Berne, Peter Lang, 1978 ; Idem, *Theatrum catholicum : les Jésuites et la scène en Allemagne au XVIe et au XVIIe siècles*, Nancy, Presses universitaires, 1990 ; Idem, *Les Jésuites et le théâtre (1554-1680). Contribution à l'histoire culturelle du monde catholique dans le Saint-Empire romain germanique*, Paris, Desjonquières, 2001 ; Frank Pohle, *Glaube und Beredsamkeit. Katholisches Schultheater in Jülich-Berg, Ravenstein und Aachen (1601-1817)*, Münster, Rhema, 2010. Pour l'Italie : Bruna Filippi, *Il teatro degli argomenti : gli scenari seicenteschi del teatro gesuitico romano. Catalogo analitico*, Rome, IHSI, 2001. Sur le théâtre néolatin (y compris mais pas seulement jésuite) en Europe : Jan Bloemendal et Howard B. Norland (éd.), *Neo-Latin Drama and Theatre in Early Modern Europe*, Leiden-Boston, Brill, 2013 ; Philip Ford et Andrew Taylor (éd.), *The Early Modern Cultures of Neo-Latin Drama*, Louvain, Leuven University Press (Supplementa humanistica Lovaniensia XXXII), 2013.

la population instruite de l'Europe catholique avait soit fréquenté un collège jésuite, soit assisté un jour à un de ces spectacles de collège[5].

Si ce genre de théâtre jésuite scolaire commence donc à être mieux connu des chercheurs, rares sont les témoignages aussi complets et précis à être passés à la postérité : des *Arma victricia* de 1652, nous avons conservé en effet, non seulement deux exemplaires du livret-programme en néerlandais[6], mais aussi un manuscrit commémoratif reprenant à la fois l'intégralité du texte latin de la pièce (assorti d'arguments et de didascalies), onze dessins représentant les décors et les acteurs ou danseurs costumés, et quatre partitions[7]. La remarquable richesse du contenu de ce dernier document nous a convaincus d'en proposer une édition-traduction complète, en fournissant au lecteur, en introduction, les matériaux et clés de lecture nécessaires à sa bonne compréhension.

Après un synopsis de la pièce, nous présenterons plus en détail les sources qui en font témoignage (programmes imprimés, manuscrit). Nous tenterons ensuite de remettre la pièce dans son contexte de production, à la fois politique (la régence de Léopold-Guillaume, la prise de Gravelines et de Dunkerque) et scolaire (la résidence jésuite de Bruges, les conditions humaines et matérielles du spectacle). Nous nous pencherons alors plus en détail sur le texte de la pièce et sa structure, sur les partitions et la musique, et enfin sur les illustrations du manuscrit et ce qu'elles nous laissent reconstituer des décors et de la chorégraphie.

5 Voir Judi Loach, « Performing in Latin in Jesuit-run Colleges in mid- to late-17th-century France : why, and with what consequences ? », dans Ford et Taylor (éd.), *The Early Modern Cultures*, *op. cit.*, p. 113-139.

6 Voir ci-dessous (section « le programme », p. 18-20).

7 Vienne, ÖNB, Bibl. Pal. Vind. Cod. 12.434. Voir ci-dessous (section le « manuscrit commémoratif », p. 20-21).

SYNOPSIS DE LA PIÈCE

La pièce est fondée sur l'enchâssement de trois récits : le premier, historique, occupe le prologue et l'épilogue (qui font ensemble 177 vers), le second, biblique, est l'objet de la tragédie en trois actes (286 vers), et le troisième, mythologique, est développé par un intermède comique en prose en deux parties (250 lignes au total dans le manuscrit)[8].

Le prologue et l'épilogue racontent, à travers la mise en scène de personnages principalement allégoriques, les vicissitudes que connaît la Flandre, champ de bataille principal du conflit franco-espagnol, puis la joie que lui apportent les victoires de son gouverneur Léopold-Guillaume.

La tragédie principale (en trois actes) raconte un épisode biblique tiré du deuxième livre des *Maccabées* (2 Macc. 15) : la victoire de Judas Maccabée sur Nicanor. Cet épisode appartient à la guerre qui opposa les Séleucides aux Juifs suite à la tentative des premiers d'imposer de force l'hellénisme dans les territoires conquis, au détriment des croyances et des coutumes des peuples qui y vivaient. Lysias, le lieutenant du roi Antiochus IV, chargea plusieurs généraux, dont Nicanor, de mater la révolte des Juifs, menée par Judas Maccabée de 166 à 160 av. J.-C. Celle-ci se conclut par la défaite et la mort de Nicanor lors de la bataille d'Adasa[9].

Enfin, le double intermède comique s'inspire d'un épisode de la mythologie antique : la Gigantomachie, c'est-à-dire la rébellion des Géants contre les dieux Olympiens, lors de laquelle les Géants ont entassé des montagnes pour atteindre le ciel. Mais l'intermède représente cet épisode de façon burlesque, et à travers un procédé de mise en abyme, puisque cette gigantomachie est représentée comme jouée par de petits valets sur les consignes de leur maître.

Au final, ces récits visent tous les trois à la célébration du gouverneur Léopold-Guillaume et à la mise en valeur de sa devise, la « Crainte du

8 Pour faciliter les référencements, nous avons intégré dans notre édition une numérotation des lignes telles qu'elles se présentent sur le manuscrit.

9 Voir le *Dictionnaire encyclopédique de la Bible*, 3e éd. revue et augmentée, Turnhout, Brepols, 2002, en particulier les notices « Maccabées, livres » par Jean-Claude Margot (p. 775-777), « Lysias » par Adrianus van den Born et André Lacocque (p. 773-774) et « Nikanor » par Adrianus van den Born et Marie de Mérode (p. 909).

Seigneur » – illustrée à la fois par l'exemple de Judas (qui se laisse guider par le Seigneur dans sa juste rébellion, et aboutit à la victoire), et par le contre-exemple des simili-géants (qui se lancent dans une rébellion injustifiée et téméraire contre le roi des Dieux, et finissent vaincus). Le spectateur observe ainsi tout au long de la pièce le triomphe de la piété (c'est le thème de la *pietas triumphans*).

Arma victricia a par ailleurs la caractéristique d'être une tragédie qui « finit bien ». De fait, une tragédie à dénouement positif était tout à fait envisageable à l'époque (quoique le point fût discuté), dans la mesure où ce genre théâtral était principalement défini, en référence à Aristote, par le caractère noble de ses personnages (par opposition au caractère populaire des personnages de comédie)[10].

PROLOGUE (112 VERS)

Le prologue met en scène l'allégorie de la Flandre qui déplore ses nombreux malheurs ; la déesse Pallas Athéna tente de la consoler et lui propose de se choisir un « champion » parmi une série de héros antiques (Hercule, Épaminondas, Persée, Achille, un Parthe et Énée). Notons que les héros en question apparaissent, sur l'illustration du manuscrit (fol. 2[r]), sous la forme d'une galerie de statues. Mais alors que la Flandre reste hésitante, son Génie Tutélaire apparaît et lui conseille de confier plutôt son sort à la Crainte du Seigneur, dont l'allégorie descend alors du ciel sur un nuage, porteuse du glaive de Judas Maccabée. Aux vers 103-106, la Crainte du Seigneur propose à la Flandre de se divertir utilement en regardant une pièce de théâtre représentant l'histoire de Maccabée – la tragédie est donc explicitement introduite en tant que pièce enchâssée dans une autre, selon un procédé de mise en abyme.

ACTE I (113 VERS)

Le premier acte s'ouvre sur un monologue de Judas, qui déplore le caractère désespéré de sa situation mais se déclare prêt à lutter envers et

10 Une synthèse de la question est proposée par le jésuite Franz Lang dans sa *Dissertatio de actione scenica* (Munich, Maria Magdalena Riedlin, 1727), p. 82-93 ; Lang cite les avis d'autres jésuites, comme Donati, Le Jay et Jouvancy. En résumé, il estime qu'il suffit à la définition de la tragédie qu'elle mette en scène une personne illustre, même si l'issue n'est pas malheureuse ; par contre, il est souhaitable que dans le cours de la tragédie interviennent des difficultés, des périls, des chagrins et des craintes (p. 89-90).

contre tout. Arrive alors un groupe de nobles, dont la fonction dans la pièce est similaire à celle du chœur des tragédies antiques. Les nobles, entrant en dialogue avec Judas, tentent de le convaincre de se résigner, mais en vain. Cet entretien entre la noblesse et Judas Maccabée fait ressortir les traits du héros : un homme noble et de valeur, prêt à affronter la mort toute proche avec dignité, prêt à mourir pour sa patrie, pour ses ancêtres et pour les siens, un homme qui nourrit aussi une confiance absolue dans le Seigneur. Judas demande finalement aux nobles de le laisser seul ; puis, après une prière adressée à Dieu, dans laquelle le héros place son peuple sous la protection divine, Judas s'endort. Suit un passage chanté, sous forme de complaintes entonnées par les allégories de Jérusalem et de deux de ses compagnes. La scène suivante correspond à un songe fait par Judas, qui voit lui apparaître le grand prêtre Onias ainsi que le prophète Jérémie. Ce dernier offre à Judas un glaive doré, cadeau de Dieu lui-même, et lui promet la victoire. Jérusalem et ses compagnes entonnent alors un nouveau chant, de soulagement cette fois. À la fin du chant, Judas se réveille empli d'un courage nouveau et, fort des armes de Dieu, se prépare à mener bataille séance tenante contre Nicanor.

PREMIÈRE PARTIE DE L'INTERMÈDE (149 LIGNES)

Au début de l'intermède, nous voyons un maître ordonner à ses valets (eux-mêmes joués par des *parvuli pueri*, de tout jeunes enfants, selon une didascalie) de mettre en scène un spectacle de gigantomachie au profit des spectateurs. La lutte contre Jupiter est donc menée par des *Gigantes mimici* (des « simili-géants ») aux réactions enfantines, prompts à s'enthousiasmer (par exemple à la promesse de friandises) comme à trembler de peur à la vue de leurs adversaires. Tout au long de l'intermède, le maître reste présent pour donner ses instructions aux « acteurs » et les encourager, rappelant ainsi en permanence aux spectateurs le caractère doublement fictif des scènes qui se déroulent sous leurs yeux.

Le projet assigné aux « simili-géants » est d'attaquer la salle de banquet des dieux et d'en chasser Jupiter, avant d'y faire librement bombance (lignes 25-30). Alors que les simili-géants se mettent en ordre de bataille, l'un des valets (Strobile) vient annoncer que leurs préparatifs ont déjà éveillé la crainte de Jupiter, qui a commandé de nouvelles foudres à Vulcain et ses Cyclopes. La petite troupe part donc en direction de l'antre de Vulcain (l. 55-61). À ce moment (selon une didascalie), la montagne au fond du décor s'ouvre pour révéler les Cyclopes au travail. Les simili-géants, effrayés par la vue des Cyclopes, avancent néanmoins et parlementent avec Vulcain ; à la ligne 90, ils lancent carrément l'attaque contre Vulcain et ses Cyclopes, qui les repoussent au moyen de leurs soufflets et menacent de les battre sur leur enclume. Les simili-géants finissent par demander grâce et battent en retraite ; mais l'un d'entre eux a profité de la diversion pour subtiliser les foudres de Jupiter, tandis qu'un autre a dérobé la hache de Vulcain. Ils se donnent alors rendez-vous le lendemain sur le mont Olympe, chacun étant chargé d'y apporter une montagne sur son dos.

ACTE II (82 VERS)

L'acte II de la tragédie transporte les spectateurs dans le camp ennemi, où Nicanor se vante de ses forces en lesquelles il met toute sa confiance. Il apparaît ainsi comme un symbole d'*hybris*, prenant à la légère la puissance de Dieu. Nous assistons ensuite aux préparatifs de Judas, qui exhorte ses compagnons au courage et leur promet l'aide divine ; les soldats qui l'entourent lui apparaissent tout dévoués. Une sonnerie de trompettes et de clairons annonce alors le début du combat. Le combat lui-même est, selon une didascalie, « montré par des spectacles » (*exhibetur per spectacula*) ; nous reviendrons plus loin sur le sens à donner à cette expression. Des soldats en fuite annoncent bientôt que Nicanor a péri sous le glaive de Maccabée. Le héros lui-même apparaît alors sur la scène, brandissant la tête de son ennemi. Ses compagnons anticipent déjà les honneurs que leur patrie rendra certainement à Judas, mais ce dernier, dans l'ultime réplique de l'acte II, attribue tout le mérite de sa victoire à Dieu.

DEUXIÈME PARTIE DE L'INTERMÈDE (101 LIGNES)

Dans la seconde partie de l'intermède, les simili-géants arrivent au mont Olympe, peinant sous le poids des montagnes qu'ils transportent. Le maître leur apprend que Jupiter est justement en train de célébrer au ciel ses noces avec Junon (l. 25). Les simili-géants se réjouissent à l'idée de trouver les dieux saouls et donc peu aptes à se défendre. Ils entreprennent d'empiler leurs montagnes ; mais à ce moment, des grondements de tonnerre et des éclairs annoncent l'arrivée de Jupiter, qui apparaît bientôt en personne sur son aigle et lance sa foudre, provoquant l'effondrement des montagnes et la chute des simili-géants[11]. Le maître prend alors une dernière fois la parole, pour tirer la leçon de l'histoire des géants, mais aussi de celle de Nicanor : « Voyez-vous, spectateurs, l'immense folie à laquelle conduisent la confiance des hommes et leur arrogance ? Nicanor et les géants l'ont appris à leurs dépens [...] Vous, tirez les leçons utiles de l'expérience des autres et, en hommes avertis, apprenez à être justes et à ne pas mépriser les dieux » (l. 96-101).

ACTE III (91 VERS)

L'acte III est tout entier consacré au triomphe de Judas Maccabée. La jeunesse et les notables de Jérusalem accueillent triomphalement le héros et, malgré ses protestations, le célèbrent par un ballet au cours duquel un trophée est symboliquement orné de l'armure et des armes de Judas. À la fin du ballet, Judas remercie ses compatriotes mais leur propose une autre mesure visant à glorifier plutôt le Seigneur, véritable auteur de la victoire : le jour du triomphe deviendra férié et sera désormais consacré chaque année à Dieu. C'est à ce moment que surgit l'allégorie de la Crainte du Seigneur, qui retient les danseurs sur scène et leur propose de recommencer un ballet similaire, mais cette fois en l'honneur de Léopold-Guillaume (dont le nom apparaît alors à la place de celui de Judas sur la banderole qui orne le trophée)[12]. Cette dernière

11 Ce type de scène semble avoir été un poncif des intermèdes théâtraux : ainsi, dans la représentation *L'Arimène* de Nicolas de Montreux montée au château de Nantes en 1596, le premier intermède montrait une gigantomachie lors de laquelle des géants entassaient des rochers avant d'être plongés dans l'abîme des Enfers par le foudre de Jupiter. Charles Mazouer, « Les intermèdes de l'*Arimène* de Montreux (château de Nantes, février 1596) », *Les cahiers d'Artes*, 7 (2011), *Corps dansant, corps glorieux. Musique, danses et fêtes de cour en Europe au temps d'Henri IV et de Louis XIII*, éd. Marie-Bernadette Dufourcet et Anne Surgers, p. 141-159 : p. 148.

12 Il n'était pas rare que des trophées soient dressés sur les scènes jésuites en l'honneur de dirigeants victorieux. Voir d'autres exemples dans Annick Delfosse, « Quand la politique est conviée sur les planches », art. cité, p. 46 (trophée à la gloire du roi d'Espagne, dans une pièce du collège namurois en 1642) et p. 51 (trophée à la gloire de la maison de Croÿ sur la scène jésuite luxembourgeoise en 1655). Ce dernier exemple est proche du cas qui nous occupe ; voir la description du premier entrejeu dans le programme de la pièce *Josué gouverneur et capitaine général du peuple de Dieu, représenté en théâtre et dédié à son excellence*

partie de l'acte trois (qui fait aussi intervenir le Génie de l'Autriche et les Génies de la Renommée) sert ainsi de transition avec l'épilogue, assurant le retour au récit premier.

ÉPILOGUE (65 VERS)

L'épilogue célèbre le bonheur retrouvé de la Flandre (dont l'allégorie se réjouit de concert avec ses compagnes, Ypres, Bruges, Gand et le Franc), la victoire maritime remportée par le gouverneur à Dunkerque (avec un chant des sirènes, l'apparition de Neptune et des canonnades tirées par des navires) ainsi que la gloire qui reviendra à Léopold-Guillaume et se répandra sur toute la terre (symbolisée par deux Génies de la Renommée qui s'envolent dans des directions opposées).

LES SOURCES DISPONIBLES : PROGRAMME ET MANUSCRIT COMMÉMORATIF

PROGRAMMES, PIÈCES MANUSCRITES, PIÈCES IMPRIMÉES : QUELS USAGES ?

Dans l'économie théâtrale jésuite du XVIIe siècle, les programmes (ou *periochae*), en général de petits in-4° imprimés, avaient une vocation éphémère : ils étaient distribués au public lors des représentations. On y trouvait typiquement le titre de la pièce, la date, le lieu et l'heure de la représentation, ainsi qu'un argument et un synopsis plus ou moins détaillés de la pièce principale et éventuellement des intermèdes ou du ballet. Parfois, sur la dernière page, la distribution figurait, avec les

---

monseigneur Philippe Croy… par la jeunesse des écoles de la Compagnie de Jésus à Luxembourg… le 21 avril 1655 : « Le Génie de l'Antiquité se disposant à dresser un trophée à Josué, en est empêché par l'opposition de celui de Luxembourg qui veut que ce trophée soit dressé aux beaux exploits de la maison de Croÿ Chimay d'Aremberg, qui sont représentés par cette vistoire de Josué. Pallas les met d'accord, permettant au Génie de l'Antiquité de poursuivre son dessein, à condition pourtant qu'il change de titre et tire de son trésor les ornements de cette très illustre et ancienne maison, pour enrichir ce trophée » (nous modernisons l'orthographe ; le programme est numérisé sur le site du projet « Dramata festiva. Le théâtre des Jésuites au Collège de Luxembourg » – http://w3.restena.lu/cul/PERIOCHAE/Prooemium/T_001_Periochae.html, consulté le 27/12/2020).

noms des élèves et le cas échéant des professionnels ayant participé au spectacle[13]. Les mêmes informations pouvaient aussi être imprimées sous forme d'affiche, comme on peut l'observer dans le cas de la pièce *Arsaces* donnée en 1630 au collège parisien de la Compagnie[14]. Le nom de l'auteur de la pièce, en revanche, était généralement omis : les jésuites considéraient en général les pièces scolaires comme une réalisation collective au service de la formation des étudiants et de la diffusion de la foi catholique, et non pas comme une œuvre personnelle illustrant le talent littéraire d'un auteur. Notons que certains des programmes conservés portent des indications manuscrites (par exemple des dédicaces manuscrites signées), mais dont l'auteur n'est pas nécessairement celui de la pièce[15]. La langue de ces programmes était souvent la langue vernaculaire du lieu, alors que l'immense majorité des pièces étaient jouées intégralement en latin pendant tout le XVIIe siècle : les programmes permettaient donc aussi aux spectacteurs moins familiers avec la langue latine de se faire une idée du sujet de l'action.

Ces programmes ont beaucoup été utilisés par les chercheurs, car ils permettent d'établir la liste approximative des pièces jouées au fil des ans dans les différentes provinces et les différents collèges jésuites, et d'y repérer des constantes ou des évolutions[16]. S'ils permettent de donner une vue d'ensemble du répertoire, les programmes ne fournissent par contre jamais le texte complet des pièces.

La grande majorité des textes dramatiques jésuites semblent en fait n'avoir circulé par écrit que dans le cadre des besoins éphémères de la représentation. Par la suite, ces pièces n'ont pas été systématiquement archivées et beaucoup sont donc aujourd'hui perdues. Un certain nombre

13 Piéjus, « Introduction », dans *Plaire et instruire*, *op. cit.*, p. 17.

14 Le document est accessible en ligne sous forme numérisée : http://gallica.bnf.fr/ark:/12148/btv1b52503907x (consulté le 27/12/2020).

15 Proot, *Het schooltoneel*, *op. cit.*, p. 265.

16 Pour le monde allemand par exemple, voir les répertoires de pièces jésuites fournis par Jean-Marie Valentin et Elida Maria Szarota, *Das Jesuitendrama im deutschen Sprachgebiet. Eine Periochen-Edition*, Munich, Fink, 4 vols, 1979-1987 ; pour la Flandre, voir la thèse de Proot, *Het schooltoneel*, *op. cit.* ; pour l'Italie, Filippi, *Il teatro degli argomenti*, *op. cit.* Sur le taux de conservation de ces documents, voir aussi Leo Egghe et Goran Proot, « The estimation of the number of lost multi-copy documents : a new type of informetrics theory », *Journal of Informetrics*, 1/4 (2007), p. 257-268 ; Eidem, « Estimating Editions on the Basis of Survivals : Printed Programmes of Jesuit Plays in the *Provincia Flandro-Belgica* before 1773, with a Note on the "Book Historical Law" », *The Papers of the Bibliographical Society of America*, 102/2 (2008), p. 149-174.

d'entre elles ont pourtant été conservées, soit sous forme imprimée, soit sous forme manuscrite.

Les éditions imprimées anciennes concernent en général des auteurs jésuites reconnus, dont la réputation littéraire a justifié la publication de leur production théâtrale – que ce soit de leur vivant ou de manière posthume, par leurs propres soins et par ceux d'autres personnes (souvent d'autres membres de la Compagnie), à part, parmi leurs *Carmina* ou *Poemata* ou encore dans des anthologies[17]. Ces éditions imprimées anciennes ne présentent en général que le texte latin des pièces : il est très rare que des partitions ou des illustrations y soient associées. D'une part en effet, le texte est proposé en tant que spécimen de la production littéraire d'un auteur ; d'autre part, le coût de l'insertion de gravures dans un imprimé a sans doute eu un effet dissuasif. Il existe cependant des exceptions : Franz Lang par exemple fit publier son *Theatrum solitudinis asceticae* (Munich, 1717), un recueil de pièces de théâtre avec musique dramatisant les *Exercices spirituels* d'Ignace de Loyola, en y incluant les partitions, dans la mesure où il considérait la musique comme une partie intégrante et essentielle de son œuvre[18].

Les manuscrits contenant des pièces de théâtre sont de diverses natures : certains correspondent au texte utilisé pour les besoins de la mise en scène[19], d'autres à des copies de présentation offertes à la personnalité en l'honneur de laquelle la pièce a été jouée, d'autres encore sont des copies ou des compilations visant à la préservation des œuvres d'un auteur particulier[20]. Certains de ces documents

17 Quelques exemples parmi beaucoup d'autres : les *ludi theatrales sacri* de Jacob Bidermann ont été publiés en deux tomes (Munich, 1666) ; cette première édition posthume a été réalisée par des jésuites sur base des manuscrits de Bidermann (fac-similé édité par Rolf Tarot, Tübingen, Niemeyer, 1967, tome I, p. 6*). Les *Opera Poetica* (Paris, 1620) de Denis Petau (1583-1652) contiennent trois pièces de théâtre. Une anthologie de *Selectae Patrum Societatis Jesu tragoediae* a paru à Anvers en 1634.

18 Anne-Claire Magniez, « Les *exercices spirituels* sur la scène d'une congrégation mariale. L'expérience originale des Jésuites munichois (1695-1717) », dans Lambert Isebaert et Aline Smeesters (éd.), *Poésie latine à haute voix*, Turnhout, Brepols, 2013, p. 211-226 (spécialement p. 220 et note 29).

19 Fidel Rädle « Jesuit Theatre in Germany, Austria and Switzerland », dans Bloemendal et Norland (éd.), *Neo-Latin Drama*, *op. cit.*, p. 185-292 : p. 185, note 1, signale que les manuscrits de pièces jésuites conservés dans le monde allemand « were often texts for stage direction or roles that were used at the staging ».

20 Rädle, « Jesuit Theatre in Germany », art. cité, p. 186 signale que Jacob Gretser a lui-même compilé et recopié ses pièces.

renferment des illustrations et/ou des partitions : ainsi, le manuscrit commémoratif du *Ludus pastoralis* joué en 1734 au collège jésuite de Metz contient à la fois texte, partitions, annotations chorégraphiques et illustrations emblématiques[21]. Les manuscrits conservés l'ont été de façon aléatoire, et en nombre très inégal selon les lieux, les temps, les auteurs ; mais dans l'ensemble, ils représentent une masse importante de documents, progressivement redécouverts dans les fonds des bibliothèques d'Europe[22].

Sources imprimées et manuscrites confondues, le corpus textuel disponible est donc finalement assez important. Ce corpus, rédigé presqu'exclusivement en latin, reste en bonne partie à étudier. Les néolatinistes commencent heureusement à s'y intéresser, et plusieurs entreprises d'édition et de traduction de pièces de théâtre jésuites ont été menées à bien depuis quelques années, notamment en langue allemande[23]. Le domaine français reste cependant peu pourvu : le seul cas de traduction française intégrale dont nous ayons connaissance est l'édition-traduction par Édith Flammarion du *Brutus* de Charles Porée (2002)[24]. La traduction ici proposée des *Arma victricia* pourra donc permettre d'étoffer le corpus théâtral jésuite accessible aux lecteurs francophones.

LE PROGRAMME DES *ARMA VICTRICIA*

Les *Arma victricia* ont fait l'objet d'un programme en néerlandais, dont deux exemplaires ont été conservés, et dont un troisième a été

21 L'édition de ce document est en cours sous la direction de Dóra Kiss.

22 Rädle, « Jesuit Theatre in Germany », art. cité, p. 187 parle d'une « masse immense de matériel », note 9, p. 187 : 38 manuscrits rien que pour Fulda.

23 Quelques exemples : édition, avec traduction allemande et commentaire, des *Dramen* de Georg Bernardt s.j. (1595-1660), par Fidel Rädle, Amsterdam, APA (collection *Geistliche Literatur der Barockzeit*), 4 vols, 1984-2008 ; *Spes aurei saeculi – Hoffnung auf ein goldenes Zeitalter oder Tyrolis pacifica. Ein Innsbrucker Jesuitenschauspiel zur Hochzeit Erzherzog Ferdinand Karls mit Anna Medici (1646)*, éd. Stefan Tilg, Innsbruck, Wagner, 2002 ; *P. Augustinus Turrianus SJ : Comoedia de Divi Augusti Pueritia et Adolescentia. Komödie über die Kindheit und Jugend des Heiligen Augustinus (Paderborn 1604)*, éd. Peter Maier, Aachen, Shaker Verlag, 2006 ; d'autres éditions sont en cours dans le cadre du projet « Japan on the Jesuit Stage: Two 17th-century Latin Plays » mené par le Ludwig Boltzmann Institute for Neo-Latin Studies en collaboration avec l'Otsuma Women's University de Tokyo (pièces concernées : *Sanctus Franciscus Xaverius Indiae et Iaponiae apostolus*, Lucerne, 1677 ; *Error fortitudinis profanae a sacra correctus in Victore Iapone*, Munich, 1665).

24 Édith Flammarion, *Théâtre jésuite néolatin et antiquité. Sur le* Brutus *de Charles Porée (1708)*, Rome, École française de Rome, 2002 (Collection de l'École française de Rome, 301).

décrit dans la *Bibliothèque de la Compagnie de Jésus*[25]. Les trois exemplaires diffèrent par la date donnée pour la représentation : le 24 septembre (exemplaire décrit dans la *BCJ*), le 25 septembre (exemplaire de Courtrai) et le 26 septembre 1652 (exemplaire de Paris). Comme le manuscrit, pour sa part, donne la date du 23 septembre, nous pouvons supposer que la pièce a été jouée pendant quatre jours consécutifs.

Le titre néerlandais du programme correspond, mais approximativement seulement, au titre latin qui apparaît sur la première page du manuscrit[26]. Les deux pages de titre (celle du programme et celle du manuscrit) fournissent en outre des informations complémentaires : sur le programme, la référence du passage biblique qui a servi de source (« 2. Machab. cap. 15 ») et une dédicace aux bourgmestres et échevins de Bruges et du Franc (dont il est précisé qu'ils ont pourvu à la distribution des prix annuels du collège) ; sur le manuscrit, la mention de la circonstance militaire plus spécialement célébrée (la reprise de Gravelines et Dunkerque) ; sur l'un et l'autre, comme déjà dit, une date de représentation (le lieu n'étant pas précisé au-delà de la mention de la ville de Bruges). L'exemplaire de Courtrai porte une dédicace manuscrite à Jean-Baptiste Horenbeeck et Christian Vandeberghe, signée Henricus van Hulten (personnage dont nous reparlerons)[27].

Outre la page de titre, le programme comprend trois pages qui donnent en néerlandais les résumés des différentes parties de la pièce : *Voorreden* (le prologue), *Eerste Vertoogh* (acte 1), *Tusschen-spel – eerste deel* (intermède – première partie), *Tweede Vertoogh* (acte 2), *Tusschen-spel*

25 *Voorspoedighe Wapenen van de Vreese des Heeren, In de geluckige verlossinge van Vlaendren door syne Keyserl. Hoogheyt Leopoldus afgebeelt in de Victorie van den Kloecken Helt Iudas Machabaeus behaelt over Nicanor*, Bruges, Nicolaes Breygel, 1652. Exemplaires : Courtrai SB GV 9441 (daté du 25 septembre) et Paris BN Arsenal Rf 75.664 nr. 34 (daté du 26 septembre). La *Bibliothèque de la Compagnie de Jésus* de Sommervogel signale un programme daté du 24 septembre (Carlos Sommervogel *et al.* (éd.), *Bibliothèque de la Compagnie de Jésus*, 12 volumes, Bruxelles, Schepens, 1890-1960 : tome II, col. 235, n° 20). L'exemplaire de Courtrai est présenté par Goran Proot dans le catalogue de Mertens et Aumann (éd.), *Krijg en Kunst*, *op. cit.*, n° II.2.34, p. 219.

26 *Arma victricia serenissimi principis Leopoldi, archiducis Austriae Belgiique gubernatoris, gladio Timoris Domini praeliantis, vincentis, triumphantis, adumbrata in victoria invictissimi herois Judae Machabaei, devicto Nicanore, Hierosolymam redeuntis.*

27 Cette dédicace a déjà été décrite par le Baron de Béthune, « Contribution à l'histoire du théâtre dans les anciens collèges de Belgique, spécialement à Courtrai », dans *Handelingen van den Geschied- en Oudheidkundigen Kring te Kortrijk*, III, 1910, p. 39. Sur Henri van Hulten, voir plus bas p. 34-35.

– *tweede deel* (intermède – deuxième partie), *Derde Vertoogh* (acte 3), *Naerreden* (épilogue). Ces résumés néerlandais correspondent plus ou moins aux arguments latins que l'on trouve au fil du manuscrit. Le programme se clôture avec la devise jésuite (*Tot Meerder Eere Godts*, « à la plus grande gloire de Dieu ») et la mention de l'imprimeur (à Bruges chez Nicolaes Breygel).

LE MANUSCRIT DES *ARMA VICTRICIA*[28]

Dans le cas des *Arma victricia*, nous avons la chance de disposer également d'un manuscrit soigné contenant l'ensemble du texte latin de la pièce, avec des illustrations et des partitions musicales. Il s'agit très probablement d'un manuscrit de type commémoratif, qui a dû être offert en souvenir à Léopold-Guillaume, gouverneur des anciens Pays-Bas et héros célébré par la pièce. Rien ne permet de savoir si le manuscrit a été réalisé avant ou après les représentations théâtrales, et dans quelle mesure il en offre un compte rendu réaliste ou une vision plus ou moins idéalisée.

Le manuscrit, conservé à la bibliothèque nationale d'Autriche (ÖNB, Bibl. Pal. Vind. Cod. 12.434) mesure 229 x 359 mm ; il compte 28 folios. Ses pages sont en papier et sa couverture d'époque est faite de velours sur carton. Il s'ouvre par une page de titre (fol. 1) ornée d'un médaillon aux formes baroques rondes et opulentes, et se termine au fol. 28 par la devise jésuite *Ad maiorem Dei gloriam.* Outre le texte latin (assorti d'arguments et de didascalies) et quatre partitions, le corps du manuscrit compte également onze planches dessinées (réalisées au crayon, à l'encre et au lavis), qui sont réparties entre les folios réservés au texte dramatique et aux partitions musicales. Tout en rythmant visuellement la lecture de l'ouvrage, les images illustrent chacune des parties et actions qui composent la pièce.

Le verso du plat de couverture avant porte plusieurs inscriptions. Nous apprenons ainsi que le manuscrit a appartenu à la bibliothèque

28 Renseignements bibliographiques sur le site de l'ÖNB : http://db.onb.ac.at/cgi-bin/simader/literatur.cgi (consulté le 27/12/2020). Voir aussi Franz Unterkircher, *Inventar der illuminierten Handschriften, Inkunabeln und Frühdrucke der Österreichischen Nationalbibliothek*, Teil 1 : *Die abendländischen Handschriften*, Vienne, Georg Prachner Verlag, 1957 (Museion. Veröffentlichungen der Österreichischen Nationalbibliothek, Neue Folge, II/2), p. 15 ; Kurt Adel, « Handschriften von Jesuitendramen in der Österreichischen Nationalbibliothek », *Jahrbuch der Gesellschaft für Wiener Theaterforschung*, 12 (1960), p. 83-112.

de l'université (de Vienne), qu'il a quittée suite à un échange en 1841 (« aus der Univers. Bibliothek durch Tausch 1841 »). L'indication « Suppl. 45 » est la cote que portait le manuscrit au sein de la Bibliothèque de la Cour impériale de Vienne, dont on retrouve la marque de possession sur plusieurs folios du manuscrit (par exemple, fol. 27v : *Bibliotheca Palat[ina] Vindobonensis*) et qui devint en 1923 la Bibliothèque nationale d'Autriche[29]. Pour ce qui est de son histoire antérieure, nous en sommes réduits aux conjectures. Nous savons que Léopold-Guillaume a emporté sa bibliothèque avec lui au moment de son départ des Pays-Bas (en 1656) et qu'à sa mort, ses livres furent légués aux jésuites de Wiener Neustadt[30], avant de passer plus tard dans le fonds de la bibliothèque nationale d'Autriche. Mais les livres qui ont suivi ce parcours portent en général l'inscription du préfet de bibliothèque du collège de Wiener Neustadt[31], ce qui n'est pas le cas de notre manuscrit.

Un copiste resté anonyme (père jésuite, élève ou calligraphe professionnel) a dû être chargé de recopier le texte et les partitions du spectacle. La copie en général est assez soignée ; un rapide examen graphique laisse penser qu'un seul et même individu s'est chargé de la copie de l'ensemble du recueil. Partitions et illustrations sont également réalisées avec grand soin ; nous y reviendrons dans les sections *ad hoc*.

---

29 Nous remercions Friedrich Simader de la collection des manuscrits et des anciens imprimés de l'ÖNB pour nous avoir aidés à décoder ces inscriptions et pour nous avoir fourni de précieux renseignements sur l'histoire du manuscrit.

30 Voir Franz Mareš, « Beiträge zur Kenntnis der Kunstbestrebungen des Erzherzogs Leopold Wilhelm », *Jahrbuch kunsthistorischer Sammlungen des allerhöchsten Kaiserhauses*, 5 (1887), p. 343-363, aux p. 360-361 et Franz Aumann, « Aartshertog Leopold Willem, een connaisseur, verzamelaar van kunst en antiquiteiten », dans Mertens et Aumann (éd.), *Krijg en Kunst*, *op. cit.*, p. 89-100, à la p. 90.

31 Voir Franz Aumann, « Aartshertog Leopold Willem », art. cité, p. 90. Voir notamment le manuscrit emblématique offert à Léopold-Guillaume par le collège jésuite de Bruxelles en 1650, sur lequel on lit à la première page *Collegii Leopoldini Soc(ietatis) Jesu Neostadii Austriae 1670* (ÖNB, cod. 10.119, fol. 1r) ; sur ce manuscrit, consulter Karel Porteman, *Emblematic exhibitions* (affixiones) *at the Brussels Jesuit College (1630-1685) : a study of the commemorative manuscripts (Royal Library, Brussels)*, Bruxelles, Bibliothèque Royale de Belgique, 1996, p. 112-113.

LE CONTEXTE POLITIQUE

LA RÉGENCE DE LÉOPOLD-GUILLAUME

Représentée en septembre 1652, la tragédie *Arma victricia* prend place au cœur de la régence de Léopold-Guillaume de Habsbourg (1614-1662), qui occupa le poste de gouverneur des Pays-Bas espagnols d'avril 1647 à mai 1656[32]. Archiduc d'Autriche et frère de l'empereur Ferdinand III (1608-1657), Léopold-Guillaume a été choisi pour ce poste par son cousin, le roi d'Espagne Philippe IV (1605-1665), pour de multiples raisons. Homme de guerre expérimenté, puisqu'il occupa à deux reprises l'importante fonction de Généralissime des armées impériales (1639-1642 et 1645-1646) en pleine guerre de Trente Ans, Léopold-Guillaume était également un fervent catholique, titulaire de plusieurs dignités ecclésiastiques. Sa devise à elle seule suffit à illustrer sa foi : *Timore Domini*, « par la crainte du Seigneur ». Une telle personnalité, avec le passé et les affinités qui sont les siennes, convenait parfaitement pour prendre en main les rênes des Pays-Bas espagnols, qui étaient plongés dans deux longs conflits : la guerre de Quatre-Vingts Ans (1568-1648), qui avait éclaté avec la sécession de sept des dix-sept provinces que comptaient les anciens Pays-Bas, et la guerre franco-espagnole qui avait été déclarée en 1635 par la France et dont les Pays-Bas espagnols étaient le principal terrain des opérations militaires.

Comme Jozef Mertens l'a clairement mis en évidence, la régence de Léopold-Guillaume est composée de deux périodes bien distinctes : avant de voir se multiplier les défaites et les soucis (financiers, politiques, etc.), qui provoquèrent chez le gouverneur épuisement et découragement et

32 La littérature concernant Léopold-Guillaume est abondante. Voir en particulier : Schreiber, « *Ein galeria nach meinem Humor* », *op. cit.* ; Mertens et Aumann (éd.), *Krijg en Kunst*, *op. cit.* (en particulier les articles de Robert Rebitsch, « Leopold Wilhelm als Oberbefehlshaber der kaiserlichen Armee im Dreißigjährigen Krieg », p. 9-14 ; Udo Arnold et Günter Kölzer, « Deutscher Orden und Westfälischer Frieden », p. 29-38 ; Udo Arnold, « Leopold Wilhelm als Kirchenfürst », p. 15-21) ; Bernhard Demel, « Hoch- und Deutschmeister Leopold Wilhelm von Österreich (1641-1662) », dans Jozef Mertens (éd.), *Miscellanea Baliviae de Juncis II. Verzamelde opstellen over Alden Biesen*, Bilzen, Historisch studiecentrum Alden Biesen, 2000 (Bijdragen tot de geschiedenis van de Duitse Orde in de balije Biesen, deel 6), p. 223-264.

le convainquirent d'abandonner son poste, Léopold-Guillaume connut une période heureuse durant les cinq premières années de sa régence (1647-1652)[33]. À la faveur de la paix de Westphalie (1648) et profitant de la Fronde qui divisa l'armée française (1648-1653), le gouverneur parvint à reprendre à l'ennemi plusieurs villes qui avaient été perdues au cours des précédentes années du conflit : Armentières, Comines, Lens et Landrecies en 1647, ou encore la citadelle de Courtrai, Furnes et le château d'Estaires en 1648. En 1649, Léopold-Guillaume empêcha la prise de Cambrai et d'Ostende, s'empara de Saint-Venant et Ypres. En 1650 et 1651, il opéra plusieurs incursions en France et reprit plusieurs places-fortes dont La Capelle. Enfin, le succès du gouverneur culmina en 1652, avec la reprise des deux principales places maritimes du Nord des anciens Pays-Bas : Gravelines, le 17 mai, et Dunkerque, le 16 septembre 1652. C'est d'ailleurs quelques jours seulement après l'importante victoire de Dunkerque que fut représentée (entre le 23 et le 26 septembre) par les élèves jésuites de Bruges la pièce *Arma victricia*.

Cette pièce s'intègre dans une série de pièces scolaires consacrées à Léopold-Guillaume dans les collèges jésuites flamands entre 1647 et 1652[34]. Le régent y est régulièrement mis en parallèle avec un personnage biblique à travers lequel ses qualités ou ses victoires sont célébrées : dans la pièce représentée à Bruxelles en 1648, il s'agit de Gédéon, vainqueur des Madianites[35] ; la même année à Anvers, c'est le roi Salomon qui est choisi pour représenter la sagesse, la félicité et la gloire qui découlent de la « Crainte du Seigneur » (en référence à la devise de l'archiduc)[36].

33 Mertens, « De gehuldigde krijgsheer », art. cité, p. 71-87. Lire également Jan Roegiers, « Spanje, Habsburg, en Europa : de Nederlanden onder Leopold Willem », dans Mertens et Aumann (éd.), *Krijg en Kunst*, *op. cit.*, p. 23-27 ; René Vermeir, « Leopold Willem als landvoogd van de Spaanse Nederlanden (1647-1656) », *ibid.*, p. 39-51 ; Grégory Ems, *L'emblématique au service du pouvoir. La symbolique du prince chrétien dans les expositions emblématiques du collège des jésuites de Bruxelles sous le gouvernorat de Léopold-Guillaume (1647-1656)*, Louvain, Presses Universitaires de Louvain, 2016, p. 13-14.

34 Voir Proot, « Leopold Willem en het Jezuïetentoneel », art. cité, p. 65-70.

35 *Symbolum serenissimi archiducis Leopoldi Guilielmi Belgii et Burgundiae gubernatoris, pii, pacifici, moderati, vigilantis, fortis, augusti in Gedeone repraesentatum a gymnasio Soc. Jesu Bruxellis MDCXLVIII*, Bruxelles, Joannes Mommartius, 1648 (BnF, Tolbiac, Rez-de-jardin, magasin, RES M-YC-935 [40]). Voir Mertens, « De gehuldigde krijgsheer », art. cité, p. 76 ; Proot, « Leopold Willem en het Jezuïetentoneel », art. cité, p. 68 ; *SIBA*, p. 197, B(russe)l 60.

36 *Timore Domini concessa divinitus Israeli sapientia, felicitas, gloria quam in regum potentissimo Salomone exhibet, in Serenissimi Leopoldi genio eodem timore duce expressam veneratur*

En 1652, les élèves de Bruges et de Bruxelles mettent respectivement en scène deux membres de la famille biblique des Maccabées : Judas Maccabée à Bruges (dans les *Arma victricia*), et Éléazar, frère de Judas, à Bruxelles (dans une pièce donnée quelques mois plus tôt, le 11 avril)[37].

LA PRISE DE GRAVELINES ET DE DUNKERQUE

Comme le montre clairement le titre, le sujet des *Arma victricia* n'est pas tant la victoire de Judas Maccabée que le triomphe de Léopold-Guillaume. Suite à la victoire de Dunkerque, ce dernier fut surnommé le « défenseur de la Flandre », un titre qui apparaît sur le cadre de scène des illustrations du manuscrit de la pièce et que nous signale aussi Nicolas Avancini, le biographe jésuite de l'archiduc :

> La joye qui s'en répandit par toute la Flandre fit que LEOPOLD reçût des applaudissements admirables & universels ; tous le reconnoissant & l'appelant par des acclamations publiques leur liberateur, qui avoit chassé les François de douze villes bien munies ; qui avoit rétably par mer & par terre toute la Flandre en son premier estat & liberté ; à cette conjoüissance publique de toute la Province, le Magistrat & le peuple de Gand y voulut ajouster un Arc de Triomphe gravé sur une lame de cuivre de six pieds, dont on tira plusieurs copies qui se voyent encore dédiées à LEOPOLD, comme au DEFENSEUR DE LA FLANDRE[38].

---

studiosa juventus Collegii Societatis Jesu Antverpiae. Un programme latin est conservé à Louvain (Louvain, UB, BTAB, Rés. A 16018 nr. 5). Voir Proot, « Leopold Willem en het Jezuïetentoneel… », art. cité, p. 68 ; Goran Proot et Franz Aumann, « Timore Domini concessa divinitus Israeli sapientia, felicitas, gloria […] », dans Mertens et Aumann (éd.), *Krijg en Kunst, op. cit.*, p. 172-173 (cat. II.1.10). Consulter également *SIBA*, p. 64-65, An(vers) 90 et 91. Notons que le programme comprend la liste des noms des élèves qui ont participé à l'événement et qui furent, d'après Goran Proot, plus de 260.

37 *Sanctissima Dei lex in Eleazaro et VII Machabaeis una cum matre de tyranno Antiocho triumphans, exhibetur a studiosis gymnasii Societatis Jesu, Bruxellis, Aprilis 11, 1652*, [Bruxelles], Hubertus Anthonius Velpius, 1652 (Paris, Bibl. de l'Arsenal, Rf. 75.664, n° 55). Voir Mertens, « De gehuldigde krijgsheer », dans Mertens et Aumann (éd.), *Krijg en Kunst, op. cit.*, p. 82 et 87, n° 57 ; Goran Proot, « Contribution au théâtre des jésuites flamands. Les pièces perdues, les titres retrouvés », *Archief- en Bibliotheekwezen in België*, 59/1-4 (1998), p. 111-171, à la page 139, n° 62 ; Proot, « Leopold Willem en het Jezuïetentoneel… », art. cité, p. 69 ; *SIBA*, p. 201, B(russe)l 74.

38 Nicolas Avancini, *Le prince dévot et guerrier ou les vertus héroïques de Léopold Guillaume Archiduc d'Autriche*, trad. du latin […] et augmenté de quelques mémoires en François par le Père Henry Bex, Lille, Nicolas de Rache, 1667, p. 182. L'ouvrage fut publié en latin dès 1665, soit deux années avant la parution de la traduction française : Nicolas Avancini,

Il ne faut pas négliger l'impact de la victoire de Dunkerque sur les esprits, eu égard à l'importance stratégique de la place maritime et compte tenu du fait qu'il s'agit d'une victoire supplémentaire dans un processus de reconquête du territoire espagnol par Léopold-Guillaume. L'enthousiasme que souleva la prise de Dunkerque transparaît par exemple aussi dans l'*Epinicion* composé par Jacobus Wallius pour célébrer la campagne militaire de 1652[39], et où l'on retrouve des motifs présents dans les *Arma victricia*, comme l'intervention de divinités marines, l'envol de la Renommée, l'heureuse combinaison des victoires terrestres et des victoires maritimes, etc.

Les *litterae annuae provinciae flandro-belgicae* jésuites de l'année 1652 (qui couvrent toute l'année civile en question)[40] ne disent pas un mot de la pièce brugeoise (pas plus que le bref *supplementum* à l'*historia* du collège de Bruges relatif à la même année)[41]. Par contre, les *litterae* nous offrent un témoignage intéressant de la façon dont les prises de Gravelines et de Dunkerque ont été ressenties par les jésuites de la Flandro-Belge.

Les événements militaires ont été de fait vécus intensément par la communauté jésuite flamande. La lettre annuelle s'étend notamment (fol. 10^{r}) sur la vie difficile des pères aumôniers qui accompagnaient les soldats en campagne, sur terre comme sur mer. Mais il y avait également des jésuites en résidence dans les places mêmes que tentait de reconquérir Léopold-Guillaume. Ceci concerne surtout Dunkerque. À Gravelines, les jésuites flamands n'étaient jamais parvenus à avoir une résidence fixe ; depuis 1644, après le passage à la France, le gouverneur français y avait établi à demeure une poigné de pères jésuites dépendant de l'assistance de France[42]. Dunkerque par contre était l'une des résidences de longue date de la Flandro-Belge : fondée en 1612, la maison, devenue résidence en 1617, avait ouvert des classes de latin dès 1620, et avait été élevée au rang de collège en 1631 (il s'agissait d'un collège de

Leopoldi Guilielmi, Archiducis Austriae, principis pace et bello inclyti virtutes, Anvers, officina Plantiniana Balthasaris Moreti, 1665.

39 Le poème fut publié dans le premier livre d'*Heroica* des *Poematum libri novem* de Wallius (Anvers, officina Plantiniana Balthasaris Moreti, 1656).

40 Anvers-Beveren, Archives de l'État, *Archief van de Nederduitse provincie der jezuïeten (Flandro-Belgica)*, n° 6/2 : *Litterae annuae Provinciae Flandro-Belgicae anni 1652.*

41 Anvers-Beveren, Archives de l'État, *Archief van de Nederduitse provincie der jezuïeten (Flandro-Belgica)*, n° 13, fol. 35^{v}.

42 Pierre Delattre (éd.), *Les établissements de Jésuites en France depuis quatre siècles*, tome II, Enghien-Wetteren, 1953, col. 659-660 (notice d'Hugues Beylard sur Gravelines).

petite taille, avec trois à quatre régents pour cinq classes et des effectifs de 60-70 élèves en moyenne)[43]. Une nouvelle église fut construite par les jésuites à partir de 1632. Dès 1620, la résidence possédait une petite statuette de la Vierge, sculptée dans le bois du chêne de Montaigu, et qui s'attira vite la réputation d'être miraculeuse : elle était objet de pélerinages et de dévotion en tant que « Notre-Dame auxiliatrice »[44]. Une mission navale, fondée en 1623, était aussi rattachée à la résidence de Dunkerque, dont le supérieur était nommé *Chapelain major de la flotte et de l'amirauté*[45]. Les Pères de la mission navale étaient affectés au service des matelots aussi bien en mer qu'au port.

En 1646, Dunkerque tomba aux mains des Français. La mission navale quitta la ville et dépendit désormais du collège de Bruges, qui se trouva dès lors tout spécialement intéressé au sort de Dunkerque[46]. Les gouverneurs français de Dunkerque, le maréchal de Rantzau puis d'Estrades, se montrèrent bienveillants envers le collège jésuite[47]. Les pères appartenant au collège reçurent ainsi le droit de demeurer dans la ville sous l'obédience du Provincial de Flandre (même si un jésuite français leur était adjoint pour contrebalancer leurs sentiments pro-Espagnols). L'établissement se maintint donc sous l'occupation française, mais avec un tassement des effectifs : un seul régent enseignait en 1651-1652, et l'exercice fut suspendu pendant le long siège de la ville par les Espagnols en 1652[48].

La lettre annuelle de la Flandro-Belge de 1652 signale qu'il y avait cette année-là 15 jésuites résidant à Dunkerque, mais dont cinq furent renvoyés en province pendant le siège (fol. 1^r). La reprise de la ville par les Espagnols fut vécue comme une libération, et attribuée à l'intercession de

43 Voir la notice très documentée de Louis Lemaire et Pierre Delattre dans *Les établissements de Jésuites en France*, *op. cit.*, tome II, col. 287-326 ; ainsi que Marie-Madeleine Compère et Dominique Julia, *Les collèges français, 16e-18e siècles. 2. Répertoire France du Nord et de l'Ouest*, Paris, INRP/CNRS, 1988, p. 290.

44 Delattre, *Les établissements de Jésuites en France*, *op. cit.*, col. 299-302.

45 Voir Louis Brouwers, *De Jezuïeten te Brugge, 1570-1773, 1840-heden*, Malines, Huis Leliendaal, 1986, p. 238-240. Voir également Alfred Poncelet, *Histoire de la Compagnie de Jésus dans les Anciens Pays-Bas. Établissement de la Compagnie de Jésus en Belgique et ses développements jusqu'à la fin du règne d'Albert et Isabelle*, tome II, Bruxelles, Lamertin, 1927, p. 416-422 ; Delattre, *Les établissements de Jésuites en France*, *op. cit.*, col. 292-296.

46 Brouwers, *De Jezuïeten te Brugge*, *op. cit.*, p. 239 et Poncelet, *Histoire de la Compagnie de Jésus*, *op. cit.*, tome II, p. 416, 418 et 422.

47 Delattre, *Les établissements de Jésuites en France*, *op. cit.*, col. 307-308.

48 Compère et Julia, *Les collèges français 16e-18e siècles*, *op. cit.*, p. 290.

la statue miraculeuse de la Vierge auxiliatrice. Une neuvaine de prières avait en effet été entamée le 8 septembre, et l'entrée de l'archiduc dans la ville, le 16 septembre, coïncida avec le dernier jour de la neuvaine[49]. La lettre annuelle raconte (fol. 8^r) que l'archiduc Léopold, « après être entré dans Dunkerque en triomphateur, alla aussitôt se recueillir dans l'église devant l'autel de la Vierge auxiliatrice, reconnaissant que c'était à elle plus qu'à la valeur de ses soldats qu'il devait cette prompte victoire »[50]. Cette façon d'interpréter la victoire en la ramenant à la bienveillance céleste (qui n'est pas sans s'allier à une forme d'appropriation jésuite des événements) parcourt également la pièce des *Arma victricia* jouée à Bruges une semaine plus tard.

LE CONTEXTE SCOLAIRE

LE COLLÈGE JÉSUITE DE BRUGES[51]

Comme le rappelle Louis Brouwers, Bruges, ville particulièrement florissante à la fin du Moyen-Âge, accueillit à plusieurs reprises le jeune Ignace venu y chercher des aumônes pour financer ses études universitaires à Paris[52]. Les jésuites ouvrirent un collège à Bruges en 1575 qui, après une brève fermeture pendant la crise calviniste, fut de nouveau ouvert en 1585 ; le cursus des humanités y fut dispensé au complet (avec les cinq classes) à partir de 1590.

Il s'agissait d'un collège de taille moyenne (les « gros » collèges de la province flandro-belge étaient à cette époque ceux d'Anvers, Bruxelles, Gand, Courtrai et Malines). Bruges accueillit tout au long

49 Delattre, *Les établissements de Jésuites en France*, *op. cit.*, col. 301.

50 *Archidux Leopoldus, Dunkercam primum triumphantis more ingressus, continuo se ad aram Auxiliatricis Virginis in templo sistit, fassus non tam militum robori, quam illi praeproperam victoriam deberi.*

51 Voir Brouwers, *De Jezuïeten te Brugge*, *op. cit.* ; Louis Delplace, « L'ancien collège des Jésuites à Bruges (1560-1773) », *Annales de la Société d'Émulation pour l'étude de l'histoire et des antiquités de la Flandre*, 34 (1884), p. 1-100 ; Poncelet, *Histoire de la Compagnie de Jésus*, *op. cit.*, tome I, p. 236-246.

52 Concernant les visites d'Ignace à Bruges, lire Brouwers, *De Jezuïeten te Brugge*, *op. cit.*, p. 1-16 et Delplace, « L'ancien collège des Jésuites à Bruges (1560-1773) », art. cité, p. 1-2.

du XVIIe siècle un contingent d'élèves oscillant entre 200 et 300[53]. En 1638, par exemple, on comptait 250 élèves (respectivement 101, 35 et 64 dans les trois classes de grammaire, 26 en poésie et 24 en rhétorique)[54] ; en 1649, le chiffre était monté à 308 (106 en figures, 58 en grammaire moyenne, 90 en syntaxe, 24 en poésie et 30 en rhétorique)[55]. Nous ne connaissons pas le contingent précis des élèves pour l'année 1652. Quant au nombre de pères résidant à Bruges, il oscillait entre une trentaine et une petite quarantaine[56] – la lettre annuelle de 1652 en dénombre précisément quarante (fol. 1^r^).

Les catalogues de personnel jésuite par collège, conservés aux archives d'Anvers, permettent d'identifier plus précisément quels pères se trouvaient au collège de Bruges à la période qui nous intéresse. Le *catalogus tertius personarum* d'octobre 1651 (qui porte toutefois à côté du nom du collège de Bruges la mention *13 Martii 1650*) donne les noms suivants[57] : le recteur était Andreas Losson, le préfet des classes Jean Stéphane van Esch et le préfet de musique Guillaume Saverys ; les professeurs étaient Pierre Queval pour la classe de rhétorique, Jean Merghelinck pour le grec, Jacques de Vos en classe de poésie, Guillaume vanden Stock en classe de syntaxe, Pierre Wyts en classe de grammaire moyenne et Florent Keynooghe en classe de figures ; Jacobus Wallius se trouvait également au collège de Bruges en qualité de prédicateur (*concionator*) et de confesseur. Dans le catalogue d'octobre 1652[58], recteur, préfet des classes et préfet de musique n'ont pas changé. Jacques de Vos est passé du poste de professeur de poésie à celui de professeur de rhétorique – il

53 Voir Brouwers, *De Jezuïeten te Brugge*, *op. cit.*, p. 106 et 177 ; Delplace, « L'ancien collège des Jésuites à Bruges (1560-1773) », art. cité, p. 14-15, 18-22, 34-35 et 38 ; Poncelet, *Histoire de la Compagnie de Jésus*, *op. cit.*, tome I, p. 245-246, 320-322 et tome II, p. 38.

54 Chiffres d'après Goran Proot, « Het Brugs Jezuïetentoneel in de zeventiende en achttiende eeuw », *V.R.B. Informatie*, 20 (2000), p. 3-18, qui s'appuie sur Charles F. Waldack, *Historia Provinciae Flandro-Belgicae Societatis Jesu, quam e veteribus documentis colligit. Annus unus, speciminis causa 1638us*, Gand-Bruxelles, H. Goemaere, 1867, appendix IV, p. VI.

55 Ces chiffres sont puisés des *catalogi functionum* du collège de Bruges (Anvers-Beveren, Archives de l'État, *Archief van de Nederduitse provincie der jezuïeten (Flandro-Belgica Jezuïeten)*, n° 2141).

56 Voir Brouwers, *De Jezuïeten te Brugge*, *op. cit.*, p. 198.

57 Anvers-Beveren, Archives de l'État, *Archief van de Nederduitse provincie der jezuïeten (Flandro-Belgica)*, n° 39 : *Catalogus tertius personarum et functionum provinciae Flandro-Belgicae anno 1651 mense Octobri*, fol. 9^v^-10^r^.

58 Anvers-Beveren, Archives de l'État, *Archief van de Nederduitse provincie der jezuïeten (Flandro-Belgica)*, n° 38 : *Catalogus tertius personarum et functionum provinciae Flandro-Belgicae mense Octobri anno 1652*, fol. 16-18.

était courant qu'un professeur suive ses élèves d'une année à l'autre. Par contre, les autres professeurs ont tous changé : la classe de poésie est désormais dispensée par Daniel Ignace van Papenbroeck, celle de syntaxe par Henri van Hulten, la grammaire par Pierre François de Schilder et les figures par Pierre Philippe Cant. Wallius enfin n'apparaît plus.

LE CALENDRIER SCOLAIRE ET L'ORGANISATION DE LA « PIÈCE ANNUELLE »

L'organisation des études à Bruges peut être documentée via la célèbre *ratio studiorum*[59], réglementant l'ensemble des collèges jésuites au niveau international, mais aussi et surtout via les instructions plus spécifiques relatives à la province Flandro-Belge (1625, 1647 et 1715)[60].

La rentrée scolaire (*renovatio studiorum*) avait lieu vers le premier octobre, jour de la saint Rémi[61]. Elle marquait la reprise des cours après une (assez brève) période de vacances, appelées *vacationes remigiales* en référence à saint Rémi (*Remigius* en latin). La rentrée était traditionnellement chez les jésuites le moment de la distribution des prix et de la représentation d'une grande pièce de théâtre. Toutefois, depuis le début du XVIIe siècle dans la province Flandro-Belge, cette « pièce de la saint-Rémi » (*actio remigialis*) semble plutôt avoir été jouée *avant* les vacances, soit vers la mi-septembre. En 1603, le visiteur Lessius propose que les grandes vacances commencent pour tous le 16 septembre et durent quinze jours ; la pièce de théâtre (*actio*), si elle a lieu, doit se situer dans cette période de 15 jours[62]. Un peu plus bas dans le même document,

59 Éditions : Ladislaus Lukács, *Monumenta paedagogica Societatis Jesu*, vol. 5 : *Ratio atque institutio studiorum Societatis Jesu (1586-1591-1599)*, Rome, IHSI, 1986 ; édition bilingue latin-français : *Ratio studiorum : plan raisonné et institution des études dans la Compagnie de Jésus*, éd. Adrien Demoustier et Dominique Julia, trad. Léone Albrieux et Dolorès Pralon-Julia, Paris, Belin, 1997.

60 Charles Van de Vorst, « Instructions pédagogiques de 1625 et 1647 pour les collèges de la province Flandro-Belge », *Archivum Historicum Societatis Jesu*, 19 (1950), p. 181-236 ; *Ordo domesticus magistrorum Provinciae Flandro-Belgicae Societatis Jesu, praelegendus singulis annis in triclinio, initio studiorum*, Anvers, J.-P. Robyns, 1715.

61 Instruction de 1625, Van de Vorst, « Instructions pédagogiques », art. cité, p. 196 : *Auspicium scholarum... resumendum erit primo die Octobris non impedito* ; instruction de 1647, Van de Vorst, « Instructions pédagogiques », art. cité, p. 232 : *Scholae quotannis resumuntur 1° die octobris.*

62 Fernand Claeys Bouuaert, « Une visite canonique des Maisons de la Compagnie de Jésus en Belgique (1603-1604). Rapports des visiteurs Olivier Manare et Léonard Lessius, envoyés au P. Général Claude Aquaviva », *Bulletin de l'Institut historique belge de Rome*,

Lessius précise que la cérémonie de la promotion serait mieux placée *ante vacationes* : c'est en effet l'usage reçu des universités ; en outre, les acteurs risquent de se relâcher ou de ne pas se présenter pendant les vacances[63]. L'instruction de 1625 confirme que distribution des prix et représentation théâtrale doivent avoir lieu *ante vacationes remigiales*, mais impérativement après le 12 septembre[64]. Selon l'*Ordo domesticus* de 1715, la pièce doit être jouée après le 8 septembre (fête de la Nativité de la Vierge) ; si deux ou trois représentations sont prévues, la série peut commencer le 7 septembre ; mais si jamais, de façon exceptionnelle, la pièce a été jouée plus tôt, les cours doivent tout de même être assurés jusqu'au 8 septembre inclus[65]. Au vu de cette dernière remarque, il semble que le souci des autorités est surtout de limiter une dérive de la fin de l'année scolaire vers le début du mois de septembre. Les graphiques réalisés par Goran Proot sur base d'un corpus de programmes de la province Flandro-Belge montrent que dans la première moitié du XVIIe siècle, les représentations de fin d'année s'échelonnaient en pratique entre le 3 et le 16 septembre, et que la grande majorité des pièces n'étaient représentées qu'une ou deux fois[66]. Les programmes de pièces de théâtre données au collège de Bruges répertoriés dans la *Bibliothèque*

---

7 (1927), p. 5-116 : p. 103, IV-1 (dans le rapport de Lessius au P. Général du 20 août 1603) : *videtur haec ratio praescribenda : ut generalium vacationum dies primus sit 16 Septembris durentque tantum 15 diebus integris sequentibus, ita tamen ut dies actionis, si ea habenda sit, et dies ascensus intra dictos dies 15 includi censeatur.* L'*actio* est la pièce de théâtre, l'*ascensus* la célébration du passage d'une classe à l'autre.

63 *Ibid.*, p. 104, page IV-4 : *Ad regulam 13 Praefecti, de promotione ad superiores classes post vacationes instituenda, videtur commodius ante vacationes, tum quod sit universitatum consuetudo usu recepta, tum quod in vacationibus (si quid exhibendum sit) actores diffluant ac desiderentur.*

64 Instruction de 1625, instructions pour le *praefectus scholarum*, « distributio XII mensuum », septembri, n° 9 (Van de Vorst, « Instructions pédagogiques », art. cité, p. 204) : *Praemia danda et drama agendum est ante vacationes Remigiales ; nullibi tamen nisi post duodecimam Septembris.*

65 *Ordo omesticus, op. cit., Articulus tertius*, § 19 : *Actio remigialis, iis in locis ubi semel tantum agitur, non exhibeatur nisi postridie Nativitatis B. Virginis, vel X Septembris si postridie sit dies Dominicus. Ubi bis agitur, potest semel exhiberi pridie ejusdem festi. Si alicubi ter agatur, duae exhibitiones fiant post illum festum, una pridie. Si quacumque ex causa, etiam ex dispensatione, citius fuerit actum, resumendae erunt scholae usque ad octavam Septembris inclusive* (cité d'après Proot, *Het schooltoneel van de jezuïeten, op. cit.*, p. 75 note 104).

66 *Ibid.*, p. 233, graphiques 6-7 et p. 234, graphiques 6-8. Raymond Van Aerde concernant le théâtre jésuite de Malines donne des exemples de pièces jouées deux, trois ou quatre fois (*Bijdrage tot het geschiedenis van het tooneel te Mechelen. Het schooldrama bij de jezuïeten*, Malines, H. Dierickx-Beke, s.d. [1938 ?], p. 43-44).

de la Compagnie de Jésus par Sommervogel pour les années 1633 à 1648 donnent des dates de représentation qui se situent toutes entre le 9 et le 13 septembre[67].

Les prescriptions données par l'instruction pédagogique de la province flandro-belge en 1647 nous en disent plus sur cette représentation :

> À l'occasion de la distribution générale des prix, les rhétoriciens jouent une pièce qui, avec tous ses intermèdes et la distribution des prix, ne doit pas occuper plus de deux heures[68] ni dépasser les 800 vers. Ce nombre de vers sera diminué si la musique ou les intermèdes prennent plus de temps. Le sujet sera pieux, ou de nature à procurer de nombreux exemples moraux. Dans de telles représentations, on veillera soignement à ne rien insérer qui ne soit pas latin ou grec, ou qui soit inconvenant[69].

En amont, le calendrier de la préparation de la pièce est lui aussi documenté. Si l'on en croit l'*Instructio pro scholis* de 1647[70], le sujet des pièces de théâtre annuelles des collèges était fixé au mois de mai où il devait être approuvé par le préfet et le recteur et éventuellement réaménagé. Une fois écrite, la pièce était relue par le préfet et le recteur vers le début du mois d'août, tandis que les acteurs étaient choisis dans les différentes classes à la fin août. On retrouve plus ou moins le même agenda dans l'*Ordo domesticus* de 1715 : choix du sujet fin avril-début mai, pièce écrite pour le 1er août, distribution des rôles aux alentours de la Saint Laurent (10 août), début des répétitions après l'Assomption (15 août)[71]. Vu les dates de représentation, cela ne laissait que quelques

67 Sommervogel *et al.*, *Bibliothèque de la Compagnie de Jésus*, *op. cit.*, tome II, col. 233-235, n° 9 (tragicomédie *Salomon*, jouée les 12 et 13 septembre 1633), 12 (tragédie *Kennethus*, jouée les 9 et 10 septembre 1638), 13 (*Den godvruchtigen Iustinus*, joué les 12 et 13 septembre 1639), 14 (*D'Eere Godts over de vier gewesten des Werelts*, joué le 13 septembre 1640) et 17 (*Droeve... doodt van Mauritius keyser vanden Oosten*, joué le 10 septembre 1648).

68 Certaines sources signalent qu'une pièce plus longue, durant maximum trois heures, était permise tous les trois ans (Van de Vorst, « Instructions pédagogiques », art. cité, p. 200 point 10 et note).

69 *Pro generali proemiorum distributione a rhetore exhibetur drama, quod cum omnibus suis interludiis et proemiorum distributione non tenet ultra duas horas : atque adeo non excedit octingentos versus. Qui versuum numerus contrahitur si a musica aut interludiis plus morae iniiciatur. Argumentum pium est, vel eiusmodi unde plurima documenta moralia eliciantur. In eiusmodi dramatibus exhibendis accurate servatur, ut nihil interponatur quod Latinum aut Graecum non sit, aut non decorum [...] (Instructio 1647, caput 4*[um]*. De exercitationibus extraordinariis*, fol. 7[v]-8, Van de Vorst, « Instructions pédagogiques », art. cité, p. 230-231).

70 *Ibid.*, p. 231, points 10-11-12.

71 *Ordo domesticus*, *op. cit.*, *articulus decimus*, § 15-16.

semaines pour l'apprentissage des rôles[72] (recopiés à la main) et les répétitions. De toute façon, il n'était pas question d'empiéter sur les heures de cours : tout devait avoir lieu *extra sollennia scholarum tempora*[73].

Par rapport à ce qui vient d'être dit, les dates de représentation des *Arma victricia* (23-26 septembre) apparaissent assez tardives et son nombre de représentations (quatre) exceptionnel. Par contre, sa taille (453 vers latins, mais avec deux longs intermèdes en prose latine et des parties chantées) reste assez en-dessous de la limite supérieure fixée par les instructions (800 vers). Au vu de la chronologie type esquissée ci-dessus, la pièce des *Arma victricia* a dû être conçue à l'origine pour célébrer la prise de Gravelines (survenue le 17 mai). La victoire de Dunkerque (16 septembre), venue confirmer le triomphe de Léopold-Guillaume, a sans doute été intégrée en dernière minute à l'intrigue (notons que ce sont surtout la fin de l'acte III et l'épilogue qui font directement allusion à l'actualité et qui ont donc été retouchés).

LA QUESTION DE L'AUTEUR

Par qui ces pièces de collèges jésuites étaient-elles composées ? On considère généralement que c'était le professeur de rhétorique qui était chargé de rédiger la pièce annuelle[74]. Les instructions de la province Flandro-Belge semblent en effet aller en ce sens, tout en maintenant un certain flou. L'instruction de 1625 indique ainsi que fin-avril début

72 Voir plus haut : Van de Vorst, « Instructions pédagogiques », art. cité, p. 231 pour l'instruction de 1647. L'instruction de 1625 précise (*ibid.*, p. 210, n° 12) que les rôles doivent être distribués au plus tôt trois semaines avant la représentation.

73 Instruction flandro-belge de 1625, Van de Vorst, « Instructions pédagogiques », art. cité, p. 210, n° 13 : *nullae partes scribantur, nullae exerceantur intra tempora scholarum* (« qu'aucun rôle ne soit recopié, qu'aucun ne soit répété pendant les heures de cours ») ; p. 211, n° 25 : *Quoties exercendae juventutis gratia vel alia etiam de causa magister extra sollennia scholarum tempora in scholis vel juxta illas est, caveat plane…* (« Chaque fois que le maître se trouvera dans les classes ou à proximité en-dehors des heures officielles de cours, que ce soit pour faire répéter les jeunes ou pour une autre raison, qu'il veille bien… »).

74 Frank Pohle dans sa magistrale synthèse sur le théâtre scolaire catholique dans les régions de Juliers-Berg, Ravenstein et Aix-la-Chapelle (*Glaube und Beredsamkeit. Katholisches Schultheater in Jülich-Berg, Ravenstein und Aachen (1601-1817)*, Münster, Rhema, 2010) conclut p. 467 que l'on a raison de considérer que c'étaient en règle générale les « Klassenlehrer » qui jouaient le rôle d'auteurs ou au moins d'adaptateurs des pièces jouées dans les collèges. Il cite quelques rares cas où nous savons avec certitude que l'auteur d'une pièce n'était *pas* le professeur de rhétorique (mais par exemple le supérieur de la résidence ou le régent du collège) : mais les sources laissent penser qu'il s'agissait de cas exceptionnels.

mai, le préfet doit rappeler au professeur de rhétorique de s'occuper de la pièce de la saint Rémi (*de curanda Remigiali actione*) ; et que début août, le préfet doit relire la pièce *iam plene compositam* – mais par qui ? Le texte ne le précise pas[75]. L'instruction de 1647 indique pour sa part que la pièce liée à la distribution annuelle des prix est présentée (*exhibetur*) par le(s) rhétoricien(s) (*a rhetore*)[76] – ou, ailleurs dans le texte, *a rhetore vel poeta*[77]. Il faut comprendre que la classe de rhétorique (ou parfois celle de poésie)[78] était plus particulièrement associée à cette pièce – sans que l'on sache précisément s'il s'agit de sa composition et/ou de son interprétation. Un peu plus bas, l'instruction évoque l'auteur de la pièce à travers une périphrase remarquablement floue : *qui drama composuit*[79].

Goran Proot, dans sa thèse sur le théâtre scolaire jésuite de la province flandro-belge, convient de l'impossibilité de trancher la question des auteurs avec certitude[80]. Ses recherches sur plus de 800 programmes théâtraux ne lui ont permis de dénicher que de rares cas pourvus d'une indication d'auteur : un seul programme donne le nom d'un professeur, tandis qu'une vingtaine désignent une classe entière comme « aucthor » (exemple : *ab authoribus et actoribus rhetoribus* – ici les rhétoriciens sont donc à la fois auteurs et acteurs), et qu'une dizaine donnent des noms d'étudiants (de 1 à 8 noms)[81]. Remarquons qu'une partie de ces cas concerne précisément le collège de Bruges : ainsi, sur les programmes des pièces de 1638 et 1639, le titre est suivi de la mention « ghemaeckt door » (« fait par ») suivie de trois à quatre noms masculins complétés de la mention « rhetores » ; vient ensuite l'expression « ende sal vertoont worden… » (« et sera représenté… »)[82]. Les élèves écrivaient donc parfois

75 Van de Vorst, « Instructions pédagogiques », art. cité, p. 198 et 199.

76 *Ibid.*, p. 230 (caput IV) : *Pro generali praemiorum distributione a rhetore exhibetur drama.*

77 *Ibid.*, p. 229.

78 Voir aussi Proot, *Het schooltoneel van de jezuïeten*, *op. cit.*, p. 74 : selon un *Memoriale* de Scherenus (1617 – Anvers-Beveren, Archives de l'État, *Archief van de Nederduitse provincie der jezuïeten (Flandro-Belgica)*, n° 249), la pièce donnée à l'occasion de la distribution des prix devait être créée par la classe de *poesis.*

79 Van de Vorst, « Instructions pédagogiques », art. cité, p. 231 : *Sub finem Augusti, qui drama composuit obit cum praefecto omnes scholas ut actorum delectum habeat.*

80 Proot, *Het schooltoneel van de jezuïeten*, *op. cit.*, p. 256.

81 *Ibid.*, p. 257. Voir aussi les exemples donnés par Van Aerde, *Bijdrage tot het geschiedenis*, *op. cit.*, p. 25-26.

82 Sommervogel *et al.*, *Bibliothèque de la Compagnie de Jésus*, *op. cit.*, tome II, col. 234, n° 12 et 13. Voir d'autres exemples chez Proot, *Het schooltoneel van de jezuïeten*, *op. cit.*

eux-mêmes la pièce – mais peut-être était-ce justement le côté exceptionnel de la chose qui justifiait qu'on le mentionnât sur le programme.

Le calendrier prévu par les instructions laissait environ trois mois (mai, juin, juillet) pour la rédaction d'une pièce de théâtre d'une certaine ampleur (maximum 800 vers, précise l'instruction de 1647). Comment une pièce de théâtre d'une telle taille peut-elle être composée si vite ? Pohle souligne à juste titre que la plupart des professeurs étaient eux-mêmes issus de l'enseignement jésuite où ils avaient été assidument entraînés en tant qu'élèves à la composition latine ; que cet entraînement s'était poursuivi pendant la période où ils étaient *repetentes* (novices se préparant à l'enseignement) ; et qu'une fois devenus professeurs, ils étaient encadrés dans leurs tâches d'enseignement et leurs propres travaux littéraires par leurs supérieurs (le préfet des études en particulier)[83]. Goran Proot remarque aussi que les pièces de théâtre étaient souvent issues de manière presque organique des cours suivis par les élèves et des exercices de composition qui scandaient leur apprentissage : le thème était déjà traité sous de multiples formes au cours de l'année avant de faire l'objet d'une pièce en bonne et due forme[84]. Mais le défi restait de taille, et certains étaient visiblement tentés des privilégier les reprises et adaptations, comme s'en plaint par exemple Antoine van Torre (préfet des études à Courtrai) dans une lettre de 1649 où il stigmatise « un usage qui s'est répandu dans les années précédentes et qui alimente la négligence et la paresse des maîtres : à savoir, le fait de s'approprier les créations des autres, des pièces de théâtre (en entier ou tronquées) qui ont été rédigées par autrui… »[85].

Qu'en est-il dans le cas qui nous occupe : qui fut l'auteur des *Arma victricia* ? Le programme imprimé aussi bien que le manuscrit commémoratif étant anonymes, nous en sommes ici réduits aux hypothèses. Comme nous l'avons vu plus haut, l'exemplaire du programme de la pièce conservé à Courtrai porte une dédicace manuscrite d'Henri van Hulten, que les catalogues nous donnent comme titulaire de la classe de syntaxe au

83 Pohle, *Glaube und Beredsamkeit*, *op. cit.*, p. 468-469.

84 Proot, « Het Brugs jezuïeten-toneel in de 17de en 18de eeuw », *Vereniging van Religieuswetenschappelijke Bibliothecarissen. Informatie*, 30/1-4 (2000), p. 3-19 : p. 7.

85 *Unicum addam praeterea quod hisce annis superioribus invaluit et fomentum est negligentiae et desidiae in magistris, quod videlicet alienos fœtus pro suis supponant, alienas actiones vel totas vel truncatas…* Lettre publiée par Van de Vorst, « Instructions pédagogiques », art. cité, p. 236.

collège de Bruges en octobre 1652. Cela n'indique toutefois pas qu'il en soit l'auteur : il n'a peut-être fait que transmettre à des connaissances le programme d'une pièce représentée dans le collège où il travaillait. La pièce, jouée en septembre 1652, a dû être écrite et préparée en amont, pendant l'année scolaire 1651-1652 ; or, si nous pouvons nous fier au catalogue malgré le flottement des dates, Van Hulten ne travaillait pas encore à Courtrai en 1651.

Les deux professeurs de rhétorique que les *catalogi* jésuites nous permettent d'identifier, Pierre Queval (octobre 1651)[86] et Jacques de Vos (octobre 1652)[87], sont des figures assez méconnues, qui ne semblent pas s'être illustrées par ailleurs dans le domaine littéraire. Le professeur de poésie de 1652, Daniel Ignace van Papenbroeck, doit peut-être être identifié au fameux Daniel Papebrochius (Anvers, 1628-Anvers, 1714), entré dans la Compagnie en 1646 et qui participa à la rédaction des *Acta Sanctorum* – ce qui ne fait pas de lui pour autant un candidat évident à la composition de la pièce des *Arma victricia*[88].

Plus significative semble la présence au collège de Bruges, d'après le catalogue d'octobre 1651, de Jacobus Wallius, actif dès cette époque dans la production poétique néolatine[89]. Il n'est pas impossible que Wallius ait été sollicité par l'auteur des *Arma victricia* pour une relecture ou des conseils, voire qu'il ait personnellement mis la main à la pièce. Dans cette perspective, les rapprochements déjà signalés entre la thématique de la pièce et l'*Epinicion* de Wallius composé la même année sont d'autant

86 Né à Ypres le 10 août 1624, il a commencé son noviciat à Malines le 28 décembre 1642 (Anvers-Beveren, Archives de l'État, *Archief van de Nederduitse provincie der jezuïeten (Flandro-Belgica)*, n° 39, fol. 21). Il est mort à Anvers en 1678 (Alfred Poncelet, *Nécrologe des jésuites de la Province flandro-belge*, Wetteren, De Meester, 1931, p. 105).

87 Né à Armentières le 23 avril 1623, Jacques de Vos est entré dans la Compagnie à Malines le 30 octobre 1643 (Anvers-Beveren, Archives de l'État, *Archief van de Nederduitse provincie der jezuïeten (Flandro-Belgica)*, n° 39, fol. 20). Il est mort à Bruxelles en 1686 (Poncelet, *Nécrologe des jésuites*, *op. cit.*, p. 112).

88 Voir Poncelet, *Nécrologe des jésuites*, *op. cit.*, p. 139 ; *Biographie nationale*, publiée par l'Académie Royale des Sciences, des Lettres et des Beaux-Arts de Belgique, vol. 16, Bruxelles, 1901, col. 581-589.

89 Outre divers poèmes liminaires et de circonstance, Wallius avait publié à Anvers en 1645 l'*Oliva pacis*, une série de six élégies sur le thème de la paix. Son recueil de *Poematum libri novem* devait paraître pour la première fois en 1656. Voir Sommervogel *et al.*, *Bibliothèque de la Compagnie de Jésus*, *op. cit.*, tome VIII, col. 966-967. Wallius participa également au recueil *Imago primi saeculi Societatis Jesu a provincia Flandro-Belgica eiusdem Societatis repraesentata*, Anvers, Moretus, 1640.

plus significatifs. Il faut toutefois remarquer que la pièce n'a jamais été reprise dans les nombreuses rééditions des *Poemata* de Wallius qui se sont succédées entre 1656 et 1699.

LES ACTEURS ET LES RÔLES

Comme nous l'avons vu plus haut, la pièce de fin d'année était fondamentalement celle des élèves de la classe de rhétorique (éventuellement de celle de poésie). Les acteurs pouvaient toutefois aussi provenir d'autres classes : il est indiqué dans l'instruction de 1647 que l'auteur de la pièce doit faire le tour de toutes les classes (*omnes scholae*) pour choisir des acteurs[90]. Goran Proot a confronté une série de listes d'acteurs fournies par des programmes anversois du XVIIIe siècle avec les listes d'élèves du collège d'Anvers à la même période : l'enquête confirme qu'en règle générale, les acteurs de la pièce de fin d'année provenaient de toutes les classes, mais que les rôles principaux étaient surtout donnés aux élèves des classes supérieures, les plus jeunes étant plutôt utilisés pour les ballets et pantomimes[91].

Le programme des *Arma victricia* ne précise malheureusement pas la distribution. Les illustrations du manuscrit présentent parfois côte à côte des personnages d'âges très différents : par exemple, l'image du folio 10r présente un homme barbu à l'extrême gauche, un tout petit enfant porteur d'un tambour à l'extrême droite. Il faut évidemment faire la part du pacte théâtral : les illustrations du manuscrit représentent davantage les personnages joués que les acteurs qui les jouent. La disparité des âges peut néanmoins refléter une certaine réalité. Ainsi, une didascalie mentionne que les simili-géants de l'intermède sont joués par des *parvuli pueri*.

Il est difficile d'estimer précisément le nombre d'élèves impliqués. Goran Proot note qu'au collège de Bruges, d'après les programmes conservés, la plupart des pièces ne comptaient que 10 à 20 personnages[92]. Au collège de Bruxelles, les pièces comptaient en moyenne 20 rôles[93], mais les productions les plus importantes pouvaient impliquer 200 à 350 acteurs

90 Van de Vorst, « Instructions pédagogiques », art. cité, p. 231 : *Sub finem Augusti, qui drama composuit obit cum praefecto omnes scholas ut actorum delectum habeat.*

91 Proot, *Het schooltoneel van de jezuïeten*, *op. cit.*, p. 237-241.

92 Proot, « Het Brugs Jezuïetentoneel », art. cité, p. 16.

93 Proot, *Het schooltoneel van de jezuïeten*, *op. cit.*, p. 249.

(et figurants)[94]. La liste des rôles des *Arma victricia* s'élève à au moins 45, plus un nombre indéterminé de nobles compagnons de Judas, de soldats de Nicanor et de notables de Jérusalem (qui ont aussi des répliques à prononcer)[95]. L'importance de ces rôles est évidemment très variable (et certains rôles mineurs ont pu être cumulés) : si le Parthe n'a en tout et pour tout que deux vers à prononcer, l'acteur incarnant le rôle-titre de Judas Maccabée n'avait pas moins de 136 vers (ou hémistiches) à mémoriser.

Six des personnages (Jérusalem et ses compagnes, et les trois Sirènes) ont un rôle exclusivement chanté. Vu la similitude des voix et le laps de temps écoulé entre les deux chants, un seul groupe de trois chanteurs pouvait suffire pour la représentation (voir plus bas). Il y avait aussi des danseurs (les illustrations du ballet nous montrent chaque fois un groupe de huit danseurs, mais plusieurs équipes ont pu se succéder sur scène) ainsi qu'un nombre impossible à déterminer de musiciens. Il est connu que certains collèges faisaient appel à des professionnels, par exemple pour les parties chantées et dansées ou pour interpréter la musique, mais nous n'avons en l'occurrence pas assez d'indices pour nous prononcer sur ce point concernant les *Arma victricia*. Il faut aussi garder en mémoire le fait que l'engagement d'artistes extérieurs représentait un coût supplémentaire pour les collèges.

Remarquons aussi la présence de plusieurs personnages féminins : la Flandre, Jérusalem, Pallas, les Sirènes… La présence sur les scènes jésuites de personnages féminins était pourtant interdite par la *Ratio* de

94 Karel Porteman, « 9 september 1616 : De heilige Jan Berchmans speelt te Mechelen de rol van de H. Nathalia. Het jezuïetentoneel in de Zuidelijke Nederlanden », dans Robert L. Erenstein (éd.), *Een theatergeschiedenis der Nederlanden*, Amsterdam, Amsterdam University Press, 1996, p. 170-177 : p. 172. Leonardus Van den Boogerd, *Het jezuïeten drama in de Nederlanden*, Groningen, J. B. Wolters, 1961 écrit que le nombre d'acteurs des pièces jésuites pouvait varier de 6 à 400 (p. 27-28).

95 D'après les listes de *personae* qui précèdent chaque scène dans le manuscrit, nous relevons les rôles suivants, par ordre d'apparition sur scène : la Flandre et ses compagnes (au nombre de quatre sur l'illustration, et sans doute identiques aux « parties de la Flandre » qui prendront la parole dans l'épilogue : Ypres, Bruges, Gand, le Franc) ; Pallas ; Hercule ; Epaminondas ; Persée ; Achille ; un Parthe ; Énée ; le Génie tutélaire de la Flandre ; la Crainte du Seigneur ; Judas Maccabée ; les nobles (compagnons et soldats de Judas Maccabée) ; Jérusalem et ses deux compagnes ; le grand prêtre Onias ; le prophète Jérémie ; un maître ; deux valets, Strobile et Dave ; neuf simili-géants ; Vulcain et ses ouvriers (dont trois noms apparaissent dans le texte : Brontès, Stéropès et Pyracmon) ; Nicanor et ses soldats ; Jupiter ; les notables de Jérusalem ; le Génie de l'Autriche ; deux Génies de la Renommée ; Neptune ; les Sirènes (trois voix).

1599, dans la règle 13 du recteur, portant sur les *tragoediae et comoediae* : *nec persona ulla muliebris vel habitus introducatur*[96]. Mais l'interdiction fait l'objet dès le début du XVIIe siècle d'une remise en question dans nos régions : en 1603, le visiteur Lessius informe le père Général que cette règle est très difficile à respecter dans la province belge, en raison des coutumes nationales et de la pratique des autres collèges ; il demande que la règle soit quelque peu assouplie, et que l'on admette un *usus parcissimus* de personnages féminins[97]. Il semble que cette demande ait reçu un accueil favorable[98], comme ce fut aussi le cas à la même période dans la Province d'Allemagne supérieure, où le général accepte la présence de personnages féminins sur scène, pourvu qu'elle soit rare et que les femmes représentées soient *graves et modestae*[99].

Les documents belges ultérieurs, tantôt reprennent purement et simplement l'interdiction de la *Ratio*[100], tantôt admettent des exceptions ou des assouplissements. En 1611, le provincial avertit de ne pas vêtir les personnages féminins *modo patriae*, mais de leur donner un costume antique et adapté à l'*actio*[101] ; l'instruction de 1621 n'admet les

96 *Ratio studiorum : plan raisonné et institution des études dans la Compagnie de Jésus*, *op. cit.*, p. 93.

97 Claeys Bouuaert, « Une visite canonique », art. cité, p. 104, point IV-3 : *Ad regulam 13 Rectoris de non introducenda persona, vel habitu muliebri in scenam, hoc aegerrime hic servari posse omnes fatentur, ob morem patriae et aliorum collegiorum ; unde optarent eam regulam pro hac provincia nonnihil laxari, sic tamen ut usus habitus muliebris sit parcissimus.*

98 Voir *ibid.*, p. 21 : « En marge de notre exemplaire du rapport de Lessius, il a été noté jusqu'à quel point le général donna satisfaction à ces diverses demande » et p. 94 : Lessius « est d'avis d'accorder des dispenses nécessaires, ce que le P. Général approuve ».

99 Georg Michael Pachtler, *Ratio studiorum et institutiones scholasticae Societatis Jesu per Germaniam olim vigentes*, tome II, Osnabrück, Biblio-Verlag, 1968, p. 488, document datant de 1602-1603 : le provincial fait remarquer, au sujet de la règle sur l'interdiction des personnages féminins : *Plures merito repugnant, quia impossibile est, sive de prophanis, sive de sacris comoediis agatur. In priori etiam editione limitata est haec regula, ut non nisi honesta introduceretur, quod videtur servandum.* Le général Aquaviva répond favorablement : *Iam alias in ista Provincia dispensavimus, ut introducere liceat, dummodo id rarius et parcius fiat, gravesque et modestae sint personae quae producentur.*

100 *Memoriale* du visiteur Scherenus en 1617, règle 37 : *De persona autem habitu muliebri non inducenda, servetur regula Rectoris* (cité par Proot, *Het schooltoneel van de jezuïeten*, *op. cit.*, p. 64 ; source : Anvers-Beveren, Archives de l'État, *Archief van de Nederduitse provincie der jezuïeten (Flandro-Belgica)*, n° 249, fol. 3^v^) ; Instruction de 1647, caput IV (*De exercitationibus extraordinariis)*, Van de Vorst, « Instructions pédagogiques », art. cité, p. 231 : *neque ulla persona habitu muliebri introducitur.*

101 *Ordinationes circa res scholasticas missae a R.P. Florentino Provinciali, 23 Nov. 1611*, dans *Ordinationum Provincialium lib. V*, pars I, p. 37-49 (Archives générales du Royaume, Jésuites, Ruremonde 8), citées d'après Van den Boogerd, *Het jezuïeten drama in de Nederlanden*,

personnages féminins qu'avec la permission du supérieur et pour raisons sérieuses ; dans ce cas, ni le costume ni le jeu ne doivent présenter de légèreté[102] ; enfin, l'*Ordo domesticus* de 1715 n'admet de rôle de femme que si le sujet sacré le réclame[103].

Quoi qu'il en soit, il semble que la coutume de mettre en scène des personnages féminins ait été bien implantée chez les jésuites flamands ; les rôles en question étaient alors, bien évidemment, joués par des garçons. On sait par exemple que le futur saint Jean Berchmans incarna en 1616 le personnage de sainte Nathalie[104]. Eusèbe, l'un des personnages des *Entretiens du Luxembourg* de Jean-Baptiste de Rocoles, déclare, alors que son interlocuteur Xénon vient d'évoquer une tragédie jouée au collège jésuite de Dunkerque en 1664 : « Pour moi, je n'approuve pas ces sortes de représentations, ni d'y voir des garçons travestis en femmes, avec tant de fard, qu'il semble que cela choque en quelque façon la modestie chrétienne. [...] Je reconnais pourtant que cela a passé en usage » ; Eusèbe se souvient aussi d'« une certaine tragédie qu'on représentait en un collège des jésuites dans l'une des plus grandes villes d'Italie », et qui avait scandalisé certains spectacteurs par « tant de beaux visages travestis en filles avec tant d'affiquets, les postures et danses, cabrioles et gambades de cette jeunesse »[105].

LE LIEU DE REPRÉSENTATION, LES FINANCES ET LE PUBLIC

Les pièces jésuites pouvaient se donner soit sur une estrade construite dans la cour du collège, soit dans une salle couverte, dans le collège ou ailleurs. D'après Brouwers, le collège jésuite brugeois occupait à cette époque un bâtiment construit en 1605-1608 sur la Bogaertstraat, dont le rez-de-chaussée

---

op. cit., p. 24 note 2 : *Collinendum est in posterum ut, quantum fieri potest, mulieres non vestiantur modo patriae, sed potius prisco, et actioni proprio...* Goran Proot (*Het schooltoneel van de jezuïeten*, *op. cit.*, p. 55, note 22) signale qu'au 7 avril 2008, les Archives générales du Royaume avaient perdu la trace de ce document.

102 Instruction de 1625, *Observanda in actionibus tum menstruis tum annuis*, point 21 (Van de Vorst, « Instructions pédagogiques », art. cité, p. 211) : *Persona mulieris non agatur in scena nisi gravibus de causis permittat superior, et tunc vestis et actio nihil habeat levitatis.*

103 *Ordo domesticus*, *op. cit.*, *articulus decimus*, § 3 : *Non inducantur in theatrum feminae, nisi historia sacra id prorsus exigat.*

104 Porteman, « 9 september 1616 », art. cité.

105 M. de R.H. [= Jean-Baptiste de Rocoles], *Entretiens du Luxembourg sur l'utilité de la promenade et sur un voyage fait depuis peu en Flandres*, Paris, Louis Billaine, 1666, p. 77-79 (nous modernisons l'orthographe).

était occupé par les locaux des cinq classes d'humanités et qui disposait d'une grande salle au premier étage, « voor allerlei doeleinden »[106].

Le collège de Bruges, comme la plupart des collèges jésuites de Flandre, pouvait régulièrement compter sur l'aide financière des magistrats de la ville pour la distribution des prix (livres et images)[107] et l'organisation des représentations théâtrales[108]. Beaucoup de pièces sont d'ailleurs dédiées aux magistrats brugeois et à ceux du Franc de Bruges (la région à laquelle la ville appartenait)[109], comme c'est le cas des *Arma victricia.*

Ces subsides officiels suffisaient-ils à couvrir toutes les dépenses occasionnées par de tels spectacles ? On sait que les autorités de la Compagnie n'ont eu de cesse de freiner les dépenses des collèges en ce domaine. Un apport complémentaire pouvait aussi venir des familles des jeunes acteurs, qui devaient typiquement fournir le costume de leur enfant[110].

---

106 Louis Brouwers s.j., *De Jezuieten te Brugge, 1570-1773, 1840-heden*, Malines, Huis Leliëndaal, 1986, p. 181.

107 Delplace, « L'ancien college », art. cité, p. 39, indique : « Les frais de la distribution annuelle des prix étaient couverts, en tout ou en partie, par un subside officiel ; de 4 livres de gros en 1612, ce subside s'éleva à 25 florins en 1613 ; il ne dépassa guère cette somme les années suivantes. Il est permis de croire que ces prix étaient fort modestes… ». À Malines dans le courant du XVIIe siècle, la ville finance les prix du collège jésuite pour une somme allant de 50 à 100 gulden (Van Aerde, *Bijdrage tot het geschiedenis*, *op. cit.*, p. 49). Livres et images sont mentionnés comme prix dans le rapport du visiteur Lessius en 1603 (Claeys Bouuaert, « Une visite canonique », art. cité, p. 104, point IV-5) et dans les instructions de 1625 et 1647 (Van de Vorst, « Instructions pédagogiques », art. cité, p. 203 n° 6 et p. 229). Voir aussi Jan Spoelder, *Prijsboeken op de Latijnse school, 1585-1876*, Amsterdam-Maarssen, Apa-Holland Universiteits Pers, 2000.

108 Voir aussi Félix Priem, *Précis analytique des documents que renferme le dépôt des archives de la Flandre occidentale à Bruges*, II-4 : *Comptes du Franc*, Bruges, Vandecasteele-Werbrouck, 1846, p. 203, année 1618-1619 : 80 livres payées par le Franc de Bruges aux pères de la Société de Jésus « pour la moitié des dépenses de la representation donnée en présence de leurs Altesses en août 1618. L'autre moitié est payée par les magistrats de Bruges ». Le Franc aida aussi les jésuites à financer les fêtes de canonisation de leurs saints fondateurs en 1622 (200 livres, voir Priem, *Précis analytique*, *op. cit.*, II-4, p. 210) et la fête séculaire de l'institution de leur ordre en 1640 (300 livres, voir *ibid.*, II-5, 1847, p. 20).

109 Proot, « Het Brugs Jezuïetentoneel », art. cité, p. 10. Voir deux exemples dans Sommervogel *et al.*, *Bibliothèque de la Compagnie de Jésus*, *op. cit.*, tome II, col. 234, n° 10 et col. 235, n° 17 : ces deux programmes de pièces brugeoises (de 1634 et 1648) signalent que la distribution des prix se fait grâce à la générosité des bourgmestres et échevins de Bruges ainsi que celle des bourgmestres et échevins du Franc.

110 Goran Proot dans sa thèse (*Het schooltoneel van de jezuïeten*, *op. cit.*, p. 245), évoque des plaintes de parents d'élèves du début du XVIIe siècle au sujet du prix des costumes. Voir aussi Van den Boogerd, *Het jezuïeten drama in de Nederlanden*, *op. cit.*, p. 30 et Brouwers, *De Jezuieten te Brugge*, *op. cit.*, p. 191.

Les documents conservés relatifs aux *Arma victricia* ne nous donnent aucun indice concernant le public qui assista aux représentations. Le père Brouwers déclare de façon générale au sujet du théâtre jésuite brugeois que, malgré qu'il fût joué en langue latine, il attirait toujours un public important incluant de nombreuses personnes de premier plan. Brouwers avance deux explications : la gratuité des représentations, et la disparition des Chambres de rhétorique, soupçonnées d'hérésie, depuis les édits de 1593 et 1601[111]. Les archives jésuites recèlent aussi une brève description de la représentation théâtrale donnée à Bruges en 1640 à l'occasion du premier centenaire de la Compagnie : cette pièce, sur le thème « La gloire de Dieu propagée par la Compagnie dans les quatre continents », fut, y lit-on, « trois fois jouée et trois fois applaudie, aussi bien par les deux magistratures à la générosité coutumière desquelles on doit la distribution des prix » (celle de la ville et celle du Franc, probablement) « que par les ecclésiastiques et les citoyens »[112] – ce qui nous donne une petite idée des catégories de public.

LES *ARMA VICTRICIA* : LE TEXTE LATIN

LA TRAGÉDIE

Le prologue, l'épilogue et les trois actes de la tragédie s'inspirent des tragédies latines classiques de Sénèque, aussi bien au niveau du ton que du mètre et de l'intertexte. Comme chez Sénèque, le mètre principal, utilisé pour les dialogues, est le sénaire iambique[113]. Notons que l'usage

111 *Ibid.*, p. 190.

112 Anvers-Beveren, Archives de l'État, *Archief van de Nederduitse provincie der jezuïeten (Flandro-Belgica)*, n° 3670 (*Annus saecularis Societatis Jesu… a provincia Flandro-Belgica celebratus*), document sur le collège de Bruges, fol. 8v : *Accessit drama cuius argumentum Dei gloria per quatuor orbis regiones a Societate propagata. Ter in scenam datum, ter applausum optatum retulit, tum a magistratu utroque cuius munificentia de more praemia distributa, tum ab ecclesiasticis ac civibus.* La référence du programme néerlandais de cette pièce est donnée par Sommervogel *et al.*, *Bibliothèque de la Compagnie de Jésus*, *op. cit.*, tome II, col. 234, n° 14.

113 L'auteur pratique un certain nombre de substitutions, en particulier aux pieds 1, 3 et 5 : la brève peut être remplacée par une longue ou deux brèves, la longue par deux brèves. L'usage semble correspondre en grande partie à celui de Sénèque.

des vers iambiques sera encore recommandé aux auteurs de tragédie par Jouvancy[114], de même que par l'*Ordo domesticus* de 1715, qui précise : « pour la composition des pièces de théâtre, qu'ils se servent surtout du vers iambique, qui semble peu à peu tomber en désuétude : pourtant, les érudits le jugent si propre à la tragédie qu'ils tiennent rigueur aux dramaturges qui optent pour un autre mètre. Dans cette perspective, il sera très utile que les *repetentes* soient bien entraînés à ce mètre par leur professeur »[115].

Seuls quelques passages, correspondant à des chants de triomphe (acte 3, vers 1-22 et 50-56 ; épilogue, vers 37-43), sont composés dans un autre mètre (le quaternaire anapestique), un mètre que l'on retrouve aussi dans les chœurs des tragédies de Sénèque.

Les *loci similes* relevés pour la tragédie de 1652 révèlent des emprunts à un large éventail de pièces de Sénèque ; particulièrement exploitées sont les *Troyennes*, les *Phéniciennes, Phèdre, Médée* et *Thyeste.* À travers les passages imités (parfois bien sûr dans des contextes très différents ou avec d'autres nuances de sens par rapport à la pièce d'origine), se lisent les points de jonction thématiques entre la tragédie classique de Sénèque et la tragédie religieuse des jésuites, mais aussi la distance entre ces deux univers (la tragédie jésuite, qui se termine d'ailleurs bien, se révélant plus confiante en un secours divin)[116] : le héros des *Arma victricia* est face à la ruine[117], à l'impiété[118], à l'envie[119] ; il est accablé par le désespoir[120]

114 Voir Joseph de Jouvancy, *Maniere d'apprendre et d'enseigner*, trad. J. F. Lefortier, Paris, Le Normant, 1803, chapitre II, article II, § IV [« De la tragédie »], p. 123-124.

115 *Ordo domesticus*, *op. cit.*, *articulus decimus*, § 14 : *In actionibus componendis plerumque utantur carmine iambico, quod jam paulatim videtur in desuetudinem abire, et tamen ita proprium judicatur tragoediae a viris eruditis, ut vitio vertant autoribus dramatum, si alio genere utantur. Multum ad hoc conferet, si in eo repetentes suos diligenter exerceat eorum magister.*

116 Dans son analyse du *Brutus* de Charles Porée, Édith Flammarion résume ainsi les différences entre le théâtre tragique de Sénèque et celui du jésuite français : chez Sénèque, la présence des femmes est centrale, celle des enfants secondaire ; la cruauté mise sous les yeux du public est intense ; enfin, l'univers de référence sénéquien est mythologique, laissant place aux prodiges et aux spectres et présentant un homme écrasé par les dieux, tandis que chez Porée, la tragédie repose sur le libre arbitre des personnages (Flammarion, *Théâtre jésuite néolatin et antiquité*, *op. cit.*, p. 457-458).

117 Acte I, 41-42 : *dubius est noster… / status et cadentis patriae vires jacent* (voir Sénèque, *Œdipe*, 83-84 : *sit dubius magis / status et cadentis imperi moles labet*).

118 Acte I, 35 : *efferum, immane, impium* (voir Sénèque, *Médée*, 395 : *magnum aliquid instat, efferum, immane, impium*).

119 Prologue, 15-16 : *ab… invidiae malis / prius latebam* (voir Pseudo-Sénèque, *Octavie*, 381 : *melius latebam procul ab invidiae malis*).

120 Acte I, 1-2 : *Quis me dolori reddit et metus novos / reponit animo?* (voir Sénèque, *Phèdre*, 589-590 : *quis me dolori reddit atque aestus graves / reponit animo ?*) ; 53 : *animi torpentis*

et isolé[121], mais lui et les siens retrouvent leur ancien courage[122] en se fondant sur la vertu[123] et sur le Dieu suprême[124]. Notons aussi que la tragédie se clôt sur une citation sénéquienne, sous forme d'annonce de la gloire que le nom du héros connaîtra sur toute la surface de la terre[125].

Le ton sénéquien de la pièce n'étonne nullement, dans la mesure où nous savons que les tragédies de Sénèque étaient appréciées dans la Compagnie, et que les élèves étaient amenés à les côtoyer au cours de leur cursus scolaire. Les provinces gallo- et flandro-belges semblent avoir priviligié l'étude scolaire de deux pièces, la *Médée* et le *Thyeste*[126] ; tandis qu'une consultation des *catalogi perpetui* de la province rhénane fait apparaître une rotation continue des pièces du tragique dans cette province. Les rhétoriciens virent ainsi l'*Hercule Furieux* en 1629, le *Thyeste* en 1630, les *Troyennes* en 1631, la *Médée* en 1632, l'*Agamemnon* en 1633 et les *Phéniciennes* en 1634[127].

---

malis (voir Sénèque, *Les Troyennes*, 417 : *torpens malis*) ; Épilogue, 25 : *longis pectus hebetatum malis* (voir Sénèque, *Thyeste*, 920 : *pectora longis hebetata malis*).

121 Acte I, 22 : *turba quae simus vides* (voir Sénèque, *Les Troyennes*, 507 : *en intuere, turba quae simus super*).

122 Acte I, 16 : *animosque veteres sume* (voir Sénèque, *Les Troyennes*, 506 : *animosque veteres*) ; I, 88 : *pectus antiquum advoca* (voir Sénèque, *Les Phéniciennes*, 77 : *pectus antiquum advoca*) ; acte II, 45-46 : *agnosco indolem / animosque veteres* (voir Sénèque, *Les Troyennes*, 504 : *agnosco indolem*).

123 Acte I, 33 : *cum locum virtus habet* (voir Sénèque, *Médée*, 160 : *si locum virtus habet*).

124 Acte I, 50-51 : *respiciet deus / bene cogitata* (voir Sénèque, *Thyeste*, 489-490 : *respiciet deus / bene cogitata*) ; acte II, 53 : *magne regnator poli* (voir Sénèque, *Phèdre*, 671 : *magne regnator deum*).

125 Épilogue, 63 : *Clarumque terrae nomen ignotae audiant* (voir Sénèque, *Les Troyennes*, 293-294 : *ferent et illum laudibus cuncti canent | magnumque terrae nomen ignotae audient*).

126 Comme l'indiquent les éditions expurgées et les recueils de textes latins à l'usage des collèges. Pour la *gallo-belge*, voir *Authores Graeci classis rhetoricae in collegiis Societatis Jesu Provinciae Gallo-Belgicae praelegendi*, Liège, veuve de Guilielmus Hovius et Henricus Hovius, 1648 (extraits de la *Médée*) ; *Authores classis rhetoricae praelegendi in collegiis Societatis Jesu Provinciae Gallo-Belgicae anno M.DC.LXXX*, Liège, Guilielmus Henricus Streel, 1680 (extraits de la *Médée*) ; *Auctores classis rhetoricae in collegiis Societatis Jesu Provinciae Gallo-Belgicae anno M.DC.XXXIIII praelegendi*, Douai, Balthazar Bellerus, 1634 (extraits du *Thyeste*) ; *Authores classis rhetoricae in collegiis Societatis Jesu Provinciae Gallo-Belgicae anno 1637 praelegendi*, Liège, Joannes Ouwerx, 1637 (extraits du *Thyeste*). Pour la Flandro-Belge, voir *L. Annaei Senecae tragoedia Medea, in usum studiosae juventutis*, Anvers, Joach. Trognaesius, 1611 ; *L. Annaei Senecae tragoedia Thyestes, in usum studiosorum Societatis Jesu*, Anvers, Joannes Meursius, 1642. La *BCJ* mentionne également des éditions de la *Médée* de 1626 et de 1637 pour la flandro-belge (voir *BCJ*, tome I [1890], col. 1135, n° 27 ; *BCJ*, tome I [1890], col. 1136, n° 35) et une édition de 1641 pour la gallo-belge (voir *BCJ*, tome I [1890], col. 1139, n° 11).

127 Pachtler, *Ratio Studiorum*, *op. cit.*, tome IV, p. 25-29.

L'INTERMÈDE COMIQUE EN DEUX PARTIES

Le double intermède comique, lui, se fonde plutôt sur le modèle de Plaute et de Térence. Il est rédigé dans une prose rythmée[128], dans laquelle on rencontre régulièrement des groupements de pieds trochaïques ou iambiques, ainsi que, de temps en temps, des hexamètres ou quasi-hexamètres (voir les l. I, 67 et II, 101, imitées de vers de Virgile, ou la phrase qui s'étend sur les lignes I, 93-94)[129]. Leur style vise à rappeler la couleur des comédies de Plaute et Térence (dont les particularités métriques restaient d'ailleurs encore en partie inexpliquées à cette période).

Pour être attendue, une telle source n'en était pas moins potentiellement problématique dans le contexte d'une pièce scolaire. Si nous avons vu que Sénèque était un auteur apprécié de la Compagnie et régulièrement vu en classe dans les collèges, il n'en allait pas de même pour Plaute et Térence, dont les pièces étaient jugées trop licencieuses pour être présentées à des adolescents[130]. Les comiques latins constituaient pourtant une source irremplaçable pour le latin parlé quotidien – un latin parlé aussi dans les collèges jésuites, où il était censé être la seule langue d'usage. De nombreuses expressions tirées de Plaute et de Térence étaient donc proposées aux élèves en dehors de leur contexte d'origine, par exemple dans des anthologies de brefs extraits, ou encore intégrées dans les recueils de *Colloques scolaires* qui proposaient des saynettes types de la vie d'écolier[131]. Avec cette pièce composée sans doute par un pro-

128 L'absence de majuscules au début des lignes (contrairement à ce que l'on observe dans les autres parties de la pièce) confirme que celles-ci ne sont pas conçues comme des vers.

129 Nous tenons à remercier ici les différentes personnes qui nous ont donné leur avis éclairé sur cet aspect : Dirk Sacré, Michiel Verweij et Giacomo dalla Pietà.

130 Ainsi, Jouvancy juge qu'« il faut lire [Plaute] avec précaution à cause des choses licencieuses, des amours impurs et même des mauvaises plaisanteries dont ses comédies sont pleines », tandis que « Térence est un auteur d'une latinité très-pure ; il ne faut le lire cependant que dans les éditions châtiées » (*Maniere d'apprendre et d'enseigner*, *op. cit.*, chapitre II, article II, § VII [« Noms, siècles et styles des poètes les plus distingués »], p. 133).

131 Voir Jean-Baptiste Herman, *La pédagogie des Jésuites au XVIe siècle. Ses sources. Ses caractéristiques*, Louvain, Bureaux de recueil, 1914, p. 256 ; Poncelet, *Histoire de la Compagnie de Jésus*, *op. cit.*, tome II, p. 43. Lire également Pierre-Antoine Fabre, « Dépouilles d'Égypte. L'expurgation des auteurs latins dans les collèges jésuites », dans Luce Giard (éd.), *Les jésuites à la Renaissance. Système éducatif et production du savoir*, Paris, PUF, 1995, p. 55-76, qui s'intéresse en particulier au cas de Térence. Deux exemples de florilèges de sentences tirés de Térence à destination d'un lectorat scolaire : *Pub. Terentii Florum selectiorum pars tertia, in usum studiosorum Societatis Jesu*, Anvers, Jacobus Meursius, 1656 ; *Formulae Terentianae novo delectu cum versione Belgica et Gallica.* [...] *Ad usum studiosorum linguae Latinae*, editio

fesseur, nous sommes en partie face à la même logique (familiariser les élèves avec des expressions authentiquement latines, sans forcément les mettre en contact avec l'entièreté des œuvres d'origine), même si d'autres enjeux ont pu également entrer en ligne de compte : l'exagération de certains faits de langue (archaïsmes notamment) pouvait ajouter une saveur comique aux dialogues ; et les nombreuses références au texte des classiques étaient peut-être destinées à être reconnues et appréciées par la frange érudite du public assistant au spectacle.

L'auteur de la pièce a ainsi emprunté à Plaute et à Térence toute une série d'expressions du langage parlé. Certaines d'entre elles, savoureuses et colorées, ajoutent au potentiel comique de l'intermède, telles : « faire du bien à son génie »[132], « avoir les dents qui chatouillent »[133] ou « s'exercer à la course », de la bouche d'un personnage qui s'enfuit[134] ; telles encore les injures « pâture de l'Achéron »[135] ou « chair à fouet »[136]. Mais Plaute et Térence ont aussi fourni des répliques à la fonction simplement pratique, du type « c'est entendu » ou « il n'y a pas de temps à perdre »[137] ; ou encore des phrases à valeur de sentence – par exemple : « la vérité engendre la haine »[138] ; ou, à l'avant-dernier vers de la seconde partie de l'intermède : « vous, tirez les leçons utiles de l'expérience des autres »[139].

Au-delà des *loci similes* à proprement parler, l'auteur de l'intermède a également cherché à imiter, de façon plus générale, des traits caractéristiques (formes typiques et archaïsmes) de la langue de Plaute et de Térence. Signalons de vieilles formes verbales, comme *volt* (Int., I, 40), *advortite*

tertia correctior, Anvers, typographia Knobbariana, 1694 (voir *BCJ*, tome I (1890), col. 1136-1137, n° 44).

132 *Multa bona genio facere* (Int., I, 30, voir Plaute, *Persa*, 263). L'expression signifie « prendre du bon temps ».

133 *Dentes pruriunt* (Int. II, 39, voir Plaute, *Amphitryon*, 295 et *Poenulus*, 1315). Notons que l'expression est employée dans un sens différent : chez Plaute, la personne dont les dents chatouillent craint d'être frappée ; dans les *Arma*, elle se réjouit à l'idée d'un bon repas.

134 *Exercere sese ad cursuram* (Int., II, 74, voir Plaute, *Mostellaria*, 862).

135 *Acherontis pabulum* (Int., I, 53, voir Plaute, *Casina*, 158).

136 *Plagigera genera hominum* (Int., I, 69, voir Plaute, *Pseudolus*, 153-4).

137 Int., I, 22 : *dictum puta* (voir Térence, *Andrienne*, 29-30) ; voir aussi Int. I, 35 : *ne dicta quisque sibi neget* (voir Plaute, *Pseudolus*, 125 : *ne quis dictum sibi neget*). Int. I, 68 : *non hic cunctandi copia est* (voir Plaute, *Epidicus*, 162).

138 Int. I, 11 : *ne veritas odium pariat* (voir Térence, *Andrienne*, 68 : *obsequium amicos, veritas odium parit*).

139 Int., II, 99-100 : *vos periculum ex aliis facitote vobis quod ex usu siet* (voir Térence, *Heautontimoroumenos*, 210 et 221).

(Int., I, 36 et 134), *dixti* (Int., I, 44)[140] ou le subjonctif présent d'*esse* en *siem* (Int., I, 18 ; 48 ; 98 ; 107 ; 140 ; II, 24 ; 78 ; 100), les pronoms avec la forme pleine de l'enclitique (*haecce*, Int., I, 70 ; *hocce*, Int., I, 83)[141] ; les formes *eccum* (Int., I, 60) ou *pauxillum* (Int., I, 83). L'auteur emploie également des mots rares, que l'on rencontre (presqu') exclusivement dans le théâtre : ainsi *interturbare* (Int., I, 70) ; *cursura* (Int., II, 74)[142] ; *harpagare* (Int., II, 41)[143] ; *incipessere* (Int., II, 43)[144] ; les hapax de Plaute *sociennus* (Int., I, 107, 119, 145…[145]) et *suffurari* (Int., I, 57)[146] ; *desidiabulum* (Int., II, 65), *perfrigefacere* (Int., II, 66). Signalons que, pour rendre l'emploi du déponent *suffurari* encore plus typique, l'auteur de la pièce l'utilise avec la vieille désinence de l'infinitif en *–ier* (Int., I, 57). Même remarque pour *pergraecarier* (Int., I, 28), un verbe que Plaute est le seul à utiliser[147] et que l'on rencontre dans la pièce de 1652 avec la terminaison archaïque de l'infinitif.

Le choix des noms des deux valets (*Strobilus* et *Davus*) est aussi inspiré du théâtre, *Strobilus* apparaissant dans l'*Aulularia* de Plaute et *Davus* dans l'*Andrienne* de Térence, où ils sont tous deux des esclaves. Le manuscrit des *Arma victricia* hésite pour le nom de Strobilus entre trois orthographes : *Strobilus*, *Strobulus* et *Strabulus*. Nous avons ici harmonisé les graphies en suivant l'usage des éditions modernes de Plaute, où le nom est invariablement donné comme *Strobilus*. Signalons néanmoins que le mot *strabulus* pourrait s'analyser comme un diminutif (non attesté) de *strabus*, désignant une personne qui louche.

À côté de l'imitation de Plaute et de Térence, l'intermède joue également sur des citations de grands auteurs classiques : citation d'Horace présentée comme telle (Intermède, I, 5[148]) ; citations de Virgile qui viennent ajouter un contraste épique (Intermède, I, 67 et II, 101, ce

140 La forme *dixti* est attestée chez Plaute mais la formulation *quid dixti* est empruntée à Térence, où elle apparaît à deux reprises (*Heaut.*, 340 et 671).

141 Voir Alfred Ernout, *Morphologie historique du latin*, nouv. éd. rev. et corr., avec un avant-propos par Antoine Meillet, Paris, Klincksieck, 1927 (*Nouvelle collection à l'usage des classes* 32), p. 133-134 (§ 111).

142 Voir Plaute, *Asinaria*, 327 ; *Bacchides*, 67 ; *Cistellaria*, 380 ; *Mercator*, 120 ; *Mostellaria*, 862 ; *Stichus*, 306 ; *Trinummus*, 1006 et 1016.

143 Voir Plaute, *Aulularia*, 201 ; *Bacchides*, 656 ; *Pseudolus*, 957.

144 Voir Plaute, *Captivi*, 214, 532 et 802 ; *Miles gloriosus*, 228 et 237 ; *Trinummus*, 884.

145 Voir Plaute, *Aulularia*, 659.

146 Voir Plaute, *Truculentus*, 566.

147 Voir Plaute, *Bacchides*, 813 ; *Mostellaria*, 22, 64 et 55 ; *Poenulus*, 603.

148 L'*Ode* I, 3 d'Horace entre en parfaite résonnance avec la leçon de l'intermède.

dernier étant le vers de clôture). Notons aussi l'emploi récurrent des adages d'Érasme[149], texte que les jésuites appréciaient et n'hésitaient pas à mettre au programme des collèges (des adages choisis apparaissent dans les livrets de textes imprimés à usage des classes jésuites de la province gallo-belge au XVIIe siècle)[150].

LES PARTITIONS ET LA MUSIQUE

ÉTAT DES LIEUX BIBLIOGRAPHIQUE

Dans l'histoire complexe du rapport des jésuites à la musique, la sphère du théâtre apparaît souvent comme le lieu privilégié d'une expression musicale. Il faut pourtant reconnaître une certaine frilosité des historiens de la musique à appréhender cette production de pièces musicales intégrées au théâtre parlé[151]. Les principales raisons de ce désintérêt résident dans la pénurie de sources musicales, dans leur réalité fragmentaire et dans la discrétion des sources d'archives. Aussi, à ces témoins négligés, l'historiographie a jusqu'ici préféré les œuvres opératiques que le traitement musical, l'envergure et le retentissement ont posées en modèles d'un art du spectacle jésuite dont elles ne sont au fond que des réalisations exceptionnelles. Créées dans la sphère jésuite, les productions opératiques les plus remarquées et les plus étudiées – celles aussi qui ont été portées au disque – sont sans conteste l'*Apotheosis sive consecratio sanctorum Ignatii et Francisci Xaverii* (1622), mise en musique par Johannes Hieronymus Kapsberger (ca 1580-1651) sur un livret d'Orazio Grassi (1583-1654)[152], les opéras de chambre *San Ignacio* (ca 1755) du

149 Sur la place d'Érasme dans les collèges jésuites, voir Poncelet, *Histoire de la Compagnie de Jésus*, *op. cit.*, tome II, p. 34.

150 *Authores Graeci classis rhetoricae… provinciae Gallo-Belgicae praelegendi* (Liège, 1648), avec aux p. 46-56 une *Adagiorum selectorum classis prima* où l'on retrouve l'adage *novacula in cotem* (p. 46) ; voir aussi *Authores classis rhetoricae… provinciae Gallo-Belgicae anno M.DC. LXXX* (Liège, 1680), p. 124.

151 Pour un large état de l'art, voir l'introduction à l'ouvrage placé sous la direction d'Anne Piéjus, *Plaire et instruire*, *op. cit.*, p. 9-26.

152 Sur l'*Apotheosis sive consecratio*, voir parmi les principales études, Victor Arnaud Coelho, « Kapsberger's Apotheosis… of Francis Xavier (1622) and the conquering of India »,

compositeur Domenico Zipoli (1688-1726), compilé par Martin Schmidt (1694-1772)[153], et *Patientis Christi memoria* (1685) de Johann Bernhard Staudt (1654-1712)[154], directeur de la musique à la maison professe de Vienne, ou encore l'oratorio *David et Jonathas* (1688) de Marc-Antoine Charpentier (1643-1704)[155]. Ces œuvres en musique ne constituent toutefois que la pointe émergée de l'iceberg. Elles occultent presque la vaste production musicale de facture souvent plus modeste destinée à résonner en écho aux textes déclamés sur les scènes de théâtre des collèges, et dont la tragédie *Arma victricia* constitue un témoin privilégié. Outre cette dernière, seules subsistent quelques rares sources musicales liées aux pratiques théâtrales jésuites des Pays-Bas méridionaux, tels les extraits musicaux manuscrits relatifs au *Jeu de la conversion de sainct Guillaume*

dans Richard Dellamora et Daniel Fischlin (éd.), *The work of opera : Genre, nationhood, and sexual difference*, New York, Columbia University Press, 1997, p. 27-47 ; Emilio Sala et Frederico Marincola, « La musica nei drammi gesuitici : il caso dell "Apotheosis sive consecratio sanctorum Ignatii et Francisci Xaverii" », dans Maria Chiabo et Frederico Doglio (éd.), *I Gesuiti e i Primordi del Teatro Barocco in Europa*, Rome, Centro Studi sul Teatro Medioevale e Rinascimentale, 1995, p. 389-405. L'*Apotheosis sive consecratio* a été enregistrée, avec le *San Ignacio de Loyola* de Domenico Zipoli, par l'ensemble Abendmusik, sous la direction de James Davis Christie (Dorian Recordings, 2003).

153 Sur Domenico Zipoli et l'opéra de chambre *San Ignacio de Loyola*, voir, parmi les principales études, Guillermo Furlong, « Domenico Zipoli, musico eximio en Europa y América. 1688-1726 », *Archivum Historicum Societatis Jesu*, 24 (1955), p. 418-428 ; Mila de Santis, *Domenico Zipoli. Itinerari iberoamericani della musica italiana nel settecento*, Firenze, Olschki, 1994 (Quaderni della Rivista italiana di musicologia, 31) ; Alicia Terzian, *La musica de las misiones jesuiticas : Domenico Zipoli y musicos indigenas anonimos*, Buenos Aires, Centro Internacional para la Conservacion del Patrimonio, 1999 ; Giovanni Arledler, « Domenico Zipoli : il gesuita musicista delle riduzioni », *La Civiltà Cattolica*, 90 (1999), p. 40-52. Outre l'enregistrement de 2003 mentionné à la note précédente, il faut signaler celui de Gabriel Garrido avec son ensemble Elyma (K617, 1996).

154 Sur l'opéra de chambre *Patientis Christi memoria*, voir T. Frank Kennedy, « Jesuit Opera in Seventeenth-Century : *Patientis Christi memoria* by Johann Bernhard Staudt (1654-1712) », dans John O'Malley *et al.* (éd.), *The Jesuits : Cultures, Sciences, and the Arts, 1540-1773*, vol. 2, Toronto-Buffalo-London, University of Toronto Press, 2006, p. 787-801. L'opéra a été donné le 8 juin 2002 à la chapelle St Mary du Boston College. Un enregistrement vidéo de la représentation est joint à l'ouvrage dirigé par John O'Malley *et al.*

155 Sur l'oratorio *David et Jonathas*, voir Robert W. Lowe, *Marc-Antoine Charpentier et l'opéra de collège*, Paris, Maisonneuve et Larose, 1966 ; Jean Duron, « Marc-Antoine Charpentier : *Mors Saülis et Jonathae – David et Jonathas*, de l'histoire sacrée à l'opéra biblique », *Revue de Musicologie*, 77/2 (1991), p. 221-268 ; Catherine Cessac, « Tragédie latine et tragédie en musique au collège Louis-le-Grand de Paris : l'exemple de *Saül* et *David et Jonathas* (1688) », dans Piéjus (éd.), *Plaire et instruire*, *op. cit.*, p. 203-213. L'œuvre a été portée plusieurs fois au disque. L'enregistrement le plus récent est celui de l'ensemble « Les Arts florissants », sous la direction de William Christie (Harmonia Mundi, 2012).

d'Aquitaine, pièce en trois actes représentée au collège des jésuites de Bruxelles en 1614[156], à la pièce *Diogenes Romanus Treur-Spel*, représentée chez les jésuites d'Ypres en septembre 1702[157], à la pièce de théâtre *De goede doodt van Alexander* jouée par la jeunesse de la Congrégation de la Bonne-Mort attachée à la Maison professe d'Anvers en 1706[158], ou encore à la pastorale *Daphnis* donnée au collège de Namur en 1728[159]. Ces sources éparses et souvent fragmentaires sont toutefois trop peu nombreuses pour saisir toutes les réalités d'un usage musical pourtant répandu aux XVIIe et XVIIIe siècles[160].

LES PARTITIONS MANUSCRITES DES *ARMA VICTRICIA*

L'œuvre *Arma victricia* compte quatre pièces de musique notée en partition (fol. 6^{v}, 7^{r}, 8^{r-v}, 27^{r}) : trois airs sont chantés au premier acte et le quatrième air intervient dans l'épilogue. La musique est élégamment copiée, de manière lisible et propre, mais comporte toutefois quelques

156 Voir E. A. Francis, « Notes et documents. Jeu de la conversion de Saint-Guillaume d'Aquitaine », *Humanisme et Renaissance*, 4/3 (1937), p. 293-306 ; Margaret McGowan, *L'Art du ballet de cour en France (1581-1643)*, Paris, CNRS, 1963 (réimpr. 1978), p. 211 ; Jean-Philippe Van Aelbrouck, *Dictionnaire des danseurs à Bruxelles de 1600 à 1830*, Liège, Mardaga, 1994, p. 17 ; Franck Dobbins, « Music in French theatre of the late sixteenth century », *Early Music History*, 13 (1994), p. 113-114 ; John S. Powell, « L'air de cour et le théâtre de collège au XVIIe siècle », dans Georgie Durosoir (éd.), *Poésie, musique et société. L'Air de cour en France au XVIIe siècle*, Sprimont, Mardaga, 2006, p. 317-325. Cette pièce est conservée à la Bayerische Staatsbibliothek de Munich sous la cote H. lit. p. 278-1 1/3 Cah.16.

157 Céline Drèze, *Les jésuites et la musique dans les provinces gallo- et flandro-belges (2e moitié du XVIe siècle – 1773)* (thèse inédite), Louvain-la-Neuve, Université catholique de Louvain, 2011, p. 468-473. Les deux manuscrits musicaux relatifs à cette pièce de théâtre sont conservés à Courtrai, Archives de l'État, *Jezuietencolleges te Ieper, Kortrijk en Oudenaerde (1584-1773)*, n° 307. Sur la pièce *Diogenes Romanus*, voir Proot, *Het schooltoneel van de jezuïten*, *op. cit.*, SIBA, p. 382.

158 Le manuscrit (Anvers, FelixArchief, Private archieven, BE SA 427534, n° d'inventaire 1391#85) est accessible en ligne à l'adresse suivante : https://felixarchief.antwerpen.be/detailpagina?invnr=1391_85&page=1&pageSize=10&type=copy&view=thumb (consulté le 27/12/2020).

159 Elisabeth Dyer, « Re-constructing Jesuit theatre for the modern stage : *Daphnis, Pastorale*, an eighteenth-century Jesuit College music-drama », *Journal of the Alamire Foundation*, 5/2 (2013), p. 265. Université de Liège, Bibliothèque générale de Philosophie et Lettres, Fonds et manuscrits anciens, ms. 357c.

160 Pour la province flandro-belge, voir Goran Proot, « Musique, danse et ballet dans le théâtre scolaire des jésuites de la Provincia Flandro-Belgica », *Revue liégeoise de musicologie*, 27 (2008), p. 121-167.

imprécisions que l'on pourrait par exemple imputer au manque de compétences musicales du copiste[161]. Ces imprécisions suggèrent en outre que le manuscrit n'ait pas été utilisé tel quel pour l'exécution musicale, mais qu'il s'agisse plutôt d'une copie au propre, certainement destinée à être offerte en cadeau à l'archiduc Léopold-Guillaume, fervent amateur de musique et mécène des arts[162].

À ces airs notés s'ajoute, au deuxième acte, une sonnerie de trompettes accompagnées de timbales (*tubae ac tympanae*), pour laquelle aucune partition n'est fournie, mais qui devait certainement prendre l'allure d'une sonnerie militaire destinée à soutenir la bataille mise en scène à ce moment précis de l'action. Les personnages de la pièce font par ailleurs d'autres allusions aux « trompettes » et « timbales » pour évoquer la guerre et l'ardeur au combat[163].

CARACTÈRES DES PIÈCES MUSICALES

Les quatre airs sont caractérisés par une juxtaposition serrée d'affects variés. Se succèdent en effet de manière condensée des passages aux accents guerriers, des épisodes méditatifs ou plaintifs, ou encore des exultations de joie et des chants de victoire, autant de caractères contrastés soulignés et renforcés, en musique, par de fréquents changements de *tempi* et l'usage de figuralismes. Le compositeur anonyme de ces quatre pièces de musique souscrit ainsi aux principes et lieux communs de la rhétorique oratoire et musicale de l'époque[164].

---

161 Dans l'air *Planctus Solymae*, à la mesure 6, il est noté *la* au lieu de *si*, à la mesure 19, *do* au lieu de *ré*, et à la mesure 29, il est noté *sol* bécarre au lieu de *sol* dièse.

162 Sur le mécénat musical de Léopold-Guillaume, voir Agnes Kory, « Leopold Wilhelm and his patronage of music with special reference to opera », *Studia musicologica Academiae Scientiarum Hungaricae*, 36/1-2 (1995), p. 11-25 ; Piet Stryckers, « Muziek aan het hof van Leopold Wilhelm en de opkomst van de barok in de Zuidelijke Nederlanden », dans Louis Peter Grijp (éd.), *Een muziekgeschiedenis der Nederlanden*, Amsterdam, Amsterdam University Press, 2001, p. 296-301 ; Sandrine Thieffry, « L'archiduc Léopold Guillaume à Bruxelles (1647-1656) : le bon usage du mécénat musical en temps de guerre », *Revue belge de musicologie*, 56 (2002), p. 159-175.

163 Voir par exemple l'exclamation de Judas : *Quid adhuc moraris, anime ? Nondum militem clangor tubarum et tympana ad martem vocant ?* (fol. 9ʳ) ou encore les interventions de deux nobles : *Clangunt tubae. Adest Nicanor* et *Aera jam bellum cient* (fol. 13ʳ).

164 Sur la question de la rhétorique musicale, voir, parmi les principales études, Hans-Heinrich Unger, *Die Beziehungen zwischen Musik und Rhetorik im 16.-18. Jahrhundert*, Würzburg, Triltsch Verlag, 1941 ; Dietrich Bärtel, *Musica Poetica : Musical-rhetorical Figures in German Baroque Music*, Lincoln, University of Nebraska Press, 1998 ; Annick

Témoin éloquent de ce phénomène rhétorique, la complainte de Jérusalem (acte I – *Heu, heu me !*) consiste en une succession rapide de quatre sections délimitées par des changements brusques de mesure et caractérisées par des expressions dramatiques particulières qu'intensifient divers procédés de rhétorique musicale. La première section (mes. 1-20) adopte dans un premier temps (mes. 1-12) un caractère plaintif : Jérusalem pleure sa décadence. De fréquents soupirs (figures de la *suspiratio*) interrompent la ligne mélodique et évoquent la désolation de Jérusalem. Dans le même esprit, une répétition à la quinte inférieure (*epizeuxis*) de la phrase *amaritudine plena sum* insiste encore sur la peine profonde de Jérusalem. En outre, plusieurs figures d'hypotyposes ponctuent la ligne mélodique et rendent audible l'action narrée : un même motif descendant en doubles croches (*fuga*) est ainsi employé sur le mot *fugiam* (mes. 3-4) pour signifier la fuite et sur le mot *ceciderunt* (mes. 14-15) pour évoquer la chute (*catabasis*). Des accents guerriers surgissent dans un second temps (mes. 13-20), perceptibles dans la répétition des croches et doubles croches, et dans l'obstination naissante de la ligne mélodique. La deuxième section (mes. 21-24) s'ouvre alors sur un passage noté *concitato* ou « agité » (mes. 21-24) qui constitue une allusion explicite au *stile concitato* théorisé par Claudio Monteverdi (1567-1643) dans la préface à son huitième livre de madrigaux (1638)[165]. Associé au sentiment de colère, le *stile concitato* réclame une agitation propice à l'expression d'une ardeur guerrière – *Evigila Juda, evigila. Non audis tubas et tympana ? Ruit undique hostis in me* –, ardeur que renforce une figure d'hypotypose sur le mot *tubas* (mes. 22-23), allusion explicite à une sonnerie militaire de trompettes (fig. 1).

Fiaschi, « Rhétorique et musique dans la seconde moitié du XVIIe siècle : les histoires sacrées de Marc-Antoine Charpentier », *Ostinato Rigore : les musiciens au temps de Louis XIV*, 8/9 (1996-1997), p. 215-236. Nous basons notre brève analyse sur ce dernier article qui dresse une liste des principales figures musicales collectées dans divers traités des XVIIe et XVIIIe siècles.

165 Sur le *stile concitato* de Monteverdi, voir Geoffrey Chew, « Stile concitato », dans *Grove Music Online. Oxford Music Online*, http://www.oxfordmusiconline.com (consulté le 27/12/2020) ; Denis Arnold, « Monteverdi and the Art of War », *The Musical Times*, 108 (1967), p. 412-414 ; Barbara Russano Hanning, « Monteverdi's Three Genera : A Study in Terminology », dans Nancy K. Baker et Barbara R. Hanning (éd.), *Musical Humanism and Its Legacy : Essays in Honor of Claude V. Palisca*, New York, Pendragon Press, 1992, p. 145-170 ; Robert Holzer, « "Ma invan la tento et impossibil parmi" or How *guerrieri* Are Monteverdi's *madrigali guerrieri* », dans Francesco Guardiani (éd.), *The sense of Marino : literature, fine arts and music of the Italian baroque*, Ottawa-New York, Legas, 1994, p. 429-450.

FIG. 1 – Air *Heu, heu* (mes. 21-24).

La troisième section (mes. 25-30) est annoncée par un changement de mesure (de *C* à *3*) et l'indication *adagio*. Jérusalem invite Judas à considérer la cruauté des combats – *Aperi oculos et specta funera meorum* –, soutenue par des notes en valeur longue qui contrastent radicalement avec les traits de doubles croches de la section précédente. De retour à une mesure *C*, la quatrième section (mes. 31-38) est caractérisée par une ligne mélodique ponctuée de soupirs et rompue par des intervalles descendants de quinte (mes. 33) et de sixte (mes. 35-36) qui concourent, en l'illustrant musicalement, à rappeler la « désolation » et l'« affliction » de Jérusalem.

Cet exemple, corroboré par le déroulement de l'air *Solyma respirans*, témoigne du caractère théâtral des parties musicales qui, outre qu'elles participent pleinement à l'action et la font avancer[166], cristallisent les

166 Le texte de la tragédie lui-même fait quelquefois allusion au chant à venir. Par exemple, dans l'épilogue, la Flandre s'exclame : *Illius laudes canant quaecumque ponto aut numina aut Nymphae latent : « Victoria »* annonçant de la sorte l'air final des trois sirènes (voir fol. 25^{v}). En outre, les didascalies précédant ou concluant le chant contribuent elles-aussi à intégrer la musique à l'argument de la pièce. Par exemple, à la suite de l'air *Heu, heu*, une note précise *Finito cantu considet Solyma cum comitibus ad pedes Judae. Venit Onias* (voir fol. 7^{r}) ; une mention semblable apparait encore au bas du feuillet contenant le dernier air : *Post cantum emergit Neptunus* (voir *Arma victricia*, *op. cit.*, fol. 27^{v}).

principaux affects de la tragédie : le découragement, la crainte, l'ardeur guerrière, le courage et enfin, la joie de la victoire qui éclate dans le dernier air où les trois sirènes rappellent la double victoire de Léopold-Guillaume sur les Français et célèbrent, sur un ton vif et emporté, la gloire éternelle de l'archiduc.

QUI FUT LE COMPOSITEUR ?

L'identification du compositeur des parties musicales de la pièce (anonymes dans le manuscrit) est plus ardue encore que celle de l'auteur. Toutefois, plusieurs hypothèses peuvent être avancées eu égard aux pratiques musicales en usage au collège des jésuites de Bruges. L'établissement connaît aux XVIIe et XVIIIe siècles une activité musicale dont la vivacité est révélée par les sources d'archives conservées en nombre. La musique investit l'église, le collège et son théâtre, la leçon de catéchisme[167], les assemblées de méditations du carême[168] et les congrégations mariales[169]. Diverses fondations établies par des laïcs garantissent par ailleurs la permanence de ces usages musicaux et pourvoient pour une large part aux dépenses qui leur sont dévolues[170]. La musique s'inscrit résolument

167 En 1609 paraît à Bruges un recueil de cantiques spirituels, *Het Prieel der Gheestelijcke Melodie*, destiné à l'instruction catéchétique de la jeunesse de la ville. Sur ce recueil, voir, parmi les principales études, Vedast Verstegen, « Het Prieel der Gheestelijcke Melodie », *Tijdschrift voor Taal en Letteren*, 28 (1940), p. 245-264 ; Maria Verhaert, *Het Prieel der Gheestelijcke Melodie* (mémoire de licence), Leuven, Katholieke Universiteit Leuven, 1951 ; Guido Philippeth, *De muziek uit het liedboek « Het Prieel der Gheestelijcke Melodie »*, Leuven, KUL, 1967 ; Jan Smelik, *Het Prieel der Gheestelijcke Melodie (Brugge 1609, Antwerpen 1614 & 1617). Een onderzoek naar functies, herkomst en verspreiding* (thèse inédite), Utrecht, Universiteit Utrecht, 1992. Le fonds jésuite aux Archives de l'État à Bruges rassemble également quelques feuillets de musique à destination de l'école dominicale dirigée par les jésuites brugeois (Bruges, Archives de l'État, *Sociëteit van Jezus te Brugge*, TBO 5/1712).

168 Céline Drèze, « Un corpus inédit de méditations pour le carême, conservé dans le fonds d'archives jésuites à Anvers (XVIIe-XVIIIe siècles) », *Journal of the Alamire Foundation*, 3 (2011), p. 267-303.

169 Pour une première étude sur l'activité musicale des sodalités mariales jésuites, voir : Céline Drèze et Fabien Guilloux, « Répertoire et pratiques musicales des sodalités mariales : premiers éléments d'enquête autour d'exemples parisien et anversois », dans Cécile Davy-Rigaux (éd.), *La musique d'Église et ses cadres de création dans la France d'Ancien Régime*, Firenze, Léo S. Olschki, 2014, p. 85-116 (Biblioteca della « Rivista di storia e letteratura religiosa » – Studi, vol. 30) ; Céline Drèze, « Musical Practices among Marian Sodalities in the Gallo- and Flandro-Belgic Provinces (16th-18th centuries) », dans Daniele Filippi (éd.), *Jesuit Music*, numéro special du *Journal of Jesuit Studies*, 3/3 (2016), p. 398-414.

170 Drèze, *Les jésuites et la musique*, *op. cit.*, p. 111-115.

dans le quotidien des pères et, dès les années 1630, un jésuite veille à son administration. On repère en effet, dans les *catalogi*, la présence d'un préfet de la musique (*praefectus musicae*), fonction dorénavant assurée de manière régulière jusqu'à la suppression de la Compagnie dans les Pays-Bas méridionaux en 1773.

Les charges qui incombent au préfet de musique sont multiples et variées. Elles dépendent de l'intensité de l'activité musicale au sein de l'établissement où il est en fonction, mais aussi, et surtout, de ses compétences musicales[171]. Quelques rares préfets de musique s'impliquent dans la vie musicale de leur collège en exerçant la fonction d'organiste, en enseignant le chant aux collégiens ou en composant. Aussi est-il permis de penser que Guillaume Saverys (1604-1679)[172], préfet de musique en fonction dès 1643[173] (et dont nous avons vu qu'il se trouvait bien à Bruges en 1651-1652), puisse être l'auteur des pièces de musique des *Arma victricia*. Néanmoins, outre qu'aucune information ne nous soit parvenue à son sujet qui viendrait étayer cette hypothèse, la majorité des préfets de musique est plutôt dépourvue de réelles compétences musicales et se charge alors de la gestion de l'activité musicale. Ils ont ainsi le soin de l'achat des partitions et de l'entretien des instruments de musique que l'on sait présents en nombre dans l'établissement brugeois[174].

À ces tâches qui leur sont assignées s'ajoute la gestion des collaborations régulières ou ponctuelles avec les musiciens extérieurs engagés par les pères pour les festivités spéciales célébrées au sein de l'établissement, ainsi que pour l'enseignement de la musique et de la danse aux collégiens. À Bruges, les diverses institutions musicales de haut rang drainent

---

171 Sur la fonction de préfet de la musique, voir Drèze, *Les jésuites et la musique*, *op. cit.*, p. 488-493.

172 Né à Courtrai le 2 février 1603, Saverys (ou Saverijs) est entré dans la Compagnie à Malines le 15 octobre 1626, a été fait prêtre le 15 avril 1634 et est devenu *formatus* le 10 août 1637 (Anvers-Beveren, Archives de l'État, *Archief van de Nederduitse provincie der jezuïeten (Flandro-Belgica)*, n° 39, fol. 19). Il est mort à Bruges en 1679 (Poncelet, *Nécrologe des jésuites*, *op. cit.*, p. 106).

173 Rome, ARSI, *Germania*, n° 132, fol. 173.

174 Au moment de la suppression de la Compagnie en 1773, on trouve sur le jubé de leur église, un orgue, trois basses, neuf violons, une flûte, un serpent, trois hautbois et « plusieurs pieces de musique avec les accompagnemens » (Bruxelles, A.G.R., *Comité jésuitique*, n° 23, fol. 2v-3r). Au cours des XVIIe et XVIIIe siècles, les pères brugeois sollicitent fréquemment les facteurs d'orgues Cornelis Ramault (1681), Jacobus Van Eynde (1716) et A.-J. Berger (1768), ainsi que les facteurs d'instruments Pieter Tytgat (1768) et F. De Pape (1770) (voir Drèze, *Les jésuites et la musique*, *op. cit.*, p. 176-177).

une multitude de chanteurs et de musiciens dont certains mettent leur talent au service des pères. C'est le cas de musiciens de la cathédrale Saint-Donatien[175], ou de la chapelle Saint-Basile, située au rez-de-chaussée de la Basilique du Saint-Sang[176], rémunérés par les pères pour leur participation aux offices en musique. Il est probable que ces musiciens extérieurs aient également dispensé des cours de musique aux élèves du collège brugeois[177], et que l'un d'entre eux, resté anonyme, soit l'auteur des quatre pièces musicales des *Arma victricia*.

LES EFFECTIFS

Sur la base de ces seules partitions, vraisemblablement recopiées à partir de parties séparées et peut-être proposées dans une version musicale réduite, il semble difficile de résoudre l'épineuse question de l'effectif réel convoqué sur les planches du collège brugeois en 1652. Le texte latin de la pièce ne livre lui non plus aucune précision à ce propos. Néanmoins, les partitions conservées permettent de poser plusieurs constats.

Six des personnages de la pièce ont un rôle exclusivement chanté : Jérusalem (Solyma) et ses deux compagnes, ainsi que les trois sirènes. Comme le montre le tableau ci-dessous, ces personnages sont tous destinés à des voix de dessus (soprano), écrites en clé d'ut_1 ou de sol_2. Par ailleurs, l'ambitus des pièces oscille entre la septième et la douzième. En dépit de l'exigence vocale requise, il n'est pas improbable que ces pièces aient été interprétées par des collégiens parmi les plus doués en chant. Un seul groupe de trois chanteurs pouvait d'ailleurs suffire pour la

175 Bruges, Archives de l'État, *Sociëteit van Jezus te Brugge*, TBO 5/2139. Sur la musique à l'église Saint-Donatien de Bruges, voir, parmi les nombreux travaux d'Alfons Dewitte, « Cornelis van den Rijne (1502-1573) organist van Sint-Donaas te Brugge. Commentaar bij een testament », *Biekorf : Westvlaams archief voor geschiedenis, oudheidkunde en folklore*, 73/5-6 (1972), p. 159-166, et « Orgels en organisten te Brugge vóór 1630 : Samenvattend overzicht », *Orgelkunst*, 24/1 (2001), p. 37-41. Voir aussi Reinhard Strohm, *Music in Late Medieval Bruges*, éd. revue, Oxford, Clarendon Press, 1990 ; Martine Monteyne, « Foundations and their impact on the flourishing of polyphony : Case-study of a foundation at the Collegiate Church of Saint Donatian in Bruges by Dyno Rappondi, merchant of Lucca », *Yearbook of the Alamire Foundation*, 3 (1999), p. 123-133 ; Pieter Andriessen, *Die van Muziken gheerne horen. Muziek in Brugge 1200-1800*, Bruges, West-Vlaamse gidsenkring, 2002.

176 Bruges, Archives de l'État, *Sociëteit van Jezus te Brugge*, TBO 5/2139.

177 Pendant l'intermède de la pièce *Hermenegildus* représentée au collège de Bruges en 1721, un maître de danse et un maître de musique sont mis en scène. La présence de ces maîtres dans l'enceinte du collège semble donc familière au point de les représenter sur la scène (voir Proot, *Het schooltoneel van de jezuïten*, *op. cit.*, SIBA, p. 170).

représentation. En effet, la similitude des voix et le laps de temps écoulé entre, d'une part, les trois premières interventions chantées à l'acte I par Jérusalem et ses deux compagnes, et d'autre part, le quatrième air de l'épilogue chanté par les trois sirènes, permettent d'envisager que trois chanteurs seulement aient pu assurer les six rôles chantés.

Titre	Incipit littéraire	Personnage	Clé	Ambitus
Acte I				
Planctus Solymae	*Plangite populi*	Compagne 1	*ut*$_1$	*mi*$_3$-*sol*$_4$
		Compagne 2	*ut*$_1$	*ré#*$_3$-*mi*$_4$
Solyma	*Heu, heu me !*	Jérusalem	*ut*$_1$	*do*$_3$-*fa*$_4$
Solyma respirans	*Adduxisti Domine*	[Jérusalem]	*ut*$_1$	*la*$_3$-*la*$_4$
		[Compagne 1]	*ut*$_1$	*sol#*$_3$-*fa*$_4$
		[Compagne 2]	*ut*$_1$	*do*$_3$-*do*$_4$
Épilogue				
Sirenes	*Victoria*	Sirène 1	*sol*$_2$	*do*$_3$-*sol*$_4$
		Sirène 2	*sol*$_2$	*do*$_3$-*sol*$_4$
		Sirène 3	*ut*$_1$	*do*$_3$-*sol*$_4$

Tableau – Détails des quatre pièces musicales

En ce qui concerne l'effectif instrumental, il est ici réduit à sa plus simple expression puisque seule une basse continue chiffrée accompagne le chant. Selon toute vraisemblance, cette basse continue pouvait être exécutée par un orgue positif ou un clavecin, éventuellement doublé d'une basse d'archet.

LES ILLUSTRATIONS ET LA MISE EN SCÈNE

Le manuscrit des *Arma victricia* compte, comme nous l'avons déjà dit, onze planches dessinées (au crayon, encre et lavis), qui illustrent les différentes parties de la pièce : le prologue (fol. 2^r), les deux premiers actes (acte I : fol. 5r, acte II : fol. 14r), l'intermède comique en deux parties (fol. 10r et 16r), les deux ballets de l'acte III (fol. 19r, 20r, 22r, 23r et 24r) et l'épilogue (fol. 26r).

QUI FUT LE DESSINATEUR ?

Les dessins du manuscrit se signalent par leur grande qualité d'exécution. Celle-ci invite à s'interroger sur l'artiste qui se chargea de l'illustration de ce recueil. Or le premier dessin de la série (fol. 2r) porte une signature : *I. Maes F(ecit).* Nous pouvons émettre l'hypothèse qu'il s'agit du peintre Jan I Maes, né à Bruges vers 1620 et mort dans cette même ville en 1677. Reçu franc-maître à la guilde des peintres en 1641, il exerça l'essentiel de son activité à Bruges, dans le domaine de la peinture religieuse, d'histoire et du portrait. Nombreux sont les autels des églises brugeoises qui présentaient des œuvres de cet artiste, dont l'historiographie pointe l'influence de Rubens, tant à travers le coloris que la composition[178]. Au regard du destinataire prestigieux de ce manuscrit, il n'est pas étonnant que les jésuites aient fait appel à un peintre reconnu à Bruges pour exécuter ces dessins. Grand amateur d'art, le gouverneur était en effet à même d'en apprécier la qualité.

QUELLES DONNÉES TIRER DES ILLUSTRATIONS ?

Combinées aux arguments et aux didascalies, les images que contient le manuscrit peuvent nous informer sur un certain nombre d'aspects concrets de la représentation (décor, costumes, machineries, déplacements des acteurs, mouvements des ballets…). Elles apparaissent d'autant plus précieuses que peu d'illustrations des décors théâtraux jésuites sont parvenues jusqu'à nous[179]. Il importe cependant de garder en mémoire que

178 Il n'existe pas, à ce jour, d'étude exhaustive sur l'œuvre de cet artiste. On trouvera quelques informations biographiques, historiques et stylistiques dans les ouvrages suivants : *Biographie nationale*, tome XIII, Bruxelles, Académie royale des Sciences, des Lettres et des Beaux-Arts de Belgique, 1866-1938, col. 138-139 ; Jean Luc Meulemeester, *Jacob van Oost de Oudere en het zeventiede-eeuwse Brugge*, Bruges, Westvlaamse gidsenkring, 1984, p. 209-215 ; Ulrich Thieme et Felix Becker (éd.), *Allgemeines Lexikon der Bildenden Künstler. Von der Antike bis zur Gegenwart*, vol. 23, Leipzig, Engelmann, 1907-1950, p. 546 ; Charles Vanden Haute, *La corporation des peintres de Bruges*, Bruges, P. Van Cappel-Missiaen, 1913 ; Jennifer A. Martin (éd.), *Illustrated Dictionary of 17th Century Flemish Painters*, Bruxelles, Renaissance du Livre, 1994, p. 268.

179 Signalons aussi la collection de dessins de décors conservée à Budapest : voir Marcello Fagiolo, Éva Knapp et István Kilián (éd.), *The Sopron collection of Jesuit stage designs*, Budapest,

la valeur historique et documentaire n'est pas la seule dont les images soient investies : elles sont également dotées d'une valeur illustrative et explicative (liée à leur rapport étroit avec le texte et le développement dramatique de l'action, ce qui entraîne des processus de condensation et de symbolisation), ainsi que d'une valeur ornementale (liée à la plus-value et à l'attrait visuel qu'elles confèrent à l'objet-livre qui les contient). Le dessinateur est toujours tiraillé entre « deux univers référentiels distincts : celui de la fable transmise par le texte dramatique avec qui la gravure [ou plus généralement l'image] partage l'espace du livre, et celui de la concrétisation scénique que le livre se charge de commémorer », souvent d'ailleurs en l'idéalisant (supports et machines rendus invisibles, illusion de la perspective renforcée…)[180]. Il ne faut pas sous-estimer la dimension propagandiste de telles réalisations, destinées à glorifier à la fois l'institution responsable de la création du spectacle, et le destinataire prestigieux en l'honneur duquel le spectacle a été monté. Dans les pages qui suivent, nous allons d'abord envisager le rapport des images au récit, avant de proposer, avec autant de prudence que possible, une reconstitution du dispositif scénique et de la chorégraphie des ballets.

RAPPORT DES IMAGES AU RÉCIT

Si les images du manuscrit balisent tout le volume et illustrent chacune des parties ou sections qui constituent la pièce, il faut souligner qu'elles fonctionnent avec le développement du récit et des actions selon des modalités diverses, mais qui ont toutes pour effet d'illustrer les moments forts ou représentatifs de chacune de ces parties. Ainsi, alors que certaines images semblent figer des moments particuliers de la section qu'elles illustrent, d'autres semblent plutôt synthétiser ou condenser le développement de l'action dramatique.

La planche du combat de l'acte II (fol. 14[r]), par exemple, tel un arrêt sur image, offre une représentation du moment précis où Judas Maccabée, à la fin de l'acte II, s'apprête à trancher la tête de son ennemi. Il s'agit

---

Enciclopédia Pub. House, 1999 ; ainsi que les gravures illustrant l'édition de la *Pietas Victrix* d'Avancini de 1659 (reproduites dans Nicolas Avancini, *Pietas victrix – Der Sieg der Pietas*, éd. Lothard Mundt et Ulrich Seelbach, Tübingen, Niemeyer, 2002).

180 Benoît Bolduc, « Stefano della Bella, inventeur des gravures des *Nozze degli dei* (1637) et de *Mirame* (1641) », dans Marc Bayard (éd.), *Rome-Paris 1640*, Rome, Académie de France – Paris, Somogny, 2010, p. 481-507 : p. 504 et 484.

bien d'une action figée dans l'instant, ce caractère instantané étant accentué par l'animation et le mouvement de la composition. Cette image se présente en quelque sorte comme une « image-tableau » et se singularise par le fait qu'elle n'est pas encadrée, à l'instar des autres illustrations du manuscrit, d'une bordure architecturée et qu'elle fait fi de la contrainte de la représentation de l'espace scénique. On peut ainsi en apprécier les qualités formelles, à savoir le sens du rythme, de la composition et du rendu de la lumière et des volumes, lesquels confèrent à la scène une animation et une certaine théâtralité. Encadrée par des frondaisons massives qui concentrent l'attention sur la scène, la composition de ce dessin, basée sur une construction triangulaire et un jeu complexe de diagonales et de raccourcis, met en avant le personnage central, situé au sein d'un véritable grouillement de protagonistes, appuyant ainsi le mouvement et la dramatisation de l'action.

L'image relative au prologue (fol. 2^{r}), sur laquelle s'ouvre le manuscrit – créant dès lors un effet d'annonce –, semble également illustrer un moment précis de la pièce, à savoir le dernier échange de répliques de la section : le personnage de la « Crainte du Seigneur » tend à la Flandre et à ses compagnes le glaive de Judas Maccabée qui les sauvera d'une période de guerre et de domination. En même temps, l'illustration rassemble aussi tous les personnages figurant dans le prologue : l'allégorie de la Crainte du Seigneur est indiquée par le bras tendu du Génie tutélaire de la Flandre ; Athéna, qui était intervenue plus tôt dans le développement de l'action du prologue, s'est retirée mais est toujours visible à l'arrière-plan, de même que les glorieux héros de l'Antiquité, situés dans les niches, qui avaient présenté leurs armes et leur protection à la Flandre.

L'illustration de l'épilogue (fol. 26^{r}) semble suivre le même principe : tandis que les génies ailés de la Renommée s'envolent dans deux directions opposées pour propager sur la terre le nom du victorieux Léopold-Guillaume – une action qui constitue l'ultime moment de la tragédie –, la scène illustre aussi la Flandre et ses comparses (créant d'ailleurs avec le prologue un effet d'écho) se réjouissant de la libération de Dunkerque. Sur le mur de scène de fond, sont représentés les sirènes, Neptune sortant de l'eau et les canonnades tirées par les navires, autant d'actions intervenant plus tôt dans le déroulement de l'épilogue. Nous avons donc affaire ici à une condensation de différents temps de l'épilogue.

Cette condensation des actions au sein d'une même image est sans doute plus explicite encore dans les planches illustrant l'acte I (fol. 5^{r}) et les deux parties de l'intermède comique (fol. 10^{r} et 16^{r}). L'image de la première partie de l'intermède (fol. 10^{r}), par exemple, superpose deux moments bien distincts du développement de l'action : alors que l'avant-plan représente les valets occupés à aligner les simili-géants – une action qui se déroule au début de l'intermède –, l'arrière-plan dévoile les Cyclopes forgeant les armes de Jupiter au sein de la caverne de Vulcain – une scène qui apparaît dans un second temps, et dont les didascalies suggèrent d'ailleurs qu'un dispositif scénique en dévoile le décor au cours du développement de l'intermède[181].

Cette superposition, au sein d'une même image, de différents moments du déroulement dans le temps de l'action dramatique, permet d'offrir la visualisation la plus représentative de la section, sous la forme d'une synthèse visuelle et explicative. Elle permet non seulement d'en figurer tous les protagonistes, mais aussi d'en illustrer les moments clés ou culminants. Si chaque acteur est en effet figé dans une attitude exprimant son action sur la scène (gestuelle de don, de songe, d'exhorte, de grâce ou de reconnaissance, etc.), ce sont aussi les situations les plus remarquables ou les plus extraordinaires qui sont fixées, et notamment celles qui semblent avoir nécessité un renfort de machineries pour créer un effet spectaculaire. C'est le cas des *dei ex machina* (la Crainte du Seigneur, ou Jupiter brandissant son foudre, fol. 2^{r}, 16^{r}, 22^{r}, 23^{r}), de la montagne qui « s'ouvre » pour dévoiler les Cyclopes dans la première partie de l'intermède (fol. 10^{r}) ou encore de la chute des géants de la seconde partie de ce dernier (fol. 16^{r}).

Par ailleurs, alors que chaque section de la pièce est illustrée par une image qui en condense et fige des moments particuliers, il convient encore de souligner que le dernier acte de la pièce concentre un nombre plus important de planches. Ce sont en effet cinq images (fol. 19^{r}, 20^{r}, 22^{r}, 23^{r}, 24^{r}) qui se succèdent dans l'acte III, illustrant – au sens premier du terme, celui de distinguer – l'importance de ce dernier acte de la tragédie et des deux ballets qu'il contient. Il est en effet question ici du triomphe de Judas Maccabée, délivrant Jérusalem de la domination étrangère, dont la victoire est assimilée à celles de Léopold-Guillaume sur les territoires

181 Les didascalies mentionnent : « La montagne s'ouvre et les cyclopes apparaissent » (fol. 11^{r}).

français, et en particulier les prises récentes de Gravelines et Dunkerque. Si l'assimilation entre le héros biblique et Léopold-Guillaume s'opère par un dédoublement de l'image du triomphe et du ballet, c'est le changement de décor et le remplacement de l'inscription sur la banderole (*MaChabaeo IsraeL DefensorI* par *LeopoLDo fLanDrIae DefensorI*) qui permettent l'identification de Léopold-Guillaume, comme le mentionnent d'ailleurs les didascalies[182]. La démultiplication du motif du trophée, qui se trouve encore une fois représenté sous la forme d'un trophée d'armes traditionnel, isolé sur la page blanche et arborant les blasons des villes prises à l'ennemi (fol. 24^{r}), sert ainsi la portée encomiastique de la pièce, destinée à glorifier les victoires militaires de l'archiduc. On notera encore l'insistance sur les deux ballets qui, tout en étant représentés dans les deux scènes de triomphe au sein d'un décor architectural (fol. 19^{r} et 22^{r}), se trouvent encore dédoublés sur une planche indépendante (fol. 20^{r} et 23^{r}) – le cadrage se concentrant cette fois, à la manière d'un zoom avant, sur les danseurs, ceux-ci étant désormais isolés sur la page blanche. Constituant l'une des composantes les plus remarquables des spectacles donnés dans les collèges jésuites tout en participant au faste et à la somptuosité de la cérémonie, les ballets occupent naturellement une place de choix au sein de l'illustration de l'ouvrage.

Dans leur rapport au récit dramatique, les images ne sont donc pas à considérer comme des comptes rendus exacts de l'action théâtrale telle qu'elle s'est déroulée sur la scène à un moment précis. Elles servent plutôt l'illustration du texte et la portée encomiastique de la pièce et de l'ouvrage, tous deux destinés à Léopold-Guillaume. Qu'il s'agisse d'un arrêt sur image, d'une image juxtaposant et synthétisant différents temps de l'action, ou bien de la mise en exergue d'un motif particulier, toutes ces planches illustrent les temps forts de la pièce, les moments les plus tragiques ou les plus remarquables, qu'elles visualisent sur le mode d'une exégèse visuelle.

À côté du texte principal, les images fonctionnent ainsi comme un paratexte visuel, avec ses effets d'annonce, de synthèse, de condensation, ou d'instantané. Elles participent en ce sens à la visualisation de l'action en étroite corrélation avec les didascalies, lesquelles proposent, à côté du texte principal, un texte second qui « permet, pendant la lecture,

182 Les didascalies précisent : « La scène est changée et l'inscription posée sur le trophée fait voir un autre chronogramme » (fol. 21^{r}).

une actualisation scénique imaginaire du texte principal »[183]. Dans le manuscrit, les didascalies nous renseignent en effet sur les déplacements et les actions des acteurs sur la scène. Elles précisent par exemple que telle figure « s'approche » ou « s'éloigne »[184], que telle autre « sort des coulisses »[185], « descend sur un nuage »[186], « s'assoit »[187], « se fige »[188], etc. Ainsi, en suggérant le passage, le mouvement, l'animation, autrement dit la succession dans le temps, ce dont l'image ne peut justement rendre compte, les didascalies opèrent le lien entre l'image et le texte.

En poursuivant dans cette direction, et à la lecture des résumés ou « arguments » proposés au début de chaque section, l'on serait même tenté d'affirmer que ces images fonctionnent comme des « planches didascaliques ». Pour prendre un exemple parlant, citons l'argument de l'épilogue, qui précise : « Pendant que d'un côté les quatre parties de la Flandre se réjouissent de l'heureuse nouvelle de la libération de Dunkerque, de l'autre côté Neptune célèbre le nom du vainqueur, au son des canonnades festives tirées par les navires de guerre et des chants des sirènes. La Renommée qui rendra ce nom illustre le proclame ensuite dans les deux directions, vers le Levant et vers le Couchant ». Nous avons précisément affaire ici à une condensation de l'action du prologue, dont la planche attenante (fol. 26r) rend compte sur le mode d'une synthèse visuelle.

ICONOGRAPHIE DES DÉCORS

Les décors illustrés dans le manuscrit figurent tour à tour la cour d'un palais à l'antique avec une galerie de sculptures (dans le prologue, fol.

183 Christian Biet et Christophe Triau, *Qu'est-ce que le théâtre ?*, Paris, Gallimard, 2006 (Folio. Essais, 467), p. 545.

184 « Pallas s'avance » (Prologue, fol. 3r) ; « Les nobles s'approchent » (Acte I, fol. 4v) ou « Les nobles s'éloignent » (Acte I, fol. 6r), etc.

185 « Le Génie tutélaire de la Flandre sort des coulisses » (Prologue, fol. 4r) ; « Jérusalem sort des coulisses avec ses compagnes en se lamentant » (Acte I, fol. 6r) ; « Pendant que Judas se retire avec les siens, la Crainte du Seigneur retient les danseurs sur le point de quitter la scène » (Acte III, fol. 21r), etc.

186 « La Crainte du Seigneur descend sur un nuage » (Prologue, fol. 4r).

187 « Le chant achevé, Jérusalem s'assoit avec ses compagnes aux pieds de Judas. Arrive Onias » (Acte I, fol. 7r).

188 « Ces héros, comme des statues jusqu'au moment où ils prennent la parole, demeurent chacun immobiles, figés dans leur dernier geste, jusqu'à la fin de la scène » (Prologue, fol. 3v).

2^{r}, et au second ballet de l'acte III, fol. 22^{r}), une ville aux accents orientaux (dans l'acte I, fol. 5^{r}), une nature boisée (dans le premier interlude comique, fol. 10^{r}), une construction en ruine (dans le deuxième interlude comique, fol. 16^{r}, et l'épilogue, fol. 26^{r}) et enfin une autre vue de ville avec une enfilade de colonnades (au premier ballet de l'acte III, fol. 19^{r}).

En termes d'iconographie, il serait vain de vouloir trouver dans ces décors l'évocation d'un lieu précis lié aux événements politiques contemporains ou une représentation du monde réel. Le décor du prologue (fol. 2^{r}), avec sa galerie de sculptures, offre l'image abstraite et idéalisée d'un palais antique, empreint d'un vocabulaire architectural « moderne », c'est-à-dire au goût du jour (qui permet à cet égard de suggérer l'actualité des événements célébrés par la pièce). La galerie de sculptures réapparaît (mais avec d'autres sculptures dans les niches) à la fin de la pièce, lors du second ballet, pour servir d'écrin au triomphe de Léopold-Guillaume (fol. 22^{r}). La répétition de ce décor à l'antique permet de créer un effet d'écho visuel entre les scènes du prologue et du second ballet, qui concernent toutes deux le destin de la Flandre, représentée par les blasons de ses principales régions – une première fois en se lamentant sur son sort malheureux et une seconde fois en glorifiant les heureuses victoires de Léopold-Guillaume. Les deux décors urbains de l'acte I (fol. 5^{r}) et du premier ballet (fol. 19^{r}), teintés l'un et l'autre d'un vocabulaire plus oriental, représentent quant à eux, sur le mode d'une évocation stéréotypée également, la ville de Jérusalem. Les ruines de la seconde partie de l'intermède (fol. 16^{r}) et de l'épilogue (fol. 26^{r}) suggèrent un lieu abstrait abandonné où la nature a repris ses droits (entrant aussi en résonance avec les nombreuses évocations des ruines de Jérusalem et de la Flandre qui ponctuent le texte de la pièce).

Ce type de décors décrivant une nature ou une architecture stéréotypée n'est en rien spécifique à la tragédie *Arma Victricia*. Il constitue un poncif de l'iconographie théâtrale, héritée, comme le souligne Marc Bayard[189], de l'art poétique antique : « les représentations de la cité et de la nature sont les deux pôles dans lesquels se déploie l'action dramatique »[190]. Mais, comme le souligne encore l'auteur, c'est précisément à travers ce type de langage itératif, constitué de lieux communs, que

189 Voir Marc Bayard, *Feinte baroque. Iconographie et esthétique de la variété au* XVIIe *siècle*, Paris, Somogy, 2010.

190 *Ibid.*, p. 26.

peut se développer une reconnaissance par le spectateur d'un univers visuel familier, reconnaissance qui, par une combinaison de répétitions et de variations, entre actualité et symbolisme, suscite chez le spectateur un processus imaginatif[191].

QUEL DISPOSITIF SCÉNIQUE ?

Sept des planches du manuscrit proposent une représentation de l'espace scénique, lequel se distingue par la présence d'un « cadre de scène » et d'un décor illusionniste en perspective (fol. 2^r, 5^r, 10^r, 16^r, 19^r, 22^r, 26^r) avec de fréquents changements de tableaux – tous éléments caractéristiques d'une scène « à l'italienne ». Nous sommes donc loin du système médiéval des « mansions » juxtaposant différents décors sur l'espace de jeu[192].

Les illustrations en question présentent toutes un seul et même « cadre de scène » (ce qui délimite par la face le « bloc de scène », fonctionnant comme le cadre d'un tableau)[193], sous la forme d'une paire de colonnes cannelées à chapiteaux ioniques, reposant chacune sur un robuste stylobate orné d'un cartouche, et supportant une frise à rinceaux au centre de laquelle figure un imposant cartouche jouxté de deux banderoles, ces trois derniers éléments portant des inscriptions. Les deux inscriptions visibles, l'une sur le cartouche de la frise, et l'autre sur la paire de banderoles qui le jouxtent de part et d'autre, forment chacune le chronogramme de l'année 1652. Tandis que le cartouche central figure *LeopoLDo FLanDrIae DefensorI* (« À Léopold, le défenseur de la Flandre »), les banderoles latérales forment la phrase : *ar*M*a* L*eopo*LDI *g*L*or*I*osa* | *be*L*g*II *pa*C*e*M *a*D*ferent* (« Les armes glorieuses de

191 *Ibid.*, p. 25-56.

192 Voir, entre autres, Jean Jacquot, « Les types de lieu théâtral et leurs transformations de la fin du Moyen Âge au milieu du XVIIe siècle », dans Jean Jacquot (éd.), *Le lieu théâtral à la Renaissance*, Paris, CNRS, 1968, p. 473-509 ; *Le baroque au théâtre et la théâtralité du baroque*, Montauban, Centre national de recherches du baroque, 1967 ; Anne Surgers, *Scénographies du théâtre occidental*, Paris, Nathan, 2000 ; Biet et Triau, *Qu'est-ce que le théâtre ?*, *op. cit.*

193 Voir Biet et Triau, *Qu'est-ce que le théâtre ?*, *op. cit.*, p. 290. Sur l'histoire du cadre de scène, voir aussi Surgers, *Scénographies du théâtre occidental*, *op. cit.*, p. 115 et suivantes. Le cadre de scène limite la perspective et rend l'illusion du décor plus saisissante (*ibid.*, p. 115) ; il peut permettre aussi de dissimiler des machineries opérant des descentes de nuées ou de chars, et des lampes peuvent être placées à son revers pour éclairer la scène (Jacquot, « Les types de lieu théâtral », art. cité, p. 480).

Léopold amèneront la paix en Belgique »). En fonctionnant à la manière des cartels à inscriptions présents sur nombre de peintures de l'époque moderne, ces inscriptions permettent une identification du héros de l'action dramatique, Judas Maccabée, avec le personnage célébré par la pièce : Léopold-Guillaume[194]. Ce cadre architecturé s'apparente, au sein du livre manuscrit, à un cadre de tableau destiné à délimiter et présenter les scènes, tout en assurant une continuité visuelle au sein de l'ouvrage. Mais on peut faire l'hypothèse qu'il reproduit – ou à tout le moins qu'il évoque, et si tant est qu'il y en ait eu un – le cadre de scène réel du spectacle joué au collège de Bruges.

Les illustrations présentent cinq décors différents, dont deux – la galerie de statues et les ruines – reviennent à deux reprises (même si dans le cas de la galerie, les statues contenues dans les niches varient)[195]. La position de jeu « en profondeur » des acteurs sur les illustrations suggère qu'il s'agirait, non pas de simples toiles de fond, mais de paires d'éléments de décor latéraux se succédant à trois niveaux de profondeur dans l'espace scénique. Les illustrations laissent également supposer que des intervalles praticables étaient aménagés entre ces éléments latéraux, offrant passage aux acteurs (voir par exemple les fol. 19^r^ et fol. 22^r^ où les personnages semblent sortir des rues transversales des décors architecturaux). Ces éléments latéraux sont représentés (notamment à travers les ombres portées) comme des décors en trois dimensions ; mais il pourrait s'agir aussi, plus probablement, de châssis plats peints en trompe-l'œil[196]. Dans la majorité des cas, le décor choisi pour chaque partie de la pièce (prologue et épilogue, actes I, II et III, première et seconde parties de l'intermède) reste apparemment en place pour toute

194 La superposition des deux héros est en outre renforcée et explicitée par le double ballet qui clôture l'acte 3 et dans lequel, à en croire les illustrations des fol. 19^r^, 20^r^, 22^r^ et 24^r^, un trophée présent sur la scène était successivement orné de deux banderoles, la première portant l'inscription *MaChabaeo IsraeL DefensorI* (« à Maccabée, le défenseur d'Israël »), et la seconde l'inscription *LeopoLDo FLanDrIae DefensorI* (« À Léopold, le défenseur de la Flandre ») – redoublant ainsi l'inscription fixe ornant le cartouche de la frise du cadre de scène.

195 Si les sculptures du prologue incarnent en effet les héros de l'Antiquité, celles figurant dans le second ballet de l'acte 3 prennent quant à elles l'apparence d'allégories des vertus cardinales et théologales, vertus qui peuvent être attribuées aux qualités du nouveau héros de la Flandre, Léopold-Guillaume.

196 Voir la remarque similaire de Jean Jacquot sur les dessins de scène d'Inigo Jones : Jacquot, « Les types de lieu théâtral », art. cité, p. 504.

la durée de la section en question (ce qui signifie que le changement de décor a lieu au moment de la transition vers la partie suivante) ; toutefois, dans l'acte III, le décor est changé au milieu de l'acte (il s'agit donc d'un changement à vue – avec ou sans machinerie, nous y reviendrons), ce qui est signalé dans un argument intermédiaire et une didascalie par les mentions *scaena versa* et *invertitur scaena* (fol. 21^{r}).

Le point de fuite central des illustrations donne sur un décor de fond qui semble, lui, rester plus ou moins identique au fil des parties de la pièce : il représente en général l'exèdre d'un palais antique décoré de niches (avec des variantes qu'il est tentant d'attribuer à la fantaisie de l'illustrateur : l'élément central, quand il est visible, est constitué tantôt d'une pyramide, tantôt d'une tour et de deux pyramides). Mais le fond de la scène révèle parfois aussi (par un dispositif coulissant ? un rideau que l'on ouvre ?) un autre espace : l'antre de Vulcain dans la première partie de l'intermède, et une vue maritime avec des sirènes, le dieu Neptune et des bateaux dans l'épilogue. Il s'agit d'un espace en trois dimensions où évoluent de nouveaux acteurs : les Cyclopes, le chœur des sirènes, Neptune… Les didascalies indiquent que « la montagne s'ouvre » pour laisser apparaître les cyclopes de la forge de Vulcain (fol. 11^{r} : *Finditur mons et apparent cyclopes*) et se referme une fois l'action accomplie (fol. 12^{r} : *Clauditur iterum mons*), ou, dans l'épilogue, que « la mer s'ouvre » (fol. 25^{r} : *Aperitur mare*).

On peut aussi supposer la présence d'éléments massifs de décor en trois dimensions placés dans le fond de la scène. Ainsi les montagnes qui occupent le fond de la scène dans la seconde partie de l'intermède (fol. 16^{r}) sont, selon les didascalies, d'abord apportées puis empilées par les géants (fol. 15^{r} : *Prodeunt gigantes onusti montibus* ; 15^{v} : *montes montibus imponunt*), avant de s'effondrer toutes ensemble (fol.17^{v} : *corruunt montes*). Quant au trophée des deux ballets finaux, il est « dressé » sur scène (fol. 18^{v} : *erigitur tropheum*) et subit des modifications d'une illustration à l'autre (le fol. 20^{r} ne montre qu'un tronc d'arbre avec une banderole ; au fol. 19^{r}, le tronc est « vêtu » d'une armure ; au fol. 22^{r}, le texte de la banderole a changé – *titulus trophaeo impositus aliud chronicon exhibet*, précise la didascalie du fol. 21^{r} ; au fol. 24^{r} enfin, les piques et les blasons que brandissaient les danseurs au fol. 23^{r} sont venus orner le trophée).

Des machineries semblent permettre aux personnages d'apparaître dans le « ciel » et d'opérer des descentes et des montées : la Crainte du Seigneur descend sur un nuage, avec le glaive de Judas Maccabée (fol. 2^{r}, 22^{r}, 23^{r}), Jupiter apparaît sur un aigle avec son foudre (fol. 16^{r}) et les génies de la Renommée s'envolent pour propager les heureuses victoires de Léopold-Guillaume (fol. 26^{r}). Aux images représentant la Crainte du Seigneur sur un nuage, avec le glaive de Judas Maccabée (images des fol. 2^{r}, 22^{r}, 23^{r}), répond la didascalie du fol. 4^{r} : *descendit Timor Domini in nube* ; à celle de Jupiter apparaissant sur un aigle avec son foudre (image 16^{r}), répond la didascalie du fol. 17^{r} : *prodit in aquila Juppiter* ; et à celle de l'envol des génies de la Renommée (image du fol. 26^{r}), la didascalie du fol. 27^{v} : *attoluntur utrimque motu adverso Genii famae*[197]. Quant au Neptune qui « émerge » de la mer (fol. 27^{r} : *emergit*) pendant l'épilogue, il sort probablement d'une trappe dans le plancher.

De façon plus générale, les didascalies mentionnent à plusieurs reprises que « la scène s'ouvre » (fol. 13^{v}, 25^{r} : *aperitur scaena*) et que « la scène se referme » (fol. 13^{r}, 13^{v}, 17^{v}, 27^{v} : *clauditur scaena*). Plusieurs ouvertures et fermetures de scène ont ainsi lieu entre les « tableaux » (*spectacula*) qui figurent la bataille (voir plus bas). Il est précisé que la scène « se ferme » à trois autres moments : à la fin de l'acte II ; un peu avant la fin de la seconde partie de l'intermède (seul un des personnages reste ensuite sur l'avant-scène pour s'adresser au public et tirer la morale) ; et à la toute fin du spectacle. La scène « s'ouvre » un peu après le début de l'épilogue (alors que les deux Génies de la renommée ont déjà prononcé deux répliques ; l'ouverture de la scène dévoile le personnage de la Flandre occupée à gémir). On serait tenté d'imaginer que les didascalies font référence ici à l'utilisation d'un « rideau de scène », permettant de marquer le passage entre les différentes sections de la pièce et à la faveur duquel des changements plus importants pouvaient être effectués – mais qui laissait toutefois visible une avant-scène étroite où pouvaient jouer quelques acteurs. Nous aurions alors affaire à une scène faisant se succéder trois espaces en profondeur : une étroite avant-scène restant visible à rideau fermé, une scène principale, et une arrière-scène se découvrant à certains moments, suffisamment vaste pour être occupée par quatre acteurs (Vulcain et les cyclopes Brontès, Stéropès et Pyracmon ; les trois Sirènes et Neptune).

Enfin, les didascalies suggèrent aussi des effets sonores (tonnerre : *fit tonitru, tonit*, fol. 17^{r} ; coups de canons : *naves explodunt tormenta*, fol. 27^{v}) et des effets de lumière (éclair : *fulmen*, fol. 17^{r,v}).

197 « Les Génies de la renommée s'envolent de part et d'autre, dans des directions opposées ».

Tel est donc le dispositif scénique que suggèrent les illustrations et les didascalies. Mais pour mieux comprendre les enjeux d'une telle reconstitution, il importe de la resituer dans le paysage des pratiques scéniques de l'époque.

La scène théâtrale jésuite traditionnelle : décors simultanés, étages, profondeurs découvrables

Dans la première moitié du XVIIe siècle, la tradition jésuite des régions belges, néerlandaises et allemandes est généralement restée fidèle aux décors de théâtre simultanés (plusieurs espaces représentés côte à côte en même temps). D'après les quelques descriptions conservées, des rideaux sont souvent utilisés pour découvrir des espaces en profondeur, et un étage permet parfois de représenter ce qui se passe dans les cieux. Par exemple, en 1627 à Cologne, la pièce *Stephanus* est jouée sur une scène (construite dans le chœur de l'église jésuite de la ville) qui présente un rideau intermédiaire mobile (*prius seu anterius siparium*) permettant de révéler une arrière-scène (scène intérieure) figurant une salle du trône, tandis que des rideaux de fond fixes séparent l'espace de jeu des coulisses des acteurs ; une scène supérieure, elle aussi découvrable par des rideaux, représente le ciel avec des nuages. C'est là qu'apparaissent des saints, des anges, des allégories de vertus…[198].

Pour les grandes occasions, ces décors peuvent même se déployer sur des théâtres à trois étages. En 1640, les collèges d'Anvers et de Bruxelles construisent l'un et l'autre, pour les spectacles donnés à l'occasion du premier centenaire de la Compagnie[199], un théâtre avec triple scène superposée. Des descriptions manuscrites détaillées en sont disponibles dans un document conservé aux archives jésuites de la province flandro-belge[200]. À Bruxelles[201], les trois scènes représentaient, de

198 Dorothea Eimert, « Jesuitendrama und Bühnenbau in der Kölner Kirche St. Maria Himmelfahrt », *Das Münster*, 28 (1975), p. 324-330.

199 Les programmes de ces spectacles sont signalés dans la *Bibliothèque de la Compagnie de Jésus* de Sommervogel, tome I, col. 450, n° 37 pour Anvers et tome II, col. 279, n° 25 pour Bruxelles.

200 Anvers-Beveren, Archives de l'État, *Archief van de Nederduitse provincie der jezuïeten (Flandro-Belgica)*, n° 3670 : *Annus saecularis Societatis Jesu a die 27 septembris 1639 ad diem 27 septembris 1640 a provincia Flandro-Belgica celebratus.*

201 *Ibid.*, document relatif au collège de Bruxelles, fol. 15^v : *theatri moles e solido ligno, triplex ei scaena superimposita.*

bas en haut, Babylone, Jérusalem et les cieux. En outre, deux portiques (*propylaea*) s'avançaient de part et d'autre, montrant respectivement un immense rocher (à droite) et un camp (à gauche) ; au faîte du théâtre, deux Dauphins soutenaient le nom de Jésus. Le document relatant le spectacle nous informe en détail des actions qui se déroulaient dans les différents espaces. Par exemple, pendant le seul prologue, quatre espaces différents sont sollicités : sur la scène céleste se déroule un combat entre saint Michel et Lucifer ; ce dernier est ensuite précipité sur la scène inférieure, d'où il profère des menaces contre le ciel ; dans le portique de gauche, Luther attaque la religion, tandis que dans le portique de droite, Ignace médite sa conversion (fol. 15ᵛ). Au cinquième acte, pour le final en musique, le théâtre se montre dans toute sa splendeur, tous les rideaux (*siparia*) étant ouverts en même temps et des personnages apparaissant à tous les étages, unis dans la louange du Christ[202]. À Anvers également, pour la même occasion, un *triplex theatrum* est édifié[203]. Le document manuscrit le décrit dans les plus grands détails[204]. Les deux étages inférieurs comprennent à la fois une avant-scène (*anterior scaena* ou *proscaenium*) et des scènes intérieures (*scaenae interiores*) séparées (entre elles et de l'avant-scène) par des tentures (*peripetasmata, cortinae*). La scène supérieure quant à elle ne comprend pas d'avant-scène, mais est close par un système de rideaux et de nuages ; et le théâtre est conçu de telle manière que les personnages apparaissant à l'étage céleste sont visibles de ceux qui évoluent sur les scènes médiane et inférieure, et peuvent entrer en conversation avec eux. En outre, le sol (*pavimentum*) de la scène inférieure pouvait se soulever et faire apparaître un autre décor (*aliud theatrum intra se conclusum*)[205].

202 Fol. 16ᵛ : *Hic scaenae facies reductis omnibus sipariis praeter reliquas augusta : summo theatro insistebant caelites, medio pontifex et ordo ecclesiasticus, propylaea principes et gentes, imum impleverunt qui Christo triumphanti aderant. Sic inter musicos concentus in Nomine Jesu omne genu flectitur etc. Conclusa incredibili cum applausu actio.*

203 *Ibid.*, document relatif au collège d'Anvers, fol. 11ᵛ. Les *Annales Antverpienses* de Papebrochius indiquent à l'année 1640, au sujet des réjouissances jésuites : *Collegium vero media in area ad portam tristegum excitavit theatrum, in quo exhiberetur eiusdem argumenti comoedia ornatissima, initio Septembris* (Daniel Papebrochius, *Annales Antverpienses ab urbe condita ad annum MDCC collecti ex ipsius civitatis monumentis publicis privatisque Latinae ac patriae linguae*, vol. IV, Anvers, Buschmann, 1847, p. 414).

204 Fol. 11ᵛ-12ʳ.

205 Fol. 12ʳ ; plus de détails dans la description de la scène 4 de l'acte 3, fol. 13ᵛ : le sol se soulève et révèle une forêt et un rocher.

Sans vouloir retracer l'évolution historique complexe de ces pratiques et les diverses influences dont elles relèvent, notons un parallélisme souvent signalé avec la scène des Rederijkerskamers ou Chambres de rhétorique qui pratiquent fréquemment les découvertes à l'aide de rideaux, souvent combinées d'ailleurs avec l'usage d'une scène à étages[206]. Signalons aussi que lors des réjouissances et des cortèges dans les anciens Pays-Bas, on représentait souvent des tableaux vivants sur des théâtres de rue édifiés en divers points de la ville, ou on faisait parader des chars portant un décor et des personnages[207]. S'il ne s'agit pas de représentations théâtrales à proprement parler, les pratiques scéniques peuvent être éclairantes. Les célébrations jésuites menées dans la province flandro-belge en 1622 pour les canonisations d'Ignace de Loyola et de François-Xavier, documentées par la base de données « Cultures du spectacle baroque »[208], donnent des exemples parlants du type de théâtres construits pour l'occasion. À Dunkerque par exemple, devant l'entrée de la résidence, un théâtre à trois étages (*theatrum triplici contignatione erectum*) faisait voir, dans la partie supérieure, le nom de Jésus soutenu par Ignace et François-Xavier et adoré par des anges, au milieu, les autorités terrestres (le pape et l'empereur) et dans la partie inférieure les âmes du purgatoire ; les côtés du théâtre étaient délimités par deux colonnes, soutenant le toit auquel était fixée une inscription[209].

Un nouvel idéal : la scène à l'italienne

Un nouvel idéal, venu d'Italie, vint en ces années bouleverser les habitudes théâtrales : celui de la « scène d'illusion ». Il s'agissait de proposer aux spectateurs un décor unique illusionniste et en perspective, éventuellement changé plusieurs fois au cours de la pièce (décors successifs plutôt

206 Voir par exemple Jacquot, « Les types de lieu théâtral », art. cité, p. 490 : « Aux Pays-Bas, les *spelen van sinne* des concours de rhétorique appellent l'usage de l'étage supérieur pour la découverte de tableaux vivants de caractère religieux ou allégorique ». Eimert, « Jesuitendrama und Bühnenbau », art. cité, p. 326 discute l'influence respective de la scène shakespearienne et de celle des Rederijkers sur les pratiques théâtrales des jésuites allemands.

207 Jacquot signale que la tradition en est longtemps restée vivace dans le Nord de l'Europe, alors que l'Italie a préféré les architectures factices (Jacquot, « Les types de lieu théâtral », art. cité, p. 483-484).

208 La base de données est accessible sur le site web.philo.ulg.ac.be/csb/.

209 *Relatio celebritatis in festo SS.PP.NN. Ignatii et Xaverii a residentia Dunkercana*, document manuscrit (Rome, ARSI, *Flandro-Belgica*, n° 60, fol. 45^r-48^r) édité et traduit sur le site web.philo.ulg.ac.be/csb/ ; la description du théâtre à trois étages se trouve aux fol. 46^v-47^r.

que simultanés) et agrémenté de machineries. Ce modèle commença à s'infiltrer au Nord des Alpes dès la fin du XVIe siècle (citons par exemple la mise en scène de l'*Arimène* à Nantes en 1596)[210]. Il s'imposa en France et dans les anciens Pays-Bas précisément dans les années 1640-1650. Le récit de l'apparition de ce type de décors à Paris est désormais bien connu[211]. Dès 1641, une salle de spectacle permanente avec machinerie italienne est construite pour Richelieu à Paris dans l'aile droite du Palais-Cardinal et inaugurée en 1641 avec la représentation de la tragicomédie *Mirame* de Desmarets de Saint-Sorlin. Quelques années plus tard, le célèbre Giacomo Torelli[212] est appelé par Mazarin pour construire un second théâtre de cour (au Petit-Bourbon) ; on y joue un opéra italien, *La Finta Pazza*, en 1645. Les années suivantes voient se succéder les pièces avec décors et machines de « l'enchanteur » Torelli, soit au Palais-Royal, soit au Petit-Bourbon : nous citerons l'opéra *Orphée* de Buti et Rossi en 1647 et l'*Andromède* de Corneille en 1650. Parallèlement, le théâtre du Marais s'équipe de machines et se spécialise dans ce type de productions. À Bruxelles, en 1650, Léopold-Guillaume fait représenter à grands frais, dans le palais du Coudenberg, l'opéra *Ulisse all'isola di Circe* de Giuseppe Zamponi, avec des décors de Giovanni Battista Angelini et un *Ballet du monde* probablement dû à Giovanni Battista Balbi[213]. Les changements

210 À ce sujet, Mazouer, « Les intermèdes de l'*Arimène* de Montreux », art. cité ; Thomas E. Lawrenson, « La mise en scène dans l'*Arimène* de Nicolas de Montreux », *Bibliothèque d'Humanisme et Renaissance*, 18/2 (1956), p. 286-290.

211 Voir par exemple Hélène Visentin, « Au cœur d'une mutation socio-politique et esthétique de l'art dramatique en France : le théâtre à machines à la cour et à la ville », dans Bayard (éd.), *Rome-Paris 1640*, *op. cit.*, p. 509-520 ; Jacques Vanuxem, « Les fêtes théâtrales de Louis XIV et le baroque de la *Finta Pazza* à *Psyché* (1645-1671) », dans *Le baroque au théâtre et la théâtralité du baroque*, *op. cit.*, p. 31-43.

212 Sur Torelli, voir Per Bjurström, *Giacomo Torelli and Baroque Stage Design*, Stockholm, Nationalmuseum, 1961 ; Francesco Milesi (éd.), *G. Torelli. L'invenzione scenica nell'Europa barocca*, Fano, Fondazione Cassa di risparmio, 2000.

213 L'opéra, œuvre du compositeur Gioseffo Zamponi et du chorégraphe vénitien Giovan-Battista Balbi, fut commandé par Léopold-Guillaume à l'occasion du mariage de sa nièce Marie-Anne d'Autriche avec le roi d'Espagne, et joué le 24 février 1650 dans la salle principale du palais. Il s'agit du premier opéra italien joué à la cour de Bruxelles. Un livret accompagné de planches gravées en témoigne : *Ulisse all'Isola di Circe : dramma musicale, in applauso alle nozze augustissime delle maesta di Filippo Re di Spagna ; et Maria Anna d'Austria. Rappresentato nella sala regia di Brusseles, l'anno 1650*, Bruxelles, Huberto Antonio Velpio, 1650 (exemplaire à la KBR, cote II.38925 C LP). Sur cet opus, voir Sigrid T'Hooft, « De opera "Ulisse all'Isola di Circe" in Brussel », dans Mertens et Aumann (éd.), *Krijg en kunst*, *op. cit.*, p. 119-128.

de décor spectaculaires et les machines sont là aussi au rendez-vous. La plupart de ces productions prestigieuses sont commémorées par des livrets imprimés ornés de gravures[214], qui contribuent à diffuser ce nouvel idéal en France et aux Pays-Bas.

En termes de machinerie, deux aspects sont considérablement perfectionnés par les metteurs en scène italiens : les changements de décor à vue et les « voleries » des personnages. Avant d'aborder la question des changements de décor, il importe de clarifier deux points. D'abord, le changement de décor n'est pas forcément lié à un décor à l'italienne (dans une scène « simultanée » aussi, certains espaces peuvent subir des changements de décor au cours de la pièce). Le besoin de changer de décor était évidemment plus pressant avec un décor illusionniste occupant tout l'espace scénique, pour autant toutefois qu'une stricte unité de lieu ne soit pas respectée dans toute la pièce (et ses éventuels intermèdes)[215]. Ensuite, le changement n'était pas forcément réalisé à l'aide de machines. Il pouvait se faire, tout simplement, de façon manuelle à la vue du public (par des assistants ou les acteurs eux-mêmes). Le système de rideaux permettait, si on le désirait, de changer plus discrètement le décor, soit pendant des entractes, soit pendant que l'action se poursuivait sur l'avant-scène devant le rideau fermé[216]. Toutefois, à la même époque, se diffusaient depuis l'Italie des techniques qui permettaient de produire ces mêmes effets de façon plus spectaculaire, illusionniste et rapide. On vit se développer les changements de décor réalisés « comme par magie » et de façon quasi-instantanée sous les yeux du public.

Deux techniques principales se succèdent aux XVIe et XVIIe siècles pour les changements à vue des décors. Dans un premier temps, on se sert surtout de périactes (*periaktoi*)[217], aussi appelés *telari*[218] : il s'agit de prismes triangulaires rotatifs dont seul un des trois côtés est visible par les

214 À titre d'exemples, un exemplaire du livret d'*Ulisse all'isola di Circe* est conservé à la bibliothèque royale de Bruxelles, et une version numérisée du livret de la *Finta Pazza* de 1645 est accessible sur Gallica.

215 Sur l'unité de lieu (qui s'impose en France vers le milieu du XVIIe siècle) et la façon dont un décor unique peut toutefois être agrémenté par des machines, voir Bolduc, « Stefano della Bella », art. cité, p. 496.

216 Ces deux possibilités sont évoquées par Pohle, *Glaube und Beredsamkeit*, *op. cit.*, p. 407.

217 Le terme vient de Vitruve, *De architectura*, V, 6, 8, qui décrit les périactes comme des *machinae versatiles* triangulaires utilisées dans le théâtre grec.

218 Le terme italien *telaro* (*telaio* en italien contemparain) doit toutefois être interprété avec prudence, car il peut aussi désigner simplement un châssis tendu d'une toile peinte. Voir

spectacteurs, et qu'il suffit de faire pivoter pour qu'un autre décor apparaisse. Ces éléments se présentent comme des structures de bois portant des toiles peintes et pivotant autour d'un axe central. Historiquement, ces périactes sont d'abord alignés dans le fond de la scène, avant d'être rangés des deux côtés[219]. Notons que si la forme triangulaire (portant trois décors) est la plus souvent mentionnée, on rencontre aussi des occurrences de périactes à quatre côtés (voir plus bas), voire des pentagones[220], ainsi que des mâts rotatifs portant deux décors dos à dos[221]. Dans un second temps se généralise l'usage des châssis latéraux coulissants (placés l'un derrière l'autre et retirés au fil de la pièce, découvrant chaque fois le décor suivant ; leur mouvement est facilité par des rails ou des rainures). Cette dernière technique ne se répand que vers le milieu du XVIIe siècle : elle est attestée à Parme en 1628, à Londres en 1640[222]. On passe donc progressivement de la *scena versatilis* (scène tournante) à la *scena ductilis* (scène coulissante), les deux systèmes coexistant dans un premier temps[223].

Les machineries permettant les apparitions dans le ciel et vols de personnages au-dessus de la scène font elles aussi l'objet de perfectionnements. A. Buccheri en a retracé précisément l'histoire[224]. Leur origine remonte au théâtre médiéval religieux, souvent joué dans les églises et faisant régulièrement intervenir des apparitions célestes, des ascensions vers le ciel ou des descentes sur terre (pour des récits tels que ceux de l'Ascension, l'Assomption, la Pentecôte, l'Annonciation ou le Jugement dernier). D'après les témoignages de la fin du Moyen-Age (entre XIVe et XVIe siècles, France-Italie-Espagne), une structure mobile de bois ou de métal (souvent en forme de *mandorla*), manœuvrée par des poulies et camouflée par de faux nuages, pouvait permettre de faire monter ou descendre des personnages depuis une plate-forme artificielle ou une

Salvatore Battaglia (éd.), *Grande Dizionario della Lingua Italiana*, Turin, UTET, 1re édition 2000, vol. 20, p. 803-804.

219 Lawrenson, « La mise en scène », art. cité, p. 289-290.

220 C'est le cas à Nantes en 1596 : voir Mazouer, « Les intermèdes », art. cité, p. 144-146, 149 et 156-157 ; Lawrenson, « La mise en scène », art. cité, passim.

221 Signalé dans Henri Liebrecht, *Histoire du théâtre français à Bruxelles au XVIIe et au XVIIIe siècle*, Bruxelles, Société des Bibliophiles et Iconophiles de Belgique, 1923, p. 38.

222 Jacquot, « Les types de lieu théâtral », art. cité, p. 501 et 505.

223 Hélène Visentin, « Machine plays », dans John D. Lyons (éd.), *Oxford Handbook of the Baroque*, Oxford, Oxford University Press, 2019, p. 386-408 : p. 403 note 28.

224 Alessandra Buccheri, *The Spectacle of Clouds, 1439-1650. Italian Art and Theatre*, Farnham, Ashgate, 2014.

partie élevée de l'architecture intérieure de l'église représentant les cieux[225]. À Florence au XVIe siècle, cette tradition fut reprise et adaptée au contexte du théâtre de cour des Médicis[226]. Comme une salle de théâtre ne permettait pas de situer les cieux très en surplomb des spectateurs, la plate-forme des cieux fut située derrière la toile de fond du décor, laquelle fut percée d'un trou circulaire escamotable[227]. Des machines pouvaient en outre permettre à de petites structures (nuages, chars célestes…) de descendre sur scène ou remonter dans les airs[228]. Ces techniques se diffusèrent ensuite en Europe avec la vogue de la scène d'illusion à l'italienne. Le traité de Sabbatini (*Pratica di fabricar scene e machine ne' teatri*, Ravenne, 1638) en donne de nombreuses descriptions. La sophistication des machines permit bientôt une vaste gamme de déplacements aériens, qui faisaient l'émerveillement des spectacteurs et étaient soulignés à l'envi dans les livrets.

Les scènes jésuites face au nouveau modèle italien

Si, comme nous l'avons montré, les scènes jésuites de la province flandro-belge fonctionnent encore, en 1640, sur le principe des décors simultanés, elles intègrent pourtant des machineries qui évoquent les nouveautés théâtrales venues d'Italie. Les collèges jésuites de Bruxelles et Malines notamment semblent avoir disposé à cette époque de dispositifs mobiles ou tournants (périactes ou autres). À Malines en 1640, une scène tournante (*proscenium rotabile*), construite en dur et pour un usage à long terme (*solido opere, ad diuturniorem usum*), permit plus de dix changements de décor (*plus versum decies*)[229]. Le texte n'est toutefois pas assez précis pour que l'on sache exactement comment fonctionnait ce théâtre tournant. Dans le spectacle bruxellois de 1640 déjà évoqué plus haut, intervenait au moins une *machina versatilis* dont, là encore, la fonction n'est pas très claire (transporter vers l'avant, *provehere*, un

225 *Ibid.*, p. 13-14.

226 *Ibid.*, chapitre 4.

227 *Ibid.*, p. 76.

228 *Ibid.*, p. 84, 87.

229 Anvers-Beveren, Archives de l'État, *Archief van de Nederduitse provincie der jezuïeten (Flandro-Belgica)*, n° 3670, document relatif au collège de Malines, fol. 2[r]. Le détail a été signalé par Poncelet, *Histoire de la Compagnie de Jésus dans les Anciens Pays-Bas*, *op. cit.*, vol. 2, 1928, p. 545, note 3.

élément de décor, en l'occurrence un rocher)[230]. Quant aux déplacements aériens, le récit anversois de 1640 fait fièrement état d'une scène dans laquelle saint Michel descendait du ciel en donnant l'impression de se déplacer librement dans les airs, sans que l'on puisse identifier par où son corps était soutenu[231].

Qu'en est-il sur les scènes jésuites ailleurs en Europe ? Pohle, dans son étude des collèges jésuites allemands, note que la division traditionnelle des scènes théâtrales en deux niveaux de profondeur se poursuivit et se combina dans la seconde moitié du XVIIe siècle avec les innovations techniques italiennes – les rideaux pouvant être remplacés par des cloisons peintes (« gemalte Prospekte »)[232]. Des systèmes de prismes rotatifs (de base triangulaire, rectangulaire ou en losange) pour les changements de décor sont décrits en 1626 par le jésuite polonais Sarbiewski dans son traité (resté manuscrit) *De perfecta poesi* (système qu'il a sans doute pu observer à Rome au Collegio Romano) et par le jésuite français Jean Dubreuil, dans son traité *La perspective pratique* paru à Paris en 1649[233]. Pohle signale que dans le monde allemand, le système des *telari* se diffuse dès avant le milieu du siècle dans les grands collèges comme Innsbruck, Vienne et Munich, puis progressivement ailleurs ; il est ensuite peu à peu remplacé par le système des châssis plats coulissants ou scènes à coulisse (dès les années 1660 à Innsbruck ; autour de 1700 seulement dans la région rhénane)[234]. Les jésuites d'Osnabrück disposent en 1632 d'une

230 Fol. 15^v : *In 2^a scaena campus et urbs Hierosolymitana in medio proscenio. Hic Christus cum suis, qui pro religione Ignatium designat et socios. Ibi versatili machina rupes provecta cum sacello in quo Ignatius arma Deiparae dedicabat.*

231 Fol. 12^v, scène 2 de l'acte 1 : *In 2^a scaena, caelum ipsa solis luce conspicuum fuit. Ex huius suprema regione descendebat beatus Michael, qui in omnem partem liberrime se in aere librabat, nec ubi corpus fulciretur, poterat adverti.*

232 Pohle, *Glaube und Beredsamkeit*, *op. cit.*, p. 404. Sur l'usage des rideaux sur les scènes jésuites, voir aussi Marlis Radke-Stegh, *Der Theatervorhang. Ursprung – Geschichte – Funktion*, Meisenheim am Glan, Verlag Anton Hain, 1978, spécialement p. 340-350 (« Die Bühne der Jesuiten »).

233 Voir l'article illustré d'Irène Mamczarz, « La trattatistica dei gesuiti e la pratica teatrale al Collegio Romano : Maciej Sarbiewski, Jean Dubreuil e Andrea Pozzo », dans Maria Chiabo et Frederico Doglio (éd.), *I Gesuiti e i primordi del teatro barocco in Europa*, Rome, Centro Studi sul Teatro Medioevale e Rinascimentale, 1995, p. 349-388, spécialement p. 360, 362-363 et figures 4 à 8. Noter, sur la figure 8 (Jean Dubreuil, *La perspective pratique*, Paris, Tavernier, 1649, tome II, p. 103), un « cadre de scène » comparable à celui de Bruges.

234 Pohle, *Glaube und Beredsamkeit*, *op. cit.*, p. 404-405.

scène à *telari*, où se succèdent trois décors différents (pièce d'habitation, forêt, scène marine avec Neptune et des navires), composés chacun d'un jeu de sept châssis[235].

Stefan Tilg a proposé une reconstitution assez précise de la scène du collège jésuite d'Innsbruck en 1646[236] : la scène était divisée en deux parties (avant-scène et arrière-scène) par un rideau (« Zwischenvorhang ») peint. Lorsque ce rideau était fermé, le motif qui y était peint servait de décor de fond pour les acteurs qui jouaient sur l'avant-scène (il pouvait s'agir d'une série de plusieurs rideaux, permettant de modifier ce décor). Ouvert, le rideau révélait une vaste arrière-scène avec un décor en perspective et permettant des changements à vue (toile de fond et, des deux côtés, décors peints sur des *telari* tournants). Les jésuites d'Innsbruck se servaient aussi de « Flugmaschinen » où les personnages apparaissaient juchés soit sur des nuages, soit sur Pégase, soit sur un aigle. Il faut toutefois souligner que selon l'*Historia domus*, le collège d'Innsbruck était doté d'une machinerie présentée comme exceptionnelle[237].

Et à Bruges ?

Les dessins des *Arma victricia* ressemblent dans une large mesure aux gravures des livrets parisiens et bruxellois reproduisant les mises en scène à l'italienne des spectacles prestigieux montés dans les années 1640 à 1650. Est-ce parce que le même type de mise en scène était pratiqué, et/ou parce que l'illustrateur s'est inspiré de ces modèles iconographiques pour idéaliser le spectacle ? On peut en effet se demander si la mise en scène brugeoise rivalisait vraiment avec les grands modèles offerts par les cours de Paris et de Bruxelles. Brouwers écrit au sujet du théâtre des jésuites de Bruges : « Les décors étaient ambitieux, et des changements à rideau ouvert intervenaient fréquemment, ce qui suppose que l'on disposait de machineries ingénieusement conçues »[238]. Mais il ne donne pas de sources,

---

235 *Ibid.*, p. 407-408.

236 Stefan Tilg (éd.), *Spes aurei saeculi. Hoffnung auf ein goldenes Zeitalter oder Tyrolis pacifica. Ein Innsbrucker Jesuitenschauspiel zur Hochzeit Erzherzog Ferdinand Karls mit Anna von Medici (1646)*, Innsbruck, Universitätsverlag Wagner, 2002, p. 46-47.

237 *Ibid.* : *machinarum non alias visarum moles ac varietas ; invisendo et admirandis machinis prodigioso theatro.*

238 Brouwers, *De Jezuieten te Brugge*, *op. cit.*, p. 191 : « De decors waren groots opgevat, en veranderingen bij open doek kwamen herhaaldelijk voor, wat veronderstelt dat men over vernuftig uitgedachte machinerieën beschikte ».

et le silence des *Lettres annuelles* laisse penser que la représentation ne fut pas ressentie comme un événement exceptionnel. En outre, le collège de Bruges n'était pas un des gros collèges de la province, et les circonstances de guerre devaient être peu propices à des frais de grande ampleur. L'hypothèse reste envisageable que le décor ait simplement été suggéré à l'imagination des spectateurs par l'action et les dialogues, et que la scène n'ait effectivement porté que quelques éléments symboliques : tout le décor illusionniste du manuscrit serait alors dû à l'illustrateur, et rendrait davantage l'effet que la pièce était censée produire que la réalité scénique.

Si l'on admet toutefois que les illustrations nous donnent tout de même un reflet, certes déformé, de la réalité, il semble possible d'en conclure que la mise en scène brugeoise s'inscrivait dans l'émulation avec les pièces contemporaines « à l'italienne », tout en réexploitant des techniques plus traditionnelles des scènes jésuites (les différents niveaux de profondeur séparés par des rideaux, par exemple). Dans ce cas, les éléments de décors latéraux étaient probablement peints en perspective, par exemple sur des toiles tendues sur des châssis de bois. S'ils étaient suffisamment légers, ils ont pu être tout simplement déplacés manuellement à rideau fermé entre les différentes parties de la pièce. Le changement à vue au milieu de l'acte III pose toutefois question : a-t-on là fait usage d'une machinerie (par exemple des *telari*, ou des décors dos à dos pivotant autour d'un axe) ? Si un tel dispositif était installé, il a alors pu aussi servir tout au long de la pièce ; les décors portés sur les structures ont dans ce cas pu être changés à rideau fermé (nous avons vu qu'il y avait cinq décors différents). S'il n'y avait pas de structure pivotante, il ne reste qu'à supposer que le changement à vue s'est fait, comme les autres, par déplacement manuel – une technique moins spectaculaire certes, mais qui, avec un peu d'inventivité, peut également offrir des possibilités de mise en scène intéressantes.

Enfin, la didascalie (fol. 27^{v}) qui souligne que les Génies de la Renommée s'envolent « de part et d'autre dans deux directions opposées » (*attoluntur utrimque motu adverso Genii famae*) pourrait bien souligner une réalisation techniquement difficile (des mouvements ascensionnels simultanés suivant des diagonales opposées). Mais une fois encore, il importe de rester prudent : si les dessins nous présentent bien les personnages dans les airs, la réalité du spectacle a peut-être simplement fait jouer la convention théâtrale, les acteurs se déplaçant en fait au niveau du sol…

LA SCÈNE DES STATUES

La scène des statues dans le prologue des *Arma victricia* mérite d'être examinée de plus près. Si l'on s'en tient au texte de la pièce, il n'est pas question de statues, mais de personnages qui prennent successivement la parole ; une didascalie précise que les acteurs, avant et après leur réplique, se tiennent immobiles « comme des statues »[239]. Le dessin du décor (fol. 2r) présente par contre une véritable galerie de statues.

Il est très probable que cette scène ait été inspirée d'un des effets de l'opéra *Ulisse all'isola di Circe* (Bruxelles, 1650), dans lequel les compagnons d'Ulysse, pétrifiés par Circé, apparaissaient sous la forme de statues rangées dans des niches ; sur la prière du héros, Circé les touchait un à un de sa baguette et ils reprenaient vie l'un après l'autre[240]. Le livret précise que « ce changement bien ajusté fut opéré avec tant d'habileté qu'il suscita beaucoup d'émerveillement chez les spectateurs »[241]. En outre, les « statues qui se transforment en hommes » apparaissent dans la liste des « machines » à la page 1 du livret bruxellois. Sur la gravure qui représente la scène (fig. 2), nous voyons des niches avec des personnages qui, si nous faisons abstraction de l'absence de mouvement impossible à mettre en évidence sur une image figée, ne présentent aucune différence notable par rapport aux figures des acteurs (ni pour la taille, ni pour la couleur, ni pour le costume) ; en outre, les niches ne sont que très légèrement surélevées par rapport au niveau du sol. On imagine donc facilement comment les acteurs, parfaitement immobiles dans un premier temps, ont recommencé à bouger au signal de Circé. La position des niches, qui ressortent perpendiculairement de la galerie et font face au public, suggère qu'une machinerie a pu être mise en œuvre pour les faire apparaître. Notons enfin que d'autres niches ornées de statues (sans doute peintes) apparaissent beaucoup plus en hauteur et en perspective fuyante au long des deux côtés de la galerie.

---

239 Fol. 3v : *Heroes hi, ceu statuae, dum prolocuti sunt, singuli in ultimo gestu ad finem scaenae perstitere immobiles* (« Ces héros, comme des statues jusqu'au moment où ils prennent la parole, demeurent chacun immobiles, figés dans leur dernier geste, jusqu'à la fin de la scène »).

240 Sigrid T'Hooft, « De opera "Ulisse all'Isola di Circe" in Brussel », art. cité, p. 125, signale que cette scène s'inspire probablement elle-même d'une scène de l'acte II de l'opéra *Ulisse errante* de Sacrati (Venise, 1644), où apparaissaient des statues chantantes.

241 *Ulisse all'isola di Circe*, *op. cit.* : « questa ben agiustata mutatione seguì con tal destrezza che trasse dagli spettatori non poca meraviglia ».

FIG. 2 – Amalteo, Ascanio, *Ulisse all'Isola di Circe*, Bruxelles, 1650, Bibliothèque royale de Belgique, Bruxelles.

FIG. 3 – *Arma Victricia*, Bruges, 1652, fol. 2^r, Österreichische Nationalbibliothek, Bibl. Pal. Vind. Cod. 12.434. © ÖNB.

Pour les *Arma victrica*, les choses se présentent un peu différemment. Sur le dessin du prologue (fig. 3), les statues occupent six niches (trois de chaque côté de la scène) qui font face au public ; elles figurent assez en hauteur sur un socle. En outre, la même galerie de six niches sert de décor pour le second ballet (fol. 22^{r}), mais les sculptures contenues dans les niches ont changé. Les statues étaient-elles jouées par des acteurs, au moins pour le prologue pendant lequel elles prennent la parole ? Des acteurs ont par exemple pu se tenir debout, au sol ou sur des socles, devant des panneaux peints représentant des niches. Les images toutefois présentent des traits problématiques par rapport à cette interprétation : les statues sont représentées avec une taille qui semble supérieure à celle des acteurs sur scène ; et certains de leurs costumes (laissant la poitrine dénudée) semblent incompatibles avec de jeunes acteurs évoluant dans un collège jésuite. Mais peut-être faut-il imputer ces traits à l'imagination du dessinateur. Pour le troisième acte, comme le décor de la galerie de statues apparaissait suite à un changement à vue, il semble plus simple et économique de supposer que les nouvelles statues (des allégories de vertus) se présentaient sous forme de toiles ou cartons peints surajoutés et fixés au décor qui avait déjà servi lors du prologue.

LA SCÈNE DE BATAILLE

Comme nous l'avons déjà signalé, le dessin du combat de l'acte II (fol. 14^{r}) revêt un caractère et un statut particulier au sein de l'illustration du manuscrit. Contrairement aux autres images du volume, cette scène n'est effectivement pas présentée dans un cadre de scène architecturé, au sein duquel figure un décor en perspective structurant l'espace où évoluent les acteurs. L'image se présente davantage comme un tableau d'histoire, destiné à représenter, par le moyen d'une composition complexe et animée où figure un nombre impressionnant de protagonistes, la vigueur guerrière du héros biblique et le tragique de la scène. Mais comment ce combat a-t-il été représenté sur la scène ? *Proelium exhibetur per spectacula*, indique une didascalie, mais tout le problème est de savoir comment interpréter l'expression *per spectacula* ; les didascalies nous renseignent aussi, à ce moment, plusieurs ouvertures et fermetures de rideaux, et le passage de soldats en fuite (sur l'avant-scène ? – il n'est pas précisé avant leurs répliques que le rideau s'est refermé, mais bien qu'il s'ouvre juste après leur intervention)[242].

La scène de combat a-t-elle été effectivement jouée sur les planches par les acteurs ou bien représentée par un autre moyen (rideau peint, tableau vivant...) ? L'hypothèse des tableaux vivants pourrait être corroborée par un passage des *Entretiens du Luxembourg sur l'utilité de la promenade et sur un voyage fait depuis peu en Flandres* (1666), dans lequel Jean-Baptiste de Rocoles raconte la façon dont une scène de bataille aurait été jouée lors du premier entracte d'une tragédie représentée au collège jésuite de Dunkerque le 10 septembre 1664. L'un des interlocuteurs des *Entretiens*, Xénon, déclare y avoir apprécié « les Pyrrhiques, ou combats des Israëlites contre les Ammonites, paraissant armés avec grimaces sans se frapper, l'un tenant le pied sur le ventre de son adversaire, l'autre le glaive à la gorge, et autres postures grotesques sans branler, avec les fanfares des trompettes et bruits des tambours, toutes pures inventions flamandes »[243]. Une scène de ce type, présentant un ou plusieurs « tableaux vivants » à la façon d'arrêts sur image, est tout à fait envisageable dans les *Arma victricia*, et pourrait expliquer l'expression *exhibetur per spectacula.* Notons aussi que les instructions de la province interdisaient l'usage d'armes dégaînées sur scène – pour des raisons évidentes de sécurité[244].

LE BALLET

Au troisième acte est dansé un ballet composé de deux parties distinctes – c'est-à-dire, pour reprendre le vocabulaire actuel, de deux « scènes chorégraphiques » ou deux « entrées de ballets ». La première

242 Au moment précis du combat entre Judas et Nicanor, les didascalies mentionnent successivement : « Des trompettes et des tambours. La scène se ferme et s'ouvre aussitôt », « Le combat est montré par des tableaux », « Des soldats fugitifs » (ici, répliques de deux soldats) ; « La scène s'ouvre. Judas s'avance avec ses soldats, brandissant la tête tranchée de Nicanor » (puis échange de répliques entre Judas et les nobles), « La scène se ferme » (fol. 13^r et 13^v).

243 M. de R.H. [= Jean-Baptiste de Rocoles], *Entretiens du Luxembourg sur l'utilité de la promenade et sur un voyage fait depuis peu en Flandres*, Paris, Louis Billaine, 1666, p. 77 (nous modernisons l'orthographe).

244 Instruction de 1625, *Observanda in actionibus tum menstruis tum annuis*, point 18 (Van de Vorst, « Instructions pédagogiques », art. cité, p. 211) : *Omnis etiam nudorum gladiorum ac pugionum, pulverisque sclopetarii aut ignium usus interdicatur* ; instruction de 1647, caput IV (*De exercitationibus extraordinariis*) (Van de Vorst, « Instructions pédagogiques », art. cité, p. 231) : *Non permittitur ut strictis gladiis utantur, vel pulvere pyrico, vel igne alio.*

entrée met en scène Judas en défenseur d'Israël, tandis que la seconde représente Léopold en défenseur de la Flandre. Trois éléments nous renseignent sur ce double ballet : d'abord le paratexte (arguments et didascalies), ensuite le contenu des répliques des personnages du troisième acte, et enfin cinq illustrations, aux fol. 19r, 20r, 22r, 23r et 24r.

Ballets-intermèdes, ballets intégrés dans l'action

Il faut d'emblée souligner le fait que les deux entrées de ballet sont insérées logiquement dans la narration. Elles se distinguent donc de la tradition qui consistait à se servir des ballets comme intermèdes entre les différents actes des pièces de théâtre[245].

Au début de l'acte III, Judas Maccabée vainqueur est attendu à Jérusalem où les habitants sont exhortés à l'accueillir par des festivités. Dans les trois premiers vers de l'acte III, les allusions à la danse ne manquent pas : « Foules, convergez prestement dans Jérusalem, / Frappez des pieds, frappez des mains, / Dansez en rythme, menez des rondes » (*Huc huc agiles Solymis turbae ! / Plaudite pedibus, plaudite manibus, / Agite ad numeros, ducite choreas*). L'entrée de ballet qui suit n'assume donc pas une simple fonction divertissante mais a une fonction narrative, représentant le point culminant des hommages rendus au héros allégorique. En conséquence, elle a aussi une forme de vraisemblance, cette valeur capitale pour l'esthétique de la danse, de la Renaissance à la fin du XVIIIe siècle : en l'occurrence, elle sert à évoquer, précisément, une scène de danse – ou plutôt de triomphe dansé. Le second ballet dédouble le premier mais en changeant le destinataire du triomphe : il est cette fois directement dédié à Léopold-Guillaume. Le dispositif dramatique des *Arma victricia* permet ainsi à la pièce de concilier la représentation d'une page de l'histoire biblique à valeur allégorique (la victoire de Judas) et l'ancrage de la diégèse dans le présent par l'évocation des exploits du prince (la victoire toute récente de Léopold-Guillaume). Du point de vue dramaturgique, ce ballet sert de transition entre le récit enchâssé relatif aux exploits de Judas Maccabée et le récit premier assuré par le prologue et l'épilogue.

245 Sur les intermèdes dansés et chantés, voir notamment Helen M. C. Purkis, « Quelques observations sur les intermèdes dans le théâtre des Jésuites en France », *Revue d'histoire du théâtre*, 18 (1966), p. 182-198.

Un divertissement interdit ?

La Compagnie n'a pas toujours été enthousiaste à l'idée de permettre des spectacles dansés dans ses collèges[246]. Les règlements et textes d'instructions originaires de la province flandro-belge excluent régulièrement les *tripudia*, les *choreae* et les *saltationes.* De telles interdictions apparaissent dans les *Ordinationes* du provincial Franciscus Florentinus en 1611[247], dans le *Memoriale* du visiteur Scherenus en 1617[248], dans l'instruction de 1625[249], dans les *Ordinationes* du provincial Andreas Judoci en 1644[250] et dans l'instruction de 1647[251]. L'instruction de 1611 mérite un commentaire : le provincial précise que les ballets sont exclus « sauf s'ils sont exotiques et barbares ». Ainsi, de la même façon qu'une femme en costume historique est jugée moins choquante qu'une femme en tenue de son temps, un ballet exotique est jugé moins choquant qu'une danse pratiquée dans la région.

L'*Ordo domesticus* de 1715 accepte finalement les danses (*tripudia*) uniquement lors de la pièce de la Saint-Rémi – mais le plus rarement possible, et à condition qu'elles ne soient pas interprétées par un membre de la Compagnie[252]. Van den Boogerd commente : « La pratique a finalement triomphé sur la théorie »[253].

246 Proot, « Musique, danse et ballet », art. cité.

247 *Ordinationes circa res scholasticas missae a R.P. Florentino Provinciali, 23 Nov. 1611*, dans *Ordinationum Provincialium lib. V*, pars I, p. 37-49 (Bruxelles, Archives générales du Royaume, *Jésuites, Ruremonde* 8), citées d'après Van den Boogerd, *Het jezuïetendrama*, *op. cit.*, p. 24 note 2 : *excludantur tripudia, nisi ea essent exotica et barbara.*

248 Cité par Proot, *Het schooltoneel van de jezuïeten*, *op. cit.*, p. 64 (source : Anvers-Beveren, Archives de l'État, *Archief van de Nederduitse provincie der jezuïeten (Flandro-Belgica)*, n° 249, fol. 3v). Règle 37 : *Alienum plane videtur a modestia Societatis, in scenas inducere pueros et adolescentes tripudiantes. Quare deinceps ab eiusmodi penitus abstinendum.*

249 *Observanda in actionibus tum menstruis, tum annuis*, point 15 : *omnes choreae ad numeros musicos et leviculae saltationes interdicuntur* (Van de Vorst, « Instructions pédagogiques », art. cité, p. 211).

250 *Ordinationum Provincialium lib. V*, pars 2, p. 173 (Bruxelles, Archives générales du Royaume, *Jésuites, Ruremonde* 9), cité d'après Van den Boogerd, *Het jezuïetendrama*, *op. cit.*, p. 29 note 2 : *Tripudia et alia quaedam non satis convenienter in actionibus exhibita tolli iubentur.*

251 Caput IV (*De exercitationibus extraordinariis*) : *in theatro… non tripudiatur* (Van de Vorst, « Instructions pédagogiques », art. cité, p. 231).

252 *Ordo domesticus*, *op. cit.*, *articulus decimus*, point 6 : [...] *in actione Remigali, in qua etiam sola possunt esse tripudia, sed quam rarissima, et quae non exerceantur ab aliquo e nostris.* Le point 12 laisse de nouveau entendre qu'on préférerait laisser tomber ces ballets : *Nullae partes exerceantur tempore scholae aut describantur (idem est de tripudiis pro actione Remigali, quae alioquin potius omittantur*).

253 Van den Boogerd, *Het jezuïetendrama*, *op. cit.*, p. 31 : « De praktijk had uiteindelijk gewonnen van de theorie ».

Par contre, en France, Jouvancy consacre toute une partie de son *De ratione discendi et docendi* aux « ballets, danses et autres choses semblables qu'on insère dans les pièces dramatiques », et il écrit à ce propos qu'« on ne fait point difficulté d'admettre des danseurs, parce qu'ils donnent un plaisir que les honnêtes gens peuvent goûter, et que c'est un exercice qui n'est pas inutile à la jeunesse ; en outre, ces ballets dramatiques sont une sorte de poésie muette qui exprime, par les mouvements savants du corps, ce que les auteurs disent dans les vers »[254]. L'éducation jésuite aux arts chorégraphiques a en outre pu être favorisée, en France en particulier, par l'importance politique des ballets dans la vie de cour[255].

Qu'en est-il dans la pratique ? On a pu croire que les ballets étaient effectivement absents des scènes jésuites flandro-belges pendant la majeure partie du XVIIe siècle[256]. Mais il faut se garder de conclusions trop rapides basées sur les seuls programmes[257] : la pièce *Arma victricia* est elle-même une bonne illustration de ce principe de précaution, puisque le programme néerlandais des *Arma victricia* ne fait aucune mention des deux entrées de ballets intégrées dans l'acte III (se contentant de dire que Judas vainqueur est reçu avec des témoignages de joie). John S. Powell affirme pour sa part que l'« on sait bien que les jésuites firent des représentations théâtrales avec musique et danse pendant les deux premières décennies du [XVIIe] siècle dans toute la France, la Belgique

254 Jouvancy, *Maniere d'apprendre et d'enseigner*, *op. cit.*, chapitre II, article II, § VI [« Des ballets, danses et autres choses semblables qu'on insère dans les pièces dramatiques »], p. 130. En latin le texte est le suivant : *Datur libenter locus saltatoribus, quia voluptatem adferunt homine liberali dignam, nec inutilem juventuti exercitationem habent ; adde quod dramatica eiusmodi chorea muta quaedam est poesis, erudito corporis motu exprimens quod actores carmine persequuntur* (Joseph de Jouvancy, *Ratio discendi et docendi*, Paris, frères Barbou, 1725, p. 80-81).

255 Selon McGowan, « [le] spectacle [du ballet de cour] était un moyen excellent d'occuper la noblesse, de la retenir à la cour et de détourner son attention des affaires d'état. Parfois même les différends personnels des nobles pouvaient être réglés pendant et par la représentation d'un ballet » (McGowan, *L'Art du ballet de cour*, *op. cit.*, p. 177).

256 En 1910, le Baron de Béthune écrivait par exemple : « Dans sa province Flandro-Belge, la Compagnie de Jésus se montra plus sévère ; elle semble n'avoir point toléré les divertissements chorégraphiques sur ses théâtres. En effet, notre volumineuse collection de programmes n'en fournit qu'un exemple pour notre région : le ballet dansé à Anvers, en 1732, par vingt-huit élèves » (Baron de Béthune, « Contribution », art. cité, p. 23).

257 Goran Proot remarque que dans les programmes de pièces de théâtre des collèges jésuites flandro-belges, « les éléments de nature musicale ne sont régulièrement mentionnés qu'à partir de 1741 [...] ; leur absence dans les programmes antérieurs ne signifie pas nécessairement que les jésuites ne les utilisaient pas » (Proot, « Musique, danse et ballet », art. cité, p. 161).

et les Pays-Bas »[258]. Il mentionne des exemples de pièces avec parties dansées en 1604 à Lille, en 1613 et 1614 à Bruxelles, en 1622 à La Flèche, Pont-à-Mousson et Lyon. On a par ailleurs l'attestation d'un ballet dansé au collège de Malines en 1628[259], et sans doute au collège de Gand en 1661[260].

L'absence de référence au ballet dans le programme des *Arma victricia* (visant peut-être à ne pas braver trop ouvertement les instructions officielles) contraste par ailleurs avec sa présence massive dans les illustrations du manuscrit (cinq illustrations sur onze lui sont consacrées), ce qui montre l'importance symbolique que revêtait cette partie du spectacle. Rappelons ici que Léopold-Guillaume lui-même était grand amateur de ballets et que le souci de lui plaire a pu constituer une motivation importante pour les organisateurs du spectacle brugeois.

Questions de vocabulaire – Danse, triomphe ou combat ?

Comme nous l'avons vu, les règlements de la province flandro-belge utilisent trois termes pour désigner les danses sur scène : *tripudia, choreae* et *saltationes.* De ces trois termes, c'est *tripudium* (avec le verbe dérivé *tripudiare*) qui semble le plus utilisé. Dans notre pièce également, si les répliques des personnages font mention de *choreae* (vers 3, 51, 74), le terme qui apparaît dans les didascalies est plutôt *tripudium* (fol. 18^{v}, 21^{r}, 21^{v}). Le terme est expliqué dans les dictionnaires de l'époque soit comme une danse dans laquelle on frappe la terre du pied (le terme serait dérivé de *terra pavienda*), soit comme une danse à trois temps (avec le préfixe *tri-*)[261]. Une lettre du jésuite français Mambrun datant du milieu du

258 Powell, « L'air de cour et le théâtre de collège », art. cité, p. 318.

259 Van Aerde, *Bijdrage tot het geschiedenis*, *op. cit.*, p. 23.

260 Goran Proot signale un manuscrit d'une pièce de théâtre intitulée *Mauritius* (identifiée, sur base du programme, avec une pièce jouée à Gand en 1661), qui fait mention d'un *tripudium* en guise de second intermède (Proot, « Het Brugs Jezuïetentoneel », art. cité, p. 9-10 ; le manuscrit se trouve aux archives jésuites de Vanves, Ms. IPa 146).

261 Dans le *Dictionarium Latinogallicum* de Robert Estienne (1552), le mot *tripudium* est traduit par : « danse ; quand on frappe la terre des pieds ; trépignement ». Le *Dictionarium* de Calepino (1573) explique que le mot serait dérivé de *terra pavienda* (littéralement, « la terre devant être frappée »). La même explication apparaît encore dans le *Lexicon universale* de Johann Jacob Hofmann (Leyde, Jacob. Hackius et alii, 1698) ; ce dernier propose en outre une étymologie alternative selon laquelle le mot serait une altération de *tripedium*

XVIIe siècle établit une équivalence entre le mot latin *tripudium* et le mot français « ballet », et c'est en ce sens général qu'il faut certainement comprendre les mentions rencontrées[262].

À côté de *chorea* et *tripudium*, nous trouvons encore dans le texte des *Arma* deux mots qui ne désignent pas spécifiquement une danse mais se réfèrent à des spectacles ou événements publics de l'Antiquité : le triomphe (*triumphus* dans le titre et l'argument de l'acte III, dans l'argument du fol. 21[r] et *passim* dans le texte : vers 37, 53, 76 ; voir aussi le refrain repris par les acteurs : *vive ter io, vive triumpha*, vers 19, 22, 23, 54) et les jeux de gladiateurs (*ludi gladiatorii* dans l'argument de l'acte 3 ; aussi *tripudium gladiatorum* dans la didascalie du fol. 18[v]). Enfin, *hastiludium* (qui apparaît dans l'argument du fol. 21[r]) est un terme médiéval désignant un jeu, une joute (*ludus*) faisant intervenir des lances (*hastae*).

Un triomphe antique célèbre classiquement une victoire militaire (ce qui le rend adapté aussi bien au cas de Judas Maccabée qu'à celui de Léopold-Guillaume) à travers une procession solennelle du général vainqueur juché sur un char, accompagné de personnes (en particulier les chefs ennemis), d'effigies, d'objets incarnant ou symbolisant les peuples ou les territoires vaincus[263]. Dans le cas présent, il ne s'agit pas d'une procession mais plutôt d'une chorégraphie organisée autour d'un trophée (à la base un simple tronc d'arbre, voir illustration fol. 20[r])[264] que les

---

et appartiendrait à la même famille que le verbe *tripedare* (« frapper trois fois la terre du pied »), en référence à une danse de rythme ternaire (accompagnant notamment les poèmes présentant un schéma métrique de ce type – vers iambiques et trochaïques en particulier).

262 Lettre de P. Mambrun à Monsieur d'Avaux, citée par Claude-François Ménestrier dans *Des ballets anciens et modernes*, Paris, René Guignard, 1682, p. 90-91 : *Tripudia – sic appello genus illud saltationis quod a Francis nostris « le Ballet » dicitur.*

263 Michel de Pure, dans son *Idée des spectacles anciens et nouveaux* (1668), compare ces triomphes antiques aux entrées royales de l'époque moderne : « S'il est quelque chose parmi nous qui puisse être comparé aux triomphes romains, et remplir en quelque façon les idées qui nous en restent, ce sont sans doute les entrées que les bonnes villes font à leurs souverains ; la dépense, la magnificence, et la foule du peuple et des acclamations rappellent assez fortement ces anciennes et fastueuses pompes dont on récompensait les vertus et les succès des plus grands hommes » (Michel de Pure, *Idée des spectacles anciens et nouveaux* [1668], Genève et Paris, Minkoff reprint, 1972, Livre II, chapitre X, « Entrée faites aux rois et aux reines », p. 204-205).

264 Le *Lexicon universale* de Hofmann (*op. cit.*, tome IV, p. 521-522) indique au mot *tropaeum : Tropaea autem prima ex arboribus confecta sunt, quas amputatis ramis hostium spoliis decorabant* (« Les premiers trophées étaient réalisés à partir d'arbres que l'on amputait de leurs branches avant de les décorer avec les dépouilles des ennemis »).

danseurs viennent décorer, d'abord des armes de Judas Maccabée (vers 52-53 et illustrations des fol. 19^{r}-20^{r}) puis, dans la seconde partie, des blasons des villes flamandes reconquises ainsi que de lances couronnées de lauriers (argument du fol. 21^{r} et illustrations des fol. 22^{r}, 23^{r}, 24^{r}). La mention des gladiateurs est assez étonnante ; il semble que soient simplement désignés sous ce nom les danseurs munis d'armes, même si leur costume et le sens symbolique de leurs évolutions ont peu à voir avec l'univers des gladiateurs.

La scène représentée par les deux entrées de ballet est donc un triomphe en l'honneur d'un chef militaire vainqueur, marqué par une exhibition d'armes variées (pièces d'armure, boucliers, casque, épées, lances…). Rien dans le texte ne suggère que des scènes de combat aient été jouées avec les armes en question, et l'analyse de la posture des danseurs le confirme : bien qu'il soit notamment fait référence à l'escrime par le biais de certains accessoires (fol. 19^{r}, 20^{r}, 22^{r}), les postures des danseurs et la tenue des armes ne semblent pas inspirées par les techniques du corps propres à cet art[265]. Ainsi, les deux entrées de ballet des *Arma victricia*, loin de représenter des situations de combat, se réapproprient les figures de soldats selon les codes de la danse[266].

Nombre et âge des danseurs

Les deux ballets de l'acte III font l'objet de cinq illustrations, dont les quatre premières nous intéressent ici en tant qu'elles représentent les danseurs en action (la cinquième se limite à illustrer le trophée). Dans les quatre images, on remarque la présence constante de huit danseurs au centre de l'espace scénique. Mais la première illustration du second ballet (fol. 22^{r}) représente, outre les huit danseurs au centre, huit autres interprètes qui se tiennent sur les côtés, encadrant les danseurs de façon symétrique. La position des pieds de ces huit interprètes supplémentaires

---

265 Pour la définition initiale de ce concept, voir Marcel Mauss, « Les techniques du corps », dans *Sociologie et anthropologie*, Paris, PUF, 2006, p. 364-386. Les techniques d'escrime restent assez stables du XVIIe au XVIIIe siècle, et sont renseignées par exemple dans *l'Encyclopédie méthodique* (*Encyclopédie méthodique. Arts académiques, equitation, escrime, danse, et art de nager*, Paris, Panckoucke, Liège, Plomteux, 1786, p. 295-296).

266 À propos de la fréquence de la représentation de la guerre *in absentia* de celle de combats, voir également Dóra Kiss, « De l'escrime à la danse : croiser le fer, les arts, la pratique et la recherche », *Arrêt sur scène/scene focus*, 3 (2014), « Scènes de dispute/Quarrel Scenes », p. 111-122.

suggère, tantôt le début d'un déplacement (le pied gauche en avant et portant le poids du corps, le pied droit ne touchant le sol que de la pointe)[267], tantôt au contraire une attitude fixe (à la seconde position, c'est-à-dire les pieds écartés, le poids du corps réparti entre eux). S'agit-il de simples figurants (comme au fol. 19ʳ, où un groupe de figurants massés sur la gauche regarde les danseurs) ? Ont-ils une fonction pratique à remplir, par exemple dans les changements d'accessoires ? Ou s'agit-il d'une seconde équipe de danseurs destinée à relayer la première ? La variété des accessoires d'une image à l'autre d'une même entrée de ballet (au fol. 22ʳ, les danseurs portent des boucliers armoriés, au fol. 23ʳ, des piques ornées de couronnes) suggère en tout cas une forme de transition, soit que les interprètes s'interrompent pour changer d'accessoires, soit que des figurants les assistent, soit qu'ils soient relayés par d'autres danseurs.

Les danses étaient-elles interprétées par des collégiens, ou par des professionnels ? En l'absence d'une liste de noms, il est difficile de se prononcer avec certitude. À titre de comparaison, les recherches menées par Nathalie Lecomte sur les interprètes des ballets dansés au collège Louis-le-Grand (le collège jésuite de Paris) entre 1684 et 1699 (pour une époque plus tardive et un lieu plus prestigieux donc) ont montré que ces ballets étaient dansés à la fois par des collégiens, dont l'âge varie de 8 à 16 ans (les élèves des petites classes pouvaient donc aussi participer) et par des danseurs professionnels, dont l'âge va de 10 à 46 ans[268]. Par ailleurs, il semble que les collégiens de certains établissements jésuites des Pays-Bas méridionaux pouvaient bénéficier de cours de danse dispensés par des professionnels : la pratique est attestée notamment pour le collège anglais de Bruges[269], pour le convict d'Anvers (où les cours se donnent aux pensionnaires par ordre des parents et en-dehors des heures de classe) et pour le pensionnat de Mons[270]. Dans ce dernier cas, le lien que ces cours de danse pouvaient avoir avec les pratiques théâtrales est confirmé par le registre des menues dépenses des pensionnaires conservé

267 Cette position apparaît déjà dans les représentations des danseurs des traités italiens du début du XVIIᵉ siècle (voir par exemple les gravures de Cesare Negri, *Il Gratie d'amore*, 1602). Elle reste largement renseignée dans ceux du XVIIIᵉ siècle, par exemple dans le traité de Pierre Rameau intitulé *Le Maître à danser*.

268 Nathalie Lecomte, « Les interprètes des ballets dansés au collège Louis-le-Grand de 1684 à 1699 », dans Piéjus (éd.), *Plaire et instruire*, *op. cit.*, p. 113-136.

269 Louvain, Kadoc, A.B.M.L., Fonds Poncelet, IX-2,1<22> Doc. 39, nº 2. « [...] On paye aussi à part les Maîtres particuliers d'écriture, de dessein, de musique, de danse, et d'armes ».

270 Drèze, *Les jésuites et la musique*, *op. cit.*, vol. 1, p. 398-407.

pour les années 1705 à 1713[271] : les paiements aux maîtres de danse sont souvent mentionnés à la suite des dépenses pour « la comédie » et « les habits de theatre »[272], et certaines entrées mentionnent explicitement : « au maitre de danse pour balet » ou « pour la dance de theatre »[273].

Que nous montrent les gravures du manuscrit (pour autant qu'elles soient fidèles à la réalité du spectacle) ? La petite taille des danseurs représentés semble suggérer qu'il s'agit uniquement d'enfants ou de jeunes adolescents. Seule l'image du fol. 22^r présente un danseur de plus grande taille que ses camarades – mais il pourrait s'agir d'un expédient de l'artiste visant à assurer la visibilité de ce danseur placé, dans la perspective choisie, juste derrière un autre membre du groupe. Le mélange des générations reste donc hypothétique. En tout cas, le texte de la pièce désigne plusieurs fois le groupe des danseurs comme une troupe de jeunes gens (*juvenum cohors* au vers 48, *juvenum turba* au vers 50, *juvenilis cohors* au vers 68).

Chorégraphie

De façon générale, la chorégraphie renseignée par les illustrations du manuscrit renvoie à une danse « géométrique », parce que reposant essentiellement sur la régularité de ses figures, ou « de ligne », parce qu'elle favorise des déplacements au sol (courbes ou rectilignes) qui font se succéder plusieurs figures selon une symétrie tantôt circulaire tantôt axiale. Cette danse a généralement pour objectif de représenter l'harmonie universelle, se référant, comme la musique, au mouvement régulier des planètes[274].

Dans le cas qui nous occupe, les huit danseurs sont systématiquement disposés en figures symétriques – le trophée placé au centre pouvant servir de repère visuel aux danseurs. L'organisation est principalement de symétrie axiale parfaite, excepté pour la première image (fol. 19^r) qui mêle symétrie de la figure et parallélisme des postures. Cette

271 Mons, Archives de l'État, *Collège des jésuites de Mons*, n° 22 : *Livre des pensionnaires [du Séminaire de Mons] où sont marquez par mois les prets qu'on leur a faits et que l'on a reçûs.*

272 Aux fol. 33^v, 45^v, 62^r, 65^v, 69^v, 94^r, 109^r, 125^r (tous les cas concernent l'année 1706).

273 Aux fol. 113^v et 141^v (années 1706 et 1707).

274 Voir McGowan, *L'art du ballet de cour*, *op. cit.*, p. 19. La référence aux mouvements des astres pour le ballet est faite explicitement dans Archange Tuccaroi, *Trois dialogues de l'exercice de sauter et de voltiger en l'air*, Paris, Claude de Monstr'œil, 1599, p. 36.

particularité fait l'une des richesses des images de danse des *Arma victricia*, tant une telle possibilité chorégraphique est peu documentée, en particulier avant 1700.

Le vocabulaire de pas, avéré ou non par les traités, est ici peu, voire pas, suggéré. Mais il faut souligner que ce vocabulaire pouvait être simple, avec des pas qui ne devaient pas nécessairement être très variés ou très virtuoses[275]. Un tel ballet était donc réalisable par des collégiens. Ceci dit, le défi d'une telle chorégraphie impliquant huit à seize danseurs n'était pas pour autant si facile à relever, comme le précise de Pure :

> On demande si une entrée de plusieurs est de soi plus belle que celle d'un seul ? Il est sans doute que le nombre de bons danseurs est capable d'un bel effet, que tous étant adroits vigoureux et intelligents, peuvent faire de belles et d'agréables choses. Mais comme le mérite n'en est jamais égal ; que les parfaits ne sont jamais en grand nombre, l'inégalité des uns et des autres fait un fort mauvais effet : et au lieu de surprendre et d'attirer de l'admiration, elle rend le défaut des faibles plus remarquable, et l'entrée moins gracieuse.[276]

Tout l'art consistait à bien articuler le mouvement, même minime, à la musique, dont il n'était pas évident de rendre compte par un tableau. La danse « sérieuse » de cette époque est en effet non seulement dite géométrique et « de ligne », mais aussi horizontale, ce qui signifie qu'en principe elle n'est pas sautée – ce qui la différencie des pratiques chorégraphiques populaires. Tout laisse penser que c'est au premier style qu'étaient entraînés les élèves des collèges jésuites, avec toute la finesse d'interprétation presque imperceptible qu'il suppose ; ce qui pourrait bien expliquer que les images relatives à la danse… ne nous paraissent pas dansantes[277].

La seule image (fol. 19r) qui semble présenter les danseurs en plein mouvement nous les montre dans une posture étrangère au vocabulaire connu de la danse du XVIIe siècle : la jambe de derrière, fléchie, semble

275 Voir de Pure, *Idée des spectacles*, *op. cit.*, p. 237 : « Une des principales beautés des entrées est la variété des figures, et l'uniformité du pas de ballet ».

276 De Pure, *Idée des spectacles*, *op. cit.*, p. 237-240.

277 Il faut évidemment tenir compte du fait qu'un tableau de scène de danse « ne peut reproduire l'illusion du mouvement. Il ne peut que reproduire un mouvement isolé de l'effet stroboscopique créé par les tours d'un rouet » (Sydney Anglo, *L'escrime, la danse et l'art de la guerre. Le livre de la représentation du mouvement*, Paris, Bibliothèque nationale de France, 2011, p. 8).

repousser le poids du corps sur la jambe de devant (qui dans certains cas est tout à fait tendue), et le buste est penché en avant[278]. Cette posture laisse penser que les danseurs avaient peut-être un jeu un tant soit peu exagéré, tant elle paraît caricaturer le mouvement de la marche plutôt que de lui donner cette sorte de noblesse souvent évoquée par les théoriciens de la danse tant renaissante que baroque.

NOTES CONCERNANT LA PRÉSENTE ÉDITION

ÉDITION DU TEXTE LATIN

Le texte latin est fondé sur l'unique source constituée par le manuscrit ÖNB, Bibl. Pal. Vind. Cod. 12.434. Nous avons procédé à l'uniformisation de l'orthographe latine, en suivant l'usage du dictionnaire Gaffiot (édition 2000)[279]. Nous employons donc le « j » et le « v » ramistes, comme le Gaffiot. Pour les noms modernes de lieux, nous suivons l'*Orbis Latinus.* Nous résolvons les abréviations et modernisons la ponctuation. Les didascalies marginales ont été intégrées dans le texte entre parenthèses.

Les vers des parties métriques et les lignes originales (telles qu'elles apparaissent sur le manuscrit) des parties en prose sont numérotés de 5 en 5 (en début de vers ou de ligne).

Nous fournissons en note les passages parallèles (*loci similes*) les plus marquants, limités au corpus antique classique et à la Bible. Tous les extraits de la Bible sont cités en latin d'après la *Vulgate Clementine* (http://vulsearch.sourceforge.net). Les notes infrapaginales contiennent également des remarques de type ecdotique (conjectures, particularités du texte manuscrit).

---

278 Notons que la même posture se retrouve chez les deux petits angelots du fol. 23^r.

279 Félix Gaffiot, *Le grand Gaffiot. Dictionnaire Latin-Français*, nouv. éd. rev. et augm. sous la dir. de Pierre Flobert, Paris, Hachette, 2000.

TRADUCTION DU TEXTE LATIN

La traduction proposée ici, tout en se voulant aussi fidèle que possible au texte original, tente de rendre en français le jeu des registres de langue et la vivacité des dialogues parlés. Nous avons opté pour une traduction présentée par stique, afin de faciliter les repérages dans le texte latin ; mais les « lignes » du texte français ne sont pas à considérer comme des vers (il n'y a pas eu de travail sur le rythme ou la sonorité). Notons que l'orthographe française des noms bibliques se fonde sur l'usage du *Dictionnaire encyclopédique de la Bible* et de la *Bible de Jérusalem.* Les notes fournissent principalement l'élucidation des *realia* historiques, mythologiques et bibliques[280].

ÉDITION DES PARTITIONS

- Par commodité de lecture, les clefs originelles (*ut* 1, *fa* 4) ont été remplacées par les clefs modernes (*sol* 2, *fa* 4) et sont mentionnées au début de chaque pièce ;
- Lorsque le nom des voix n'est pas précisé dans le manuscrit original, ces noms n'ont pas été ajoutés ;
- Les barres de mesure absentes ont été systématiquement restituées afin de faciliter la lecture ;
- L'armure originelle a été conservée ;
- Les altérations ont été modernisées. Lorsque deux altérations concernant la même note se rencontrent à l'intérieur d'une mesure, seule la première a été conservée. Les suggestions d'altération ont été placées entre crochets carrés ;
- Les chiffrages de la basse continue ont été restitués conformément au manuscrit ;
- Les systèmes de reprises ont été modernisés ;
- Les hémioles (en notation noire dans le manuscrit) sont signalées par un crochet en pointillé ;

280 Les principales sources consultées sont les suivantes : Pierre-Maurice Bogaert (éd.), *Dictionnaire encyclopédique de la Bible*, 3e éd. revue et augmentée, Turnhout, Brepols, 2002 ; Jean-Claude Belfiore, *Dictionnaire de mythologie grecque et romaine*, Paris, Larousse, 2003 ; Pierre Grimal, *Dictionnaire de la mythologie grecque et romaine*, préface de Charles Picard, 15e éd., Paris, PUF, 2002 (2e tirage : 2005) ; Margaret C. Howatson (éd.), *Dictionnaire de l'Antiquité. Mythologie, littérature, civilisation*, trad. de l'anglais, Paris, Robert Laffont, 1993.

- Les liaisons d'expression manquantes ont été restituées en pointillé ;
- Les rares et évidentes erreurs du copiste ont été corrigées et signalées par une note infrapaginale ;
- L'orthographe et la ponctuation sont restituées conformément aux principes éditoriaux du présent ouvrage.

Cette édition est l'un des résultats du projet « Culture du spectacle baroque entre anciens Pays-Bas et Italie ». Nous adressons nos vifs remerciements à A. Delfosse qui a codirigé ce projet et a pu également accompagner la genèse de cette édition. Nous dédions cette dernière à la mémoire de Christian Biet qui a suivi la genèse de ce projet et l'a soutenu avec la générosité qui lui était propre.

ARMA VICTRICIA

(BRUGES, 1652)

[fol. 1r]

ARMA VICTRICIA[1]

serenissimi principis Leopoldi,
archiducis Austriae Belgiique gubernatoris,
gladio Timoris Domini proeliantis, vincentis, triumphantis,
adumbrata in victoria invictissimi herois Judae Machabaei
devicto Nicanore Hierosolymam redeuntis, in scaenam data
in publico gaudio liberatae Flandriae, recuperata nuper
Gravelinga et Dunkerka, a studiosa juventute patrum
Societatis Jesu Brugis XXIII Septembris M.DC.LII.

[fol. 3r]

PROLOGUS

Flandriam diuturnis bellis exhaustam sortemque suam et miserias deplorantem cum suis comitibus consolatur Pallas eique ducum suorum et variorum armorum optionem dat, quibus se juvet, sed illis parum confisa, a Genio suo tutelari deducitur ad Timorem Domini, qui promittit illi victorem gladium Judae Machabaei.

1 *Victrix* est un adjectif féminin, dont une forme neutre plurielle est attestée en tant qu'épithète d'*arma* chez Virgile, Ovide ou encore Properce (Virgile, *Énéide*, III, 54 ; Properce, *Élégies*, IV, 1, 47 ; Ovide, *Métamorphoses*, XIV, 572-573).

[fol. 1r]

LES ARMES VICTORIEUSES

du sérénissime prince Léopold, archiduc d'Autriche et gouverneur de Belgique qui, avec le glaive de la Crainte du Seigneur, combat, l'emporte et triomphe. Sujet esquissé à travers la victoire de l'invincible héros Judas Maccabée, rentrant à Jérusalem après la défaite de Nicanor. Pièce portée sur la scène par les élèves du collège jésuite de Bruges le 23 septembre 1652, dans l'allégresse générale de la libération de la Flandre, après la reprise récente de Gravelines et de Dunkerque.

[fol. 3r]

PROLOGUE

La Flandre, épuisée par les longues guerres, pleure sur son sort et ses malheurs avec ses compagnes[1], lorsque Pallas la réconforte et lui donne à choisir, pour assurer son secours, entre les commandants et les diverses armes qu'elle lui propose ; mais la Flandre n'a pas suffisamment confiance en eux ; son Génie tutélaire la dirige alors vers la Crainte du Seigneur, qui lui promet le glaive victorieux de Judas Maccabée.

---

1 Les « compagnes » de la Flandre sont les personnifications des quatre principales régions de son territoire : Gand, Bruges, Ypres et le Franc (voir par exemple Sanderus, *Flandria illustrata*, tome I, Cologne, 1641, p. 12). Sur la première image du manuscrit illustrant le prologue (fig. 5), ces régions sont figurées à l'avant-plan sous forme d'allégories féminines entourant la personnification de la Flandre. Elles portent leur blason respectif. Ces personnifications apparaissent également sur la dernière image du manuscrit, dans l'épilogue (fig. 19).

Personae : Flandria ejusque comites, Pallas, Hercules, Epaminondas, Perseus, Achilles, Parthus, Aeneas, Genius Flandriae Tutelaris, Timor Domini.

Flandria

Ergone semper nobile Europae solum
Decusque Belgi[2], Flandria, heroum incluta
Nimium cruore, Martis invisi gemam
Convulsa rabie ? Funerum nondum est satis
Satisque fusum sanguinis ? Trucis furor
Mavortis in me strage cum tanta arcium
Passimque tectis urbium in planum datis[3]
Non cecidit una ? Sed video : gentis meae
Plus hoste frangi nescius nocet vigor.
Hic semper aliquid, clade de prima, mihi
Pro clade linquit altera. Ferox nimis
Quicumque junxit oppidis vallos meis
Tumulos meorum ! Nemoris o melius specu
Quercique tuta frondibus, carens metu
Procul a Gradivi strepitu et invidiae malis,
Prius latebam[4]. Cladibus meis modum
Nulla ergo tandem pariet herois manus ?
Agrisque nullus reddet antiquum decus ?

(Prodit Pallas)

Pallas

Compesce voces[5] pectori invicto nimis
Tuo indecoras. Causa non tanta est tibi,
Virgo, querelarum. Hostium non quisquam adhuc
De te triumphat[6]. Omnium vires vides [fol. 3v]

2 Pour *Belgii.*

3 Sénèque, *Les Phéniciennes*, 343 : *disicite passim moenia, in planum date.*

4 Pseudo-Sénèque, *Octavie*, 381 : *melius latebam procul ab invidiae malis.*

5 Sénèque, *Hercule sur l'Oeta*, 1427 : *compesce voces, inclutum Alcidae genus.*

6 *Ibid.*, 1350-1351 : *quae terra genuit ? Quodve tam dirum nefas / de te triumphat ? Victor Herculeus quis est ?*

Personnages : La Flandre et ses compagnes,
Pallas, Hercule, Épaminondas, Persée, Achille,
un Parthe, Énée, le Génie tutélaire de la Flandre,
la Crainte du Seigneur.

La flandre

Région fameuse d'Europe et joyau de la Belgique,
Moi, la Flandre, par trop célèbre pour le sang versé de mes héros,
Gémirai-je donc toujours, tourmentée par la rage
D'une guerre odieuse ? N'y a-t-il pas encore assez de morts,
Assez de sang qui a coulé ? La fureur de la guerre
Qui s'acharne sur moi n'est-elle pas retombée avec la ruine
De tant de mes citadelles, les toits de tant de mes villes ramenés au ras du sol ?
Mais je le vois : la vigueur de mon peuple,
Que l'ennemi ne peut briser, m'est plus funeste qu'utile,
Elle qui, après un premier massacre,
Laisse toujours matière à un second. Trop cruel
L'homme qui un jour a muni mes bourgades de remparts,
Tombeaux de mon peuple ! Ah, que j'étais plus heureuse jadis, cachée
Dans l'ombre d'une forêt et à l'abri du feuillage d'un chêne,
Sans nulle crainte, à l'écart du tumulte de la guerre et des maux de l'envie !
Nulle main de héros ne viendra-t-elle donc
Mettre enfin un terme à mes malheurs ?
Nul ne rendra à mes terres leur antique éclat ?

(Pallas s'avance)

Pallas[2]

Retiens tes plaintes, qui ne siéent pas à un cœur invaincu
Comme le tien. Tu n'as pas tant de raisons de te plaindre, Flandre.
Aucun ennemi jusqu'à présent
N'a triomphé de toi. Toutes leurs forces, tu les vois [fol. 3v]

2 Pallas Athéna/Minerve est représentée sur l'image (fig. 5) à l'arrière-plan, reconnaissable à son casque.

In te sepultas. Cura si tamen haec nimis
Animum remordet[7], cladium vindex adest
Dudum expetitus. Quin procul fugiat pavor
Tristisque imago caedium et luctus notae.

FLANDRIA

Quis iste nostros subitus e caelo favor
Perstringit oculos ?

PALLAS

Nata, si nescis, tibi
Magni Tonantis, diva bellatrix, opem
Latura venio. Gentis est virtus tuae
Favore tanto digna. Tibi promptam vides
Ducum cohortem, nuper ad quorum undique
Contremuit orbis nomina ? Etiamnum meis
Radiant in armis[8]. His ruere in hostes parant
Tibi contumaces. Aegida qua opus est cape
Ducemque palmis inclutum et ductu illius
Perfringe cuncta. Parte qua primum voles
Tibi militabit[9].

FLANDRIA

Major a meritis favor
In me redundat.

(Heroes hi, ceu statuae, dum prolocuti sunt,
singuli in ultimo gestu ad finem scaenae
perstitere immobiles)

---

7 Voir Virgile, *Énéide*, I, 261 : *hic tibi (fabor enim, quando haec te cura remordet).*

8 Voir Properce, *Élégies*, IV, 1, 27 : *nec rudis infestis miles radiabat in armis* ; Silius Italicus, *Les Puniques*, VIII, 466 : *is primam ante aciem pictis radiabat in armis.*

9 Sénèque, *Les Phéniciennes*, 622 : *tibi militabit. Vade et id bellum gere.*

Ensevelies dans ton sol. Si toutefois cette inquiétude te ronge à l'excès,
Sache qu'il est là, le vengeur de tes malheurs
Que tu attends depuis longtemps. Dès lors, congédie bien loin l'effroi,
La triste image des massacres et les signes de ton affliction.

La flandre

Quelle est cette faveur soudaine qui, venue du ciel,
Éblouit mes yeux ?

Pallas

Fille du Grand Tonnant,
Déesse guerrière, je viens, si tu l'ignores,
Te porter secours. La valeur de ton peuple
Mérite une si grande faveur. Vois-tu l'armée de commandants
Prêts à te servir, eux dont les noms faisaient jadis
Trembler le monde entier ? Ils brillent encore
Sous mes armes. Ils s'apprêtent à affronter avec elles les ennemis
Qui s'acharnent sur toi. Prends l'égide dont tu as besoin
Ainsi qu'un champion couvert de palmes et, sous sa conduite,
Brise tout. Là où tu le voudras, aussitôt
Il combattra pour toi[3].

La flandre

Les mérites de ces héros renforcent
La faveur qui m'est accordée.

(Ces héros, comme des statues jusqu'au moment
où ils prennent la parole, demeurent chacun immobiles,
figés dans leur dernier geste, jusqu'à la fin de la scène)

3 Pallas propose à la Flandre de choisir parmi les armes protectrices que les différents héros, situés dans les niches latérales de l'image (fig. 5), lui présentent : on reconnaît de gauche à droite Hercule avec sa massue, Énée (ou Achille) avec une lance, le Parthe avec un arc à flèches, Persée avec l'égide, Épaminondas avec un bouclier, Achille (ou Énée) avec un javelot.

HERCULES

Dexteram et clavam Herculis
Quondam ferarum atraeque domitricem Stygis
Et qua renascens Hydra prostrata occidit,
Nec non quod olim subdidi mundo caput[10]
Tibi consecramus.

EPAMINONDAS

Nutibus promptus tuis
Epaminondas, inclutum exuviis ducum
Tuae salutis vindicem clipeum parat.
Semper stetit me stante Thebanum decus ;
Nec non cadente cecidit. Hoc numquam occides
Umbone tuta, Flandria.

PERSEUS

En melius tibi
Munus Minervae, Gorgonis notum malo :
Illo profundi beluam, Andromedae nimis
Avidam cruoris, cedere coegi loco,[11]
Stupente vires aequore. Hoc quoque, si libet,
Qua te, Virago, tristior clades premit
Ad occidentis litora antiquam tibi
Pariam quietem.

10 Sénèque, *Hercule furieux*, 70 : *didicit ferendo ; subdidit mundo caput.*

11 Noter l'allitération : *c-ruoris c-edere c-oegi*, prolongée avec *lo-c-o*.

HERCULE

Voici la main et la massue d'Hercule,
Qui a jadis dompté les bêtes sauvages et le Styx funeste,
Et par laquelle l'Hydre toujours renaissante a succombé, terrassée ;
Voici aussi ma tête qui a jadis supporté le monde :
Je les mets à ta disposition.

ÉPAMINONDAS[4]

Prêt à obéir à ton signal,
Épaminondas prépare son bouclier, rendu célèbre
Par les dépouilles de grands héros et garant de ton salut.
La gloire de Thèbes est toujours restée debout, tant que je me tenais debout ;
Et, quand je suis tombé, elle est tombée aussi. En sécurité, derrière ce bouclier,
Jamais, Flandre, tu ne succomberas.

PERSÉE

J'ai mieux pour toi :
Un cadeau de Minerve, connu par le malheur d'une Gorgone[5].
Grâce à lui, j'ai forcé un monstre marin, assoiffé
Du sang d'Andromède, à reculer,
La mer restant stupéfaite face à mes forces. Avec ce même bouclier,
Si tu le souhaites, Flandre, je te rendrai ton antique repos,
Là où un plus triste fléau t'accable,
Sur les rivages de la Mer du Nord.

---

4 Épaminondas est un général du IVe siècle av. J.-C., célèbre pour avoir libéré Thèbes de l'hégémonie spartiate. Sa mort marqua pour la ville le début du déclin (voir Cornélius Népos, *De viris illustribus, Epaminondas*, 10, 4).

5 Il s'agit visiblement de l'égide, bouclier protecteur souvent associé à Athéna et sur lequel aurait été placée la tête de la Gorgone Méduse (aux pouvoirs pétrifiants) après que cette dernière eut été tuée par Persée. Dans le détail, la version retenue par l'auteur des *Arma victricia* diffère de la vulgate actuelle sur deux points : d'abord, il semble considérer que l'égide fut offerte par Athéna à Persée (version peut-être inspirée de Lucain, 9, 669 : Athéna donne à Persée un bouclier brillant en prévision de son combat contre la Gorgone ; le *Lexicon Universale* de Hofmann, *op. cit.*, *s.v. Perseus*, tome III, p. 671, interprète ce cadeau d'Athéna comme étant l'égide) ; ensuite, il considère que ce bouclier eut un rôle déterminant dans la lutte contre le monstre marin pour libérer Andromède – alors qu'en général il est plutôt question d'un combat à l'épée (mais voir Lucien, *Dialogues marins*, 14, 3 : Persée, d'une main frappe le monstre, et de l'autre le pétrifie en lui montrant la Gorgone).

FLANDRIA

Hac parte quaerenda est salus.
Istum oro, si te Flandriae clades movent
Meruique quidquam, Diva, ductorem meae
Concede genti ; hic eximat tandem jugo
Mea quo tot annis litora ad ponti gemit
Oppressa soboles.

PALLAS

Dabitur optatis frui.
Ast ceterorum quanta sit virtus, prius
Quin nosse cupias ? Dona mortales satis
Numquam sagaci mente divorum ambiunt.

ACHILLES

Mea, queis frementis Hectoris fregi minas
Ducisque tanti membra raptavi solo,
Nil arma curas ? Mulcibri hoc quondam specu
Hastile Brontes fudit. Hos mater Stygi
Mersit lacertos, Troia queis tandem loco
Convulsa, cecidit. Neminem magni latent
Tot clara quondam facta Thessalici ducis.

PARTHUS

Parthus sagittas, dum voles, forti manu
Tuos in hostes, Virgo, torquebit libens.

[fol. 4r]

LA FLANDRE

Voilà chez qui il me faut
Rechercher mon salut. Je t'en prie, si le fléau qui accable
La Flandre t'émeut et si j'ai quelque mérite, déesse,
Accorde ce champion à mon peuple. Qu'il me libère enfin de ce joug
Sous lequel, depuis tant d'années, ma population accablée gémit
Sur les bords de la mer.

PALLAS

Il en sera fait selon tes désirs.
Mais ne souhaites-tu pas apprendre d'abord quelle est la valeur
Des autres héros ? Les mortels ne sollicitent jamais
Avec assez de circonspection les dons des dieux.

ACHILLE

Ne t'intéresses-tu donc nullement à mes armes ? Grâce à elles
J'ai brisé les menaces du furieux Hector et j'ai traîné sur le sol
Les membres d'un si grand guerrier. Dans l'antre de Vulcain,
Brontès a jadis forgé ce javelot[6]. Ma mère a immergé
Dans le Styx mes bras, grâce auxquels Troie, arrachée de ses fondements,
Est finalement tombée. Personne n'ignore les nombreux exploits
Jadis accomplis par le grand commandant thessalien.

LE PARTHE[7]

Quand tu le voudras, le Parthe lancera volontiers
Ses flèches d'une main vaillante contre tes ennemis, Flandre.

[fol. 4r]

---

6 Avant de combattre Hector, Achille reçut des armes forgées par Héphaïstos-Vulcain à la demande de sa mère Thétis (l'*Iliade*, XVIII, 609-613 parle d'un bouclier, une cuirasse, un casque et des jambières ; l'auteur des *Arma* évoque pour sa part un javelot/une lance, arme habituelle d'Achille dans l'*Iliade*). Brontès est le nom d'un des cyclopes travaillant dans la forge de Vulcain (et qui interviendront dans la première partie de l'intermède).

7 Dans la littérature latine, le Parthe était réputé pour être un archer agile et redoutable qui tout en fuyant à cheval se retournait pour décocher ses flèches à l'ennemi (voir par exemple Horace, *Odes*, II, 13, 17-18).

AENEAS

Non bellicosi haec hasta Dardanidae placet
Turni cruenta sanguine ? Et temnis ducem
Pietate semper inclutum et genitum Dea ?

FLANDRIA

Quid agam misera ? Me copia incertam rapit
Animumque ducit varius huc illuc amor.

(Egreditur Genius Flandriae tutelaris)

GENIUS TUTELARIS

Quid frustra inani, Virgo, te eludi sinis
Fulgore munerum ? Nimis te credulam
Reddunt dolores. Talis an putas manus
Recidiva ponet moenia ? Hinc gressum amove.
Nullas habes spes, misera, si tales habes.

FLANDRIA

Ergone monstras Flandriae afflictae modum
Alium doloris ? Quisquis aetherea venis
De sede missus, fare : quod meis malis
Adfers levamen ? Misera sat dudum fui.

GENIUS TUTELARIS

Ego ipse gentis, numinis jussu, tuae
Tutator adsum : lugubrem huc vultum alleva !

(Descendit Timor Domini in nube)

Vides : Olympo alia tibi Pallas venit.

TIMOR DOMINI

Accede propius[12]. Martis exitium et tuae
Felicitatis vindicem hunc gladium vides ?
Hoc Machabaeus patriae quondam salus

12 Térence, *Hécyre*, 315-316 : *agedum, ad fores / accedo propius* ; Sénèque, *Les Phéniciennes*, 467 : *accede propius ; clude vagina impium ensem.*

Énée
Cette lance du belliqueux Dardanide, couverte du sang
De Turnus, ne te plaît-elle pas ? Méprises-tu un commandant
Célèbre depuis toujours pour sa piété et né d'une déesse ?

La Flandre
Que faire, malheureuse ? Je suis embarrassée face à un tel choix
Et je penche tantôt pour l'un, tantôt pour l'autre.

(Le Génie tutélaire de la Flandre sort des coulisses)[8]

Le génie tutélaire
Pourquoi te laisses-tu tromper, Flandre,
Par le vain éclat de ces dons ? La souffrance te rend
Trop crédule ! Penses-tu qu'un tel secours rétablira
Tes remparts ? Éloigne-toi d'ici. Malheureuse, il n'y a aucun espoir,
Si ce sont ces espoirs que tu nourris !

La Flandre
As-tu donc une autre solution pour faire cesser la douleur
De la Flandre affligée ? Toi qui viens du séjour étoilé,
Qui que tu sois, parle : quel soulagement apportes-tu
À mes maux ? J'ai été assez longtemps malheureuse.

Le génie tutélaire
Me voilà en personne, sur l'ordre de Dieu,
Pour être le protecteur de ton peuple. Lève ton visage endeuillé !

(La Crainte du Seigneur descend sur un nuage)

Regarde : une autre Pallas vient de l'Olympe pour toi.

La crainte du seigneur
Approche. Vois-tu ce glaive ?
Il est l'issue de la guerre et le garant de ton bonheur !
Grâce à lui, Maccabée, un héros célèbre pour ses victoires,

8 Le génie protecteur de la Flandre est figuré au centre de l'image (fig. 5) sous la forme d'un ange ou d'un enfant ailé.

Herosque palmis inclutus, Nicanoris
Fastu insolentes spiritus, ictu unico
Cervice rapta domuit, et patriae jugum
Longosque luctus, sanguine hostili eluens,
Tandem levavit. Munere hoc, spondeo, quoque
Generosus heros neque Machabaeo minus
Pietate et armis clarus et cultor mei,
Felix retundet pectore adverso[13] hostium
In te tot annis impetum et patrium solum
Repetere coget multa frendentes licet.
Haec fata properant. Interim longo obrutam
Mentem dolore scaena Machabaei tuae
Felicitatis nuntia et imago boni
Parum relaxet. Hinc ducem agnoscas tuum.

FLANDRIA

Quis me favore caelitum tanto beat
Animumque complet gaudio assuetum malis ?
Quasnam rependet gens mea aut referet tibi
Aliquando grates ?

TIMOR DOMINI

Jussa si peragit mea
Metumque revocet cuncta moderantis Dei,
Retulit abunde : hac lege solamen datur.

13 *Pectore adverso* : expression que l'on retrouve chez Sénèque, *Agamemnon*, 232 ; *Phèdre*, 307.

Qui fut jadis le salut de sa patrie, a dompté
L'orgueil insolent de Nicanor[9], qu'un coup unique
Décapita[10] ; il a enfin débarrassé sa patrie
De son joug et de ses longs chagrins, il l'en a lavée
Avec le sang de l'ennemi. Avec ce cadeau, je te le promets,
Un noble héros, mon adepte, non moins célèbre
Que Maccabée pour sa piété et pour ses armes,
Fera face et réprimera avec succès l'élan des ennemis
Dirigé tant d'années durant contre toi ; il les forcera
À regagner leur patrie, malgré moult grincements de dents.
Les destins sont en marche. En attendant, que la pièce Maccabée,
Qui t'offre à la fois une promesse de bonheur et un exemple à suivre,
Apaise un peu ton esprit submergé par une longue douleur.
Puisse-t-elle te servir à reconnaître ton champion !

LA FLANDRE

Qui me comble d'une telle faveur céleste
Et remplit de joie une âme accoutumée aux malheurs ?
Quelles marques de reconnaissance mon peuple pourra-t-il jamais
Te rendre ou te payer en retour ?

LA CRAINTE DU SEIGNEUR

Si ton peuple exécute mes ordres
Et s'il peut rappeler en son cœur la crainte du Seigneur tout-puissant,
Il m'aura rendu plus qu'il ne faut. Le soulagement est donné à cette condition.

9 Nicanor est un général hostile à Israël. Les livres des *Maccabées*, qui en font un profanateur et blasphémateur, insistent régulièrement sur son arrogance et son impiété (*1 Maccabées*, 7, 25-50 et *2 Maccabées*, 15).

10 La tête de Nicanor fut coupée de son cadavre, ainsi que sa main droite, pour être apportées toutes deux à Jérusalem.

[fol. 4v]

ACTUS I
Judae Machabaei caelestis armatura

Judas Machabaeus, a potentia Nicanoris male sibi suisque metuens, inter Solymae lacrimantis querelas, Oniam summum sacerdotem pro populo orantem, sibi per quietem objectum videt et Jeremiam prophetam gladium aureum offerentem ; quo caelesti munere recreatus respirat et ad pugnam sese animat.

Personae : Judas Machabaeus, Nobiles,
Solyma et duae illius comites,
Onias summus sacerdos, Jeremias propheta.

Judas (solus)

Quis me dolori reddit et metus novos
Reponit animo ?[14] Bella me rursum vocant
Milesque et arma et justa bellantum manus
Mihi denegatur ? Ideo ad hoc munus, pater,
Natum extulisti, gravius ut gemerem tuas,
Judaea, clades ? Unicum hoc solum malis,
Quod sors reliquit, ferre solamen datur[15] ?
Ad hoc reservor duxque constituor tibi,
Inter ruinas Solymae, amicorum neces
Fusumque sacro sanguinem heroum solo,
Ut destitutus viribus, semper gemens

14 Sénèque, *Phèdre*, 589-590 : *quis me dolori reddit atque aestus graves / reponit animo ?*
15 Rappelle le vers 112 du prologue : *solamen datur.*

[fol. 4v]

ACTE I
L'armement céleste de Judas Maccabée

Face à la puissance de Nicanor, Judas Maccabée est rempli de crainte pour lui-même et pour les siens ; autour de lui, Jérusalem pleure et se lamente ; mais voilà que lui apparaissent en songe le grand prêtre Onias occupé à prier pour le peuple et le prophète Jérémie qui lui offre un glaive doré ; réconforté par ce cadeau du ciel, Judas Maccabée respire à nouveau et rassemble son énergie pour le combat.

Personnages : Judas Maccabée, les nobles, Jérusalem et ses deux compagnes, le grand prêtre Onias, le prophète Jérémie.

Judas (seul)

Qui me rappelle à ma douleur et éveille dans mon esprit
De nouvelles craintes ? Les guerres m'appellent à nouveau
Et on me refuse les soldats, les armes et un corps de troupe complet ?
Est-ce pour cela, père, que tu as élevé
Ton fils à cette charge : pour pleurer le cœur lourd
Les massacres dont tu es victime, Judée[11] ? Il ne m'est donc donné
D'apporter à nos maux que cet unique réconfort que le sort nous a laissé ?
C'est donc ce destin qui m'est réservé, pour lequel je suis nommé commandant,
Au milieu des ruines de Jérusalem, du massacre de mes amis
Et du sang des héros répandu sur le sol sacré :
Régner sans force, toujours gémissant

11 À sa mort, le vieux prêtre Mattathias, qui avait conduit jusqu'alors la révolte des Juifs, choisit son fils Judas Maccabée pour lui succéder à la tête de l'armée, en lui rappelant de rester fidèle à la Loi (*1 Maccabées*, 2, 50 et 66).

Pavensque iners et militi invisus regam ?
Sed quid me inani luctu et indignis juvat
Diem querelis texere ? Potius quem times,
Petatur ultro barbarus ! Tandem incipe
Animosque veteres sume[16] Machabaeo pares.
Nihil extimescat[17] ille, cui votum est mori.

(Accedunt nobiles)

NOBILES

Generose princeps, generis Isaci decus,
Quid viribus animum imparem rursum excitas ?
Haud indecorum est, fata cum cogunt, malis
Necessitatis cedere et sorti pares
Induere vultus. Turba quae simus vides[18] ;
Vix quae furori fuerit hostili satis,
Non quae resistat. Nemora quin potius pete, [fol. 6r]
Veteresque saltus. Unica in fuga est salus.

JUDAS

Egon ut recedam ? Busta majorum et lares
Arasque numinis, impio tradi sinam
Spolium tyranno ? Nulla degenerem dies
Adeo parente videat et tantum probrum
Stirpi inferentem ! Sanguine aspergam meo
Citius avorum sanguinem.

NOBILES

Effusus cruor
Manes juvabit ?

---

16 Sénèque, *Les Troyennes*, 506 : *animosque veteres, sume quos casus dedit.*

17 Une correction est visible sur le texte manuscrit : ex*istimescat* a été corrigé en *extimescat.*

18 Sénèque, *Les Troyennes*, 507 : *en intuere, turba quae simus super.*

Et angoissé, impuissant et en butte au ressentiment de mes
soldats ?
Mais pourquoi me complaire toute la journée dans une vaine
Douleur et des plaintes indignes ? Prends plutôt l'offensive
En attaquant l'étranger que tu crains ! Prends enfin les choses
En main et montre-toi digne de l'antique lignée des Maccabées.
Quand on souhaite mourir, on ne doit plus rien craindre[12].

(Les nobles s'approchent)

LES NOBLES

Noble prince, gloire de la race d'Isaac,
Pourquoi exciter à nouveau un courage que n'égalent tes forces ?
Il n'est pas indécent, quand les destins font loi,
De se résigner à un mal nécessaire et de faire profil bas.
Tu as sous les yeux l'armée qui te reste :
À peine suffisante face à la fureur des ennemis,
Mais pas à même de leur résister. Gagne plutôt les forêts [fol. 6r]
Et les vieux bocages. L'unique salut est dans la fuite.

JUDAS

Moi, me retirer ? Les tombeaux et les Lares
De mes ancêtres[13], les autels de Dieu, les laisser en butin
À un tyran impie ? Puissé-je ne jamais être à ce point
Indigne de mon père et ne jamais porter à ma famille
Un si grand opprobre ; plutôt verser mon sang
Sur celui de mes aïeux.

LES NOBLES

Le sang versé
Plaira-t-il aux Mânes[14] ?

---

12 Ce vers rappelle une tirade de Médée chez Sénèque (Sénèque, *Médée*, 163 : *qui nil potest sperare, desperet nihil*), tout en étant en phase avec le premier livre des *Maccabées* : « mieux vaut pour nous mourir au combat que d'être témoins des malheurs de notre peuple et ce que nous avons de sacré » (*1 Maccabées*, 3, 59).

13 Dans le monde romain, les Lares étaient les esprits des ancêtres qui protégeaient la famille.

14 Dans l'Antiquité, les Romains appelaient Mânes les âmes des morts.

JUDAS
Citius hic, quam iners fuga.

NOBILES
Tunc est inertis cum locum virtus habet[19],
Non dum negatur.

JUDAS
Quisnam huic clusit viam ?

NOBILES
Qui Chananaeis efferum, immane, impium[20]
Nil non minatur agmine armisono micans
Hostis Nicanor. Numen o fallat metum[21] !

JUDAS
Manes avorum testor et nobis manum
Semper faventem numinis, numquam pedem
Hostis Nicanor patriae imponet solo
Vivente me. Quo dubius est noster magis
Status et cadentis patriae vires jacent[22],
Hoc magis opem sperare caelestem decet.

NOBILES
Tuo relictus milite et forti undique
Conclusus hoste, quid spei exspectas miser ?

JUDAS
Quam tunc habebat Israel, dum undas maris
Vidit reverti quantum in exitium hostium !

19 Sénèque, *Médée*, 160 : *tunc est probanda, si locum virtus habet.*
20 *Ibid.*, 395 : *magnum aliquid instat, efferum, immane, impium.*
21 *Ibid.*, 396 : *vultum Furoris cerno. Di fallant metum !*
22 Sénèque, *Œdipe*, 83-84 : *adversa capere, quoque sit dubius magis / status et cadentis imperi moles labet.*

JUDAS

Davantage en tout cas qu'une fuite lâche.

UN NOBLE

On parle de lâcheté lorsqu'il y a place pour la vertu ;
Pas dans le cas contraire.

JUDAS

Mais la vertu, qui lui a barré la route ?

LES NOBLES

L'homme qui, aux Cananéens, n'annonce rien que de cruel,
De barbare, de sacrilège ; l'homme qui brille au milieu du fracas de son armée :
Ton ennemi Nicanor. Puisse Dieu donner tort à nos craintes !

JUDAS

J'en prends à témoin les mânes de mes ancêtres
Ainsi que la main de Dieu toujours prête à nous secourir :
Jamais, de mon vivant, l'ennemi Nicanor ne posera le pied
Sur le sol de ma patrie. Plus notre situation est critique
Et plus notre patrie qui s'effondre est à bout de forces,
Plus il convient d'espérer le secours céleste.

LES NOBLES

Abandonné par ton armée et encerclé de toute part
Par un ennemi puissant, quel espoir nourris-tu, malheureux ?

JUDAS

Le même espoir qu'avait le peuple d'Israël, quand il a vu les vagues
De la mer se refermer pour la ruine – et quelle ruine ! – de l'ennemi[15].

---

15 Référence à la traversée de la Mer Rouge par le peuple juif fuyant l'Égypte sous la conduite de Moïse. Dans le premier livre des *Maccabées*, Judas rappelle également cet épisode pour exhorter ses troupes au combat (voir *1 Maccabées*, 4, 8-9). Le personnage de Judas Maccabée dans la tragédie est fidèle au personnage biblique qui, à la veille du combat, « espère, avec confiance, obtenir de Dieu son secours » (*2 Maccabées*, 15, 7).

Forte hunc timorem minuet et fessos sopor
Firmabit artus. Crastinum ubi cernet diem
Eous, arma ferte. Respiciet Deus
Bene cogitata[23]. Locus mihi hoc soli vacet.

(Discedunt nobiles)

Abiere. Te qui mentis arcana inspicis
Testem dolorum animique torpentis malis[24]
Appello numen. Impares hosti manus
Vides tuorum, ast unica paventem tui
Me spes favoris reficit et tollit metum.
Te per parentis Abrahae cineres precor
Diumque[25] fusum sanguinem, hanc rursum appara
Quae valida fudit arma Sennacheris, manum
In ultionem. Vindica raptos tuis
Aris honores. Unicum hoc solum rogo.
Gentem tuendam numini trado tuam.
Animum ego sopori paululum tristem dabo.

(Egreditur Solyma cum suis plangens)

23 Sénèque, *Thyeste*, 489-490 : [...] *respiciet deus / bene cogitata*. [...]
24 Sénèque, *Les Troyennes*, 417 : *torpens malis rigensque sine sensu fero.*
25 Pour le sens, peut-être faut-il corriger *diumque* en *diuque.*

Le sommeil allègera peut-être ma crainte et rendra des forces
À mon corps épuisé. Demain au point du jour,
Rassemblez les armes. Dieu portera un regard favorable
Sur de justes entreprises. Pour cela, qu'on me laisse seul ici.

(Les nobles s'éloignent)

Ils sont partis. Toi qui sondes les secrets de mon âme,
Toi qui es témoin de mes douleurs, de mon âme engourdie par le malheur,
Je t'appelle, mon Dieu ! Tu vois que les forces des tiens
Sont inférieures à celles de l'ennemi[16], mais dans mon effroi l'espoir
De ton secours suffit à me ranimer et me délivrer de la crainte.
Par les cendres de mon ancêtre Abraham, et par le sang
Sacré répandu[17], je t'en prie, tends à nouveau,
Pour nous venger, cette main qui a dispersé les puissantes armes
De Sennachérib[18]. Venge-toi de ceux qui ont déshonoré
Tes autels. Voilà ma seule et unique requête.
Je place ton peuple sous ta protection.
Moi je vais livrer mon esprit affligé à un bref sommeil[19].

(Jérusalem sort des coulisses
avec ses compagnes en se lamentant)

---

16 Voir *1 Maccabées*, 3, 17 : « Quand [les compagnons de Judas] virent l'armée s'avançant à leur rencontre, ils dirent à Judas : 'Comment une petite troupe comme la nôtre pourrait-elle lutter contre une si grande et si forte armée, surtout que nous sommes épuisés de n'avoir rien mangé aujourd'hui ?' ». Voir aussi *2 Maccabées*, 8, 16.

17 Ou, si l'on accepte la correction suggérée : « par le sang longtemps répandu ».

18 Le roi d'Assyrie Sennachérib (704-681 av. J.-C.) fut défait alors qu'il menait le siège de Jérusalem. Selon *2 Rois*, 19, 35, une importante partie de l'armée de Sennachérib périt suite à une intervention divine. Dans le premier livre des *Maccabées*, Judas Maccabée prononce une prière où il rappelle cet épisode (*1 Maccabées*, 7, 41) et demande à Dieu d'être secondé à son tour (*1 Maccabées*, 7, 42). Dans le second livre des *Maccabées*, Judas rappelle à deux reprises l'épisode de Sennachérib pour redonner courage à ses troupes (*2 Maccabées*, 8, 19 et 15, 22).

19 Ici commence le songe de Judas Maccabée. Dans le second libre des *Maccabées* (*2 Maccabées*, 15, 11-16), Judas Maccabée, afin de raffermir le courage de ses soldats, leur relate un songe : le Grand Prêtre Onias, mort peu avant la bataille décisive avec Nicanor, lui serait apparu et lui aurait présenté le prophète Jérémie, qui lui aurait remis un glaive d'or, présent de Dieu, destiné à abattre l'ennemi.

[fol. 6v]

PLANCTUS SOLYMAE
[Partition, fig. 7-8]

Duae comites Solymae

[Première voix]
Plangite populi, plangite et condolete afflictae Solymae.
Ite suspiria, currite lacrimae.
Haec illa quondam domina gentium modo est omnibus facta ludibrium.
Gemit. Suspirat.
Circumspicit adjutorem et non est, non est qui consoletur eam, qui consoletur eam[26].

[Deuxième voix]
Plangite populi, plangite et condolete afflictae Solymae.
Ite suspiria, currite lacrimae.
Haec illa quondam domina gentium modo est omnibus facta ludibrium.
Plorat. Suspirat.
Circumspicit adjutorem et non est, non est qui consoletur eam, qui consoletur eam.

[fol. 7r]

Solyma

Heu, heu me ! Quo, quo, quo fugiam ?
Quia amaritudine plena sum[27], amaritudine plena sum.
Et non est qui requirat animam meam[28].
Juvenes mei et virgines meae ciciderunt in gladio.
Occiditur in sanctuario Domini sacerdos et propheta.

---

26 Ce premier chant s'inspire de la première lamentation, du livre biblique du même nom (*Lamentation* 1, 1-2 et 21).

27 *Lamentation* 1, 20 : *quoniam amaritudine plena sum.*

28 *Psaume* 141, 5 : *et non est qui requirat animam meam.*

[fol. 6v]

LA PLAINTE DE JÉRUSALEM
[Partition, fig. 7-8]

LES DEUX COMPAGNES DE JÉRUSALEM

[Première voix]
Lamentez-vous, peuples, lamentez-vous ; et ayez pitié de Jérusalem affligée.
Résonnez, soupirs ; coulez, larmes.
Celle qui jadis était la maîtresse des nations, est devenue la risée de tous.
Elle gémit. Elle soupire.
Elle cherche son sauveur du regard et il n'y a personne, personne pour la consoler, pour la consoler.

[Deuxième voix]
Lamentez-vous, peuples, lamentez-vous ; et ayez pitié de Jérusalem affligée.
Résonnez, soupirs ; coulez, larmes.
Celle qui jadis était la maîtresse des nations, est devenue la risée de tous.
Elle pleure. Elle soupire.
Elle cherche son sauveur du regard et il n'y a personne, personne pour la consoler, pour la consoler.

[fol. 7r]

JÉRUSALEM
Hélas, hélas ! Où fuir, où donc ?
Je suis pleine d'amertume, pleine d'amertume.
Nul ne s'inquiète de ma vie.
Mes jeunes gens et mes jeunes filles sont tombés sous l'épée.
Le prêtre et le prophète est assassiné dans le sanctuaire de Dieu[20].

20 Il s'agit peut-être d'une allusion à la mort du grand prêtre Onias, qui s'était réfugié dans le sanctuaire inviolable de Daphné près d'Antioche, mais fut amené par ruse à quitter son asile avant d'être mis à mort (*2 Maccabées* 4, 33-34).

Evigila Juda, evigila. Non audis tubas et tympana ? Ruit undique hostis in me.
Aperi oculos et specta funera meorum.
Unica tu spes, tu spes mea[29], usquequo deseris me desolatam et maerore confectam ?

(Finito cantu considet Solyma cum comitibus
ad pedes Judae. Venit Onias)

[fol. 7v]

ONIAS

O summe mundi rector, o nostrae pater[30]
Tutorque gentis, nulla Judaeae dies
Secura tandem dabitur ? En quondam tibi
Gens illa tam dilecta, majorem fide
Queis attulisti nuper afflictis opem
Dum nempe profugis pontus aperuit viam,
Et hinc et illinc aggeris structi modo
Stetere maria, et Josue ad imperium, polo
Phoebi quadriga substitit. Quonam hic modo
Favor recessit ? Sanguine innocuo madet
Sacrata tellus, nec tamen vindex adhuc
Mittitur Olympo ! Ne sinas, precor, opprimi
Pietate et armis grande Machabaeum decus.

(Prodit Jeremias)

JEREMIAS

Venit en Onia caelitum optatus favor
Vindexque fusi sanguinis. Gladium aspice,

29 *Psaume* 141, 6 : *tu es spes mea.*
30 Martial, *Épigrammes*, VII, 7, 5 : *te, summe mundi rector et parens orbis.*

Réveille-toi, Judas, réveille-toi. N'entends-tu pas les trompettes
et les tambours ? De partout l'ennemi se précipite sur moi.
Ouvre les yeux et regarde les cadavres des miens.
Toi, mon unique espoir, mon unique espoir, jusqu'où
m'abandonnes-tu dans la désolation et l'affliction ?

(Le chant achevé, Jérusalem s'assoit
avec ses compagnes aux pieds de Judas. Arrive Onias)

[fol. 7^{v}]

ONIAS[21]

Ô grand maître du monde, ô père et protecteur
De notre peuple, n'accorderas-tu pas
Enfin à la Judée des jours paisibles ? Voilà ton peuple,
Ce peuple jadis tant aimé, ces gens que, dans le malheur,
Tu as secourus au-delà de leurs espérances,
Quand la mer s'est ouverte devant les fugitifs,
Quand les flots se sont dressés comme deux murs[22],
Et que, sur l'ordre de Josué, le char de Phébus
S'est arrêté dans le ciel[23]. Comment avons-nous perdu
Cette faveur ? La terre sainte est arrosée
D'un sang innocent et l'Olympe ne nous a pas encore
Envoyé de vengeur. Je t'en prie, ne laisse pas ternir la gloire
Des Maccabées, grande par la piété autant que par les armes.

(Jérémie s'avance)

JÉRÉMIE[24]

Voici que vient, Onias, la faveur céleste espérée
Et le vengeur du sang versé. Regarde ce glaive :

21 Onias, grand prêtre du Temple de Jérusalem, est représenté sur l'image (fig. 6) en arrière-plan, portant les habits sacerdotaux de grand prêtre et le turban juif.

22 Nouvelle référence à la traversée de la Mer Rouge par Moïse et son peuple (voir *Exode*, 14, 22).

23 Sous la conduite de Josué, successeur de Moïse, le peuple juif arriva en Terre Promise. Au cours de la conquête de celle-ci, Josué remporta, grâce au secours de Dieu, une importante victoire, suite à laquelle il ordonna au soleil et à la lune de s'arrêter (*Josué*, 10, 10-13).

24 Prophète du VIIe-VIe siècle av. J.-C. Jérémie figure ici au centre de l'image (fig. 6), présentant le glaive céleste à Judas Maccabée. Il est représenté comme un homme barbu et âgé, ainsi que sont souvent représentés les prophètes.

Finem dolorum. Haec arma Machabaeo Deus
Demittit astris, manibus haec tradam ducis.

ONIAS

En, Machabaee, adest tibi vatum decus.
En Jeremias, patriae et dudum tuae
Avidus salutis. Conditum quamvis jacet
Corpus sepulchro, vivit ast animus memor
Usque Israelis.

JEREMIAS

Aureum hunc gladium cape,
Munus Tonantis. Pervium hoc facias iter
Ipsum per hostem et patriae clades tuos
Verte in triumphos. Pectus antiquum advoca[31].
Quid expavescis ? Barbarum et etiamnum times ?
Structasque turmas militum et ferro undique
Acies minantes ? Densa per ducum agmina,
Per tela et ignes[32], munere hoc fretus rue.
Vaticinor : hostis sanguine hunc rubrum extrahes
Aliquando jugulo. Haec palma servata est tibi.

(Assurgit Solyma ejusque comites
quae jacuerant ad pedes Judae Machabaei)

[fol. 8[r-v]]

SOLYMA RESPIRANS
[Partition, fig. 9-10]

[Première voix]
Adduxisti, Domine, diem consolationis[33], diem consolationis.
Surge, surge, o, Juda, et caelo submissa cape arma victricia.

---

31 Sénèque, *Les Phéniciennes*, 77 : *sed flecte mentem, pectus antiquum advoca.*
32 Virgile, *Énéide*, II, 664 : *hoc erat, alma parens, quod me per tela, per ignis.*
33 *Lamentation* 1, 21 : *Adduxisti diem consolationis.*

C'est la fin de nos souffrances. Dieu a envoyé cette arme pour Maccabée
Depuis les cieux. Je vais la livrer aux mains du commandant.

ONIAS

Regarde, Maccabée : le prince des prophètes est à tes côtés.
Voici Jérémie, désireux du salut de sa patrie et, depuis peu,
Du tien. Bien que son corps gise enseveli
Dans la tombe, son esprit vit pourtant et se souvient
Encore d'Israël.

JÉRÉMIE

Prends ce glaive en or,
Cadeau du Tonnant. Avec cette arme, taille-toi un chemin
Jusqu'au milieu des ennemis et transforme les malheurs de la patrie
En triomphes ! Rappelle ton ancien courage !
Que redoutes-tu ? Crains-tu encore l'étranger ?
Les escadrons en ordre de bataille, les rangées de soldats brandissant
Le fer de toute part ? Fort de ce présent, précipite-toi
À travers les bataillons serrés des généraux, à travers les traits et les flammes.
Je le prophétise : tu arracheras un jour d'une gorge ce glaive
Rouge du sang de l'ennemi ; cette victoire t'est promise.

(Jérusalem se lève avec ses compagnes
qui se trouvaient aux pieds de Judas Maccabée)

[fol. 8^{r-v}]

JÉRUSALEM, RESPIRANT DE SOULAGEMENT
[Partition, fig. 9-10]

[Première voix]
Tu nous as amené, Seigneur, le jour de la consolation, le jour de la consolation ! Lève-toi, Judas, lève-toi et prends les armes victorieuses venues du ciel.

Occurre, occurre Nicanori et proeliare, proeliare bella Domini.
Apprehende arma, apprehende arma et scutum et exsurge et exsurge in adjutorium mihi[34], in adjutorium, in adjutorium mihi.

[Deuxième voix]
Adduxisti, Domine, diem consolationis, diem consolationis. Surge, surge, surge, surge, surge, o, Juda, et caelo submissa cape arma victricia.
Occurre, occurre Nicanori et proeliare, proeliare bella Domini.
Apprehende arma, apprehende arma et scutum et exsurge et exsurge in adjutorium mihi, in adjutorium, in adjutorium mihi.

[Troisième voix]
Adduxisti, Domine, diem consolationis, diem consolationis. Surge, surge, o, Juda, et caelo submissa, et caelo submissa cape arma victricia.
Occurre, occurre Nicanori et proeliare, proeliare bella Domini.
Apprehende arma, apprehende arma et scutum et exsurge et exsurge in adjutorium mihi, in adjutorium, in adjutorium mihi.

(Discedunt)

[fol. 9r]

JUDAS (SOLUS)

Ubi sum ? Quid hoc est ? Inferis numquid redux
Oberrat oculis aliquis[35] ? An quisquam meis
Imposuit arma manibus et in hostem impulit
Quem petimus ultro ? Haud fallimur, non me sopor
Delusit umbris. Verus hic superum est favor.
Hic Jeremias, hic stetit vates sacer

34 *Psaume* 34, 2 : *Apprehende arma et scutum, et exsurge in adjutorium mihi.*
35 Sénèque, *Hercule furieux*, 1146 : *oberrat oculis turba feralis meis ?*

Affronte Nicanor, affronte-le et livre bataille, livre la bataille du Seigneur.
Prends les armes, prends les armes et le bouclier, et lève-toi, lève-toi pour me secourir, pour me secourir, pour me secourir.

[Deuxième voix]
Tu nous as amené, Seigneur, le jour de la consolation, le jour de la consolation ! Lève-toi, Judas, lève-toi, lève-toi, lève-toi, lève-toi et prends les armes victorieuses venues du ciel.
Affronte Nicanor, affronte-le et livre bataille, livre la bataille du Seigneur.
Prends les armes, prends les armes et le bouclier, et lève-toi, lève-toi pour me secourir, pour me secourir, pour me secourir.

[Troisième voix]
Tu nous as amené, Seigneur, le jour de la consolation, le jour de la consolation ! Lève-toi, Judas, lève-toi et prends les armes victorieuses venues du ciel, venues du ciel.
Affronte Nicanor, affronte-le et livre bataille, livre la bataille du Seigneur.
Prends les armes, prends les armes et le bouclier, et lève-toi, lève-toi pour me secourir, pour me secourir, pour me secourir.

(Elles se retirent)

[fol. 9r]

JUDAS (SEUL)

Où suis-je ? Qu'est-ce ? Quelqu'un est-il revenu de l'au-delà
Se présenter à mes yeux ? Quelqu'un m'a-t-il posé ces armes en main,
Quelqu'un m'a-t-il envoyé livrer bataille contre cet ennemi
Que je suis porté à combattre de moi-même ? Je ne me suis pas trompé,
Le sommeil ne m'a pas abusé de ses ombres. C'est véritablement
Une faveur céleste. Jérémie était ici, le prophète sacré,

Ensemque munus caelitem indigno mihi
Detulit[36] Olympo. Vota successus habent.
Placui Tonanti. Haec quanta nunc poterit manus
Armata superum munere ! O quaenam tibi
Pariet, Nicanor, funera et strages dabit !
I nunc, superbe, viribus fidas tuis
Turmasque et acies aere fulgentes para.
Per tua, tyranne, viscera inveniam viam.
Quid adhuc moraris, anime ? Nondum militem
Clangor tubarum et tympana ad Martem vocant ?
Arma, arma, miles ! Quid moras segnis trahis ?
Nunc sunt gerenda bella. Nunc faxo sciat
Ferox tyrannus, arma quid superum valent.

[fol. 9v]

INTERLUDIUM COMICUM

exhibet in gigantomachia mimica quam male cedat, sine ullo numinis timore, cum impio Nicanore, caelum superosque oppugnantibus.

INTERLUDII PARS I

Gigantes mimici parant animantque se ad expugnandum caelum, utque hoc minori suo periculo faciant, ante omnia fulmen Jovis furantur ex antro Vulcani.

Personae : Herus, duo famuli Strobilus ac Davus, Gigantes mimici novem, Vulcanus cum suis.

36 Le manuscrit présente une correction de *depulit* en *detulit*.

Et il m'a rapporté de l'Olympe une épée céleste,
Présent dont je ne suis pas digne. Mes vœux ont porté leurs fruits.
J'ai trouvé grâce aux yeux de Dieu. De quels exploits cette main
Armée du cadeau de Dieu sera-t-elle désormais capable ! Quels carnages
Produira-t-elle, Nicanor ! Quelles défaites te causera-t-elle !
Va donc, arrogant, fais confiance à tes forces,
Prépare tes escadrons et ton armée aux éclats de bronze.
Mon épée trouvera son chemin à travers tes entrailles, tyran !
Pourquoi tardes-tu encore, mon âme ? Le son des trompettes
Et des tambours n'appelle-t-il pas encore les soldats au combat ?
Aux armes, aux armes, soldat ! Pourquoi traînes-tu, paresseux ?
C'est le moment de livrer bataille. Aujourd'hui, je vais apprendre
À ce féroce tyran ce que peuvent les armes de Dieu.

[fol. 9v]

L'INTERMÈDE COMIQUE

fait voir, en parodiant la gigantomachie, combien les choses peuvent mal tourner pour ceux qui, sans la moindre crainte du Seigneur, comme l'impie Nicanor, luttent contre le Ciel et les puissances célestes.

PREMIÈRE PARTIE DE L'INTERMÈDE

Les simili-géants se préparent et s'exhortent à attaquer le ciel ; pour réduire le danger de l'opération, ils commencent par dérober le foudre de Jupiter dans la grotte de Vulcain.

Personnages : Un maître, deux valets : Strobile et Dave, neuf simili-géants[25], Vulcain avec ses ouvriers.

25 Dans le dessin illustrant cette première partie de l'intermède comique (fig. 11), ce sont onze simili-géants (armés de massues) qui semblent représentés, accompagnés du maître et

(Herus et famuli)

HERUS

Nequeo mirari mortalium hacce aetate vecordissimorum vecordiam, ac potius insaniam dixerim maximam ! Qui rebus nimium inflati prosperis, neque homines, neque superos neque inferos afformidant amplius. Scite olim lyricus : « caelum ipsum petimus stultitia »[37]. Hercule, audax Iapeti genus[38] at enim dum montes se putat attigisse aureos, quoties ut novacula in cotem[39] incidit !

STROBILUS

Here, novi ego quidem nimium gentem istiusmodi.

DAVUS

Et ego aeque omnia tecum, Strobile.

HERUS

Si vel muttire ausi estis, impudentes,…

STROBILUS

Non faxo, Edepol. Vereor, ne veritas odium pariat[40].

DAVUS

Et ego ne tergo meo adferat magnum malum.

---

37 Horace, *Odes*, 1, 3, 38 : *caelum ipsum petimus stultitia*.

38 *Ibid.*, 1, 3, 27 : *audax Iapeti genus*.

39 Voir Érasme, *Adages*, I, 1, 20.

40 Térence, *Andrienne*, 68 : *obsequium amicos, veritas odium parit*.

(Le maître et ses valets)

LE MAÎTRE

Je ne m'étonne même plus de la sottise de ces grands sots que sont mes contemporains – je dirais même plus, de leur état de démence avancé ! Tout enflés de leur prospérité, ils ne craignent plus personne – ni les hommes, ni les dieux, ni les puissances infernales. Horace avait bien raison de dire : [5] « dans notre égarement, nous convoitons même le firmament ». Mais par Hercule, quand l'audacieuse race de Japet[26] pense avoir atteint les monts dorés[27], combien de fois ne tombe-t-elle pas comme un rasoir sur un caillou[28] !

STROBILE

Maître, je ne connais que trop bien ce genre d'individus !

DAVE

Pareil pour moi : je peux en dire exactement autant, Strobile !

LE MAÎTRE

Si vous osez seulement marmonner, [10] petits insolents...

STROBILE

Je n'en ferai rien, par Pollux ! Je crains que la vérité n'engendre la haine.

DAVE

Et moi, qu'elle ne cause grand mal à mon dos !

---

d'un de ses valets (de taille plus grande que les simili-géants, avec un chapeau à plumes). On notera la présence d'un petit enfant jouant du tambour, qui n'est mentionné ni dans le texte, ni dans les didascalies (à moins qu'il ne s'agisse du second valet ?).

26 Japet est le grand-père de Deucalion. Lorsque les dieux provoquèrent le déluge sur terre pour éliminer la race humaine, Deucalion et son épouse Pyrrha furent les seuls survivants ; ils sont donc, selon le récit mythologique, les ancêtres des hommes actuels.

27 Les monts dorés étaient des montagnes que les anciens situaient en Orient et qui étaient censées regorger d'or. Plaute les mentionne à plusieurs reprises dans ses comédies (voir *Aulularia*, 701 et *Stichus*, 25).

28 L'expression *novacula in cotem* forme l'adage I, 1, 20 d'Érasme. Elle sert à désigner ceux qui se retrouvent dans des situations désagréables, mais aussi ceux qui, désirant blesser autrui, n'atteignent pas leur but mais se font du mal à eux-mêmes.

HERUS

Agite, potius quas dixi spectatoribus hisce apparate facetias atque rem occipite ludicram : ludere enim hodie in mortalium hanc nimiam confidentiam hic nobis libet ludicre ac gigantomachiae dare in scaenam aliquod certe specimen. [fol.11r] Tu ergo, Strobile, libertos meos ac scutigerulos, quos domi teneo, huc cogas ocius : hi mihi gigantum sient loco.

STROBILUS

Faxo.

HERUS

Hos nempe, ut in camelos formicas[41], ita in ipsos immittam superos ac Jovem. Tu vero, Dave, actutum in Jovis vortas te imaginem et quae dixi cures recte.

DAVUS

Dictum puta[42], here. Numquid aliud ?

HERUS

Nihil.

(Prodeunt parvuli pueri gigantes mimici)

STROBILUS

Hem, here, quem expetisti exercitum.

HERUS

Factum bene[43]. Nunc vos facitote mecum, hodie fortes bellatores sitis. Ipsum deorum triclinium impetere vobiscum mihi certum est ipsumque exturbare in terram actutum Jovem. Inibi postmodum pergraecarier, nectaris evacuare cantharos, saccharo plenis vesci cochlearibus ac genio multa bona facere licitum[44] erit vobis. Numquid placet ?

---

41 Voir Érasme, *Adages*, I, 5, 47.

42 Térence, *Andrienne*, 29-30 : *dictum puta : nempe ut curentur recte haec ?*

43 Expression récurrente chez Plaute (*Epidicus*, 209 ; *Stichus*, 374) et Térence (*Andrienne*, 105 et 969 ; *Eunuque*, 674).

44 Plaute, *Persa*, 263 : *nunc et amico prosperabo et genio meo multa bona faciam.*

LE MAÎTRE

Alors, préparez plutôt, pour les spectateurs que voici, la farce dont je vous ai parlé, et lancez le divertissement : car il nous plaît aujourd'hui de nous moquer et de nous divertir de cette confiance excessive dont les hommes font preuve, et de faire voir sur scène, pour sûr, un petit exemple de gigantomachie. [fol. 11r] Toi, donc, Strobile, rassemble vite ici les domestiques et les écuyers de ma maison. Qu'ils me tiennent lieu de géants.

STROBILE

À vos ordres.

LE MAÎTRE

Je les enverrai affronter les dieux et Jupiter, comme des fourmis contre des chameaux[29]. Toi, Dave, change-toi tout de suite en Jupiter et fais tout bien comme je te l'ai dit.

DAVE

Comptez sur moi, maître. Autre chose ?

LE MAÎTRE

Rien.

(Arrivent les jeunes enfants simulant des géants.)

STROBILE

Eh bien, maître, voici l'armée que vous m'avez demandée.

LE MAÎTRE

Très bien. Vous, vous serez de mon parti ! Aujourd'hui, soyez de courageux combattants. Je suis bien décidé à attaquer avec vous la salle de banquet des dieux et à jeter aussitôt sur terre Jupiter en personne. Après cela, vous serez libres d'y faire bombance, de vider des coupes de nectar, de manger de pleines cuillerées de sucre et de vous prendre du bon temps. Cela vous plaît-il ?

---

29 Cette expression rappelle un adage d'Érasme (*Adages*, I, 5, 47), que l'on trouve sous la forme « tantôt fourmi tantôt chameau » (*Formica camelus*) et qui sert à désigner des choses dont la taille varie fortement. On peut penser aussi au verset de l'Évangile « Je vous envoie comme des agneaux au milieu des loups » (Mt. 10, 16 ; Vulgate Clémentine : *Ecce ego mitto vos sicut oves in medio luporum*).

OMNES GIGANTES

Perplacet : eatur, eatur !

HERUS

Tu, Strobile, hanc instrue aciem, haec tua sit curatio.

STROBILUS

Sa[45]. Vos fortium bellatorum posthac observate ordinem.

(Abit famulus)

HERUS

Primum, ut ne quae dicam dicta quisque sibi neget[46], Gigantis cuique nomen indam suum. Animum advortite[47]. Tu, Enceladus esto. Tu vero Ephialtes. Tu Antaei partes age strenue, tu Aegaei. Tu porro Gygis nomen retine, tu autem Oti.

(Redit)

STROBILUS

Here, here.

HERUS

Quaenam istaec sibi volt vociferatio ?

STROBILUS

O quam porto onustum pectus vobis prae laetitia[48] !

GIGAS PRIMUS

Quaeso, nos istius participes face, Strobile.

---

45 La forme « sa » est, en vieux néerlandais, une interjection qui sert d'encouragement. Nous remercions Michiel Verweij pour nous avoir renseignés sur cette formule.

46 Plaute, *Pseudolus*, 125 : *Nunc, ne quis dictum sibi neget, dico omnibus.*

47 *Animum advortite* est une expression bien attestée chez Plaute (*Amphitryon*, 95 ; *Bacchides*, 753 etc.).

48 Plaute, *Stichus*, 276 : *itaque onustum pectus porto laetitia libentiaque.*

TOUS LES GÉANTS

Terriblement. En route, en route !

LE MAÎTRE

Toi, Strobile, range cette armée en ordre de bataille ; c'est là ta mission !

STROBILE

Allons. Dorénavant, conservez vos positions, courageux guerriers.

(Le valet s'en va)

LE MAÎTRE

Tout d'abord, pour que [35] personne ne puisse nier que c'est à lui que je parlais, je vais donner à chacun son nom de géant. Soyez attentifs. Toi, tu seras Encélade, toi Éphialte. Toi, tu joueras de ton mieux le rôle d'Antée, toi celui d'Égéon. Toi, prends le nom de Gygès, et toi, d'Otos[30].

(Le valet revient)

STROBILE

Maître, maître.

LE MAÎTRE

Pourquoi [40] vocifères-tu ainsi ?

STROBILE

Ah, c'est le cœur plein de joie que je viens vers vous !

PREMIER GÉANT

De grâce, mets-nous au courant, Strobile.

30 L'auteur reprend ici des noms de géants mythiques : Encélade, Ephialte et Otos entassèrent des montagnes pour s'attaquer aux divinités olympiennes ; ils furent punis en étant précipités, le premier sous la Sicile, les deux autres dans les Enfers. Égéon (aussi connu sous le nom de Briarée) et Gygès étaient deux hécatonchires (des géants à cent bras). Selon les versions du mythe, ils furent les alliés de Jupiter contre les Titans, ou les ennemis des dieux par lesquels ils ont été défaits. Antée habitait la Lybie, où il malmenait les voyageurs, et il fut tué par Hercule.

STROBILUS

Timemur, timemur, jam nunc a nobis formidat sibi male Juppiter.

GIGAS SECUNDUS

Hem, quid dixti ?

STROBILUS

Immo enimvero [45] nova sibi prae timore jam cudi curat fulmina, queis suis nos arceat sedibus.

GIGAS TERTIUS

Ohe ! Quod verbum ex te audio[49] !

HERUS

Videtis quantum virium vestrarum robur siet, ut vos timeamini ! At cedo, Strobile, ubi terrarum aut gentium istaec sibi [50] fabricat Juppiter ?

STROBILUS

Ubi solet, here, apud claudum nempe suum fabrum Vulcanum, hic in vicinia, in montis hujus cavernis. Here, si libet visere Acherontis illud pabulum[50] ac Cyclopum genus perditissimum, nova fulmina cudit strenue. [55]

HERUS

Nunc eo vos mecum conferte ocius et omnem mecum expromite corde astutiam[51], qua fabricata nuper fulmina, liceat suffurarier. Interibi dum Antaeus expediet hanc docte fallaciam[52], per speciem vos in Cyclopes una facitote impetum.

---

49 *Ex te audio* est une expression bien attestée chez Plaute, notamment dans la question *Quid ego ex te audio ?* (Plaute, *Aulularia*, 734 ; *Epidicus*, 44 et 246 ; voir aussi Plaute, *Aulularia*, 796 et *Miles gloriosus*, 289, etc.).

50 L'expression *Acherontis pabulum* est reprise à Plaute (*Casina*, 158).

51 Térence, *Andrienne*, 723 : *mihi ad hanc rem exprompta malitia atque astutia.*

52 Plaute, *Captivi*, 40 : *et hic hodie expediet hanc docte fallaciam.*

STROBILE

On nous craint, on nous craint, Jupiter tremble déjà devant nous !

DEUXIÈME GÉANT

Hein, qu'as-tu dit ?

STROBILE

La vérité ! [45] De peur, il se fait déjà forger de nouveaux foudres pour nous tenir éloignés de sa demeure.

TROISIÈME GÉANT

Ohé, qu'entends-je là !

LE MAÎTRE

Vous voyez quelle force, quelle puissance est la vôtre, au point que vous suscitez la crainte ! Mais dis-nous, Strobile : en quel point du globe, chez quel peuple [50] Jupiter se fait-il fabriquer ces foudres ?

STROBILE

Comme d'habitude, maître : chez Vulcain, son forgeron boîteux[31]. Il travaille tout près d'ici, dans les cavernes de cette montagne. Maître, si vous daignez aller voir cette engeance infernale, cette race maudite des Cyclopes, vous constaterez qu'elle forge activement de nouveaux foudres. [55]

LE MAÎTRE

Accompagnez-moi vite jusque-là et déployez avec moi toute la ruse que vous avez dans le cœur, pour trouver le moyen de dérober furtivement les foudres récemment fabriqués. Pendant qu'Antée exécutera habilement notre plan, faites diversion et foncez d'un seul élan contre les Cyclopes.

31 Divinité du feu et forgeron des dieux, Vulcain passait pour être infirme. Son atelier, où travaillaient ses ouvriers (les Cyclopes), était régulièrement situé dans les entrailles de l'Etna, représenté sur l'illustration de l'intermède par une masse d'apparence rocheuse simulant une grotte (fig. 11). Les foudres forgés par les cyplopes pour Jupiter sont représentés aux pieds des trois cyclopes, Brontès, Stéropès et Pyracmon (voir infra).

STROBILUS

[60] Sa, Sa, ad Vulcanum, ad Vulcanum ! Et eccum commodum valvae subsiliunt specus.

(Finditur mons et apparent Cyclopes)

GIGAS

Ohe ! Proh Dii immortales ! Quae monstra video ! Quae spectra ! Satin ego plane utor oculis ?[53]

GIGAS

Ohe, quae corvorum progenies !

GIGAS

An Orci attigimus jam [65] inde januam ?

GIGAS SEPTIMUS

An Plutonis hi forte judices ?

STROBILUS

Quid vos admirati estis[54] ? Vulcani servi [fol. 11v] hi sunt, Brontes Steropesque et nudus membra Pyracmon[55]. Sa, sa, accedite, non hic cunctandi copia est[56].

VULCANUS

Quonam agitis vos, plagigera[57] homunculorum genera ? Quid vobis [70] reditio huc etiam fuit ? Nostrane ut haecce interturbaretis opera ?

GIGAS

Sinis ut per pacem liceat te alloqui[58], Vulcane ?

53 Plaute, *Epidicus*, 634 : *satin ego oculis utilitatem optineo sincere an parum ?*

54 Plaute, *Amphitryon*, 89 : *quid admirati estis, quasi vero novum.*

55 Virgile, *Énéide*, VIII, 425 : *Brontesque Steropesque et nudus membra Pyracmon.*

56 Plaute, *Epidicus*, 162 : *non enim nunc tibi dormitandi neque cunctandi copia est.*

57 Le manuscrit porte la leçon *flagigera*, à corriger sans doute en *plagigera*, un terme attesté dans les vers de Plaute (*Pseudolus*, 153-154 : *huc adhibete auris quae ego loquar, plagigera genera hominum*).

58 Plaute, *Amphitryon*, 388 : *obsecro ut per pacem liceat te alloqui, ut ne vapulem.*

STROBILE

[60] En avant, en avant, chez Vulcain, chez Vulcain ! Voici justement que s'ouvrent les portes de la grotte.

(La montagne se fend et les Cyclopes apparaissent)

UN GÉANT

Houlà ! Par les dieux immortels ! Quels monstres ! Quels spectres ! Est-ce que j'hallucine ?

UN GÉANT

Diantre ! Quelle engeance de corbeaux !

UN GÉANT

Sommes-nous déjà arrivés [65] aux portes de l'Enfer ?

LE SEPTIÈME GÉANT

Ce sont peut-être les juges de Pluton[32] ?

STROBILE

Pourquoi ouvrez-vous de si grands yeux ? Ce sont les laquets [fol. 11^v] de Vulcain : Brontès et Stéropès et Pyracmon aux bras nus[33]. Allons, allons, avancez. Nous n'avons pas le loisir d'hésiter.

VULCAIN

Où allez-vous ainsi, espèces de nabots et de chair à fouet ? Pourquoi êtes-vous [70] encore revenus ici ? Est-ce pour nous troubler au milieu de notre travail ?

UN GÉANT

Nous permets-tu de te parler en paix, Vulcain ?

---

32 Dans la mythologie, Pluton est le dieu des Enfers, où trois juges (Rhadamante, Éaque et Minos) décidaient du sort des âmes.

33 En grec ancien, les noms Brontès, Stéropès et Pyracmon renvoient respectivement au tonnerre, à l'éclair et au feu de l'enclume.

VULCANUS

Immo edissere paucis, quid est quod me vis !

GIGAS

Altis tuis hisce montis verticibus nobis opust !

VULCANUS

Quorsum ?

GIGAS

Ut ex iis in foedifragum ac parricidam tuum patrem ingentia jaculemur jacula suisque ipsum exigamus hodie sedibus.

VULCANUS

Itane vero, istuc ex exiguo adeo sincipite est consilium ? Ne ! Vos omnes ut cornices in scorpium[59] incidetis hodie, stolida nimium capita.

GIGAS

Istaec vestra non sit curatio : hujus solum loci tu nobis facias copiam[60].

VULCANUS

Quin vos omnes faxo potius recte acceptos, ut digni estis[61], larvarum pleni[62].

GIGAS

Pauxillum hocce nobis abnutas beneficii ?

BRONTES

Etiamnum muttis, insulsum nimium cerebrum ? Nisi actutum hinc abitis[63], jam quod sum minatus, malleo hocce meo vobis adferam exitium[64].

---

59 Voir Érasme, *Adages*, I, 1, 58.

60 Térence, *Phormion*, 113 : *ut sibi ejus faciat copiam ; illa enim se negat.*

61 Plaute, *Rudens*, 800 : *ego te hodie faxo recte acceptum, ut dignus es.*

62 Plaute, *Amphitryon*, 777 : *nam haec quidem edepol larvarum plenast.*

63 Plaute, *Amphitryon*, 354 : *nescio quam tu familiaris sis ; nisi actutum hinc abis* ; 360 : *vide sis quam mox vapulare vis, nisi actutum hinc abis.*

64 L'expression *adferre exitium* est attestée chez Plaute, *Captivi*, 832.

VULCAIN

Bien, explique-moi brièvement ce que tu me veux !

UN GÉANT

Nous avons besoin des hauts sommets de ta montagne !

VULCAIN

Pour quoi faire ?

UN GÉANT

Pour lancer de là-haut nos projectiles immenses contre [75] ton père, le parjure et le parricide, et le chasser aujourd'hui même de sa demeure.

VULCAIN

Ah, vraiment ! Un tel projet est sorti d'une si petite cervelle ? À la bonne heure ! Vous tous, vous tomberez aujourd'hui comme des corneilles sur un scorpion[34], petits sots !

UN GÉANT

Ce n'est pas [80] votre problème. Contente-toi de nous laisser profiter des lieux.

VULCAIN

Ah, mais je veillerai à ce que vous soyez tous bien reçus, comme vous le méritez, bande d'hallucinés.

UN GÉANT

Tu nous refuses donc cette infime faveur ?

BRONTÈS

Tu marmonnes encore, cervelle d'oiseau ? [85] Si vous ne décampez pas sur le champ, je mettrai mes menaces à exécution : je vous tuerai avec le marteau que voici.

---

34 L'adage I, 1, 58 d'Érasme, « la corneille [a attrapé] le scorpion », vise ceux qui cherchent à nuire à quelqu'un et s'en retrouvent eux-mêmes victimes – comme la corneille piquée par sa proie.

STROBILUS

Quin manum omnes admovete ac claudum hunc cum scelestissimorum omni servorum prosapia sua ocius exturbate officina.

OMNES GIGANTES

[90] Sa, sa ad arma.

VULCANUS

Jam ego, pol, primum quem prehendero hic inter malleum et incudem[65] collocabo usque dum eum exossaro[66] penitus.

HERUS

Quin acceditis propius ? Eia, estote viri validasque expromite vires.

VULCANI SOCIENUS

Si quis accesserit[67], ego tibi hocce [95] scipione deminuam cerebrum.

GIGAS

Et ego tibi longiorem istam alteri aequabo tibiam.

VULCANUS

Sa, sa, age tu, Bronte, tormenta nostra, folles inquam, face ut prompti sient : his homunculos hosce exsufflemus actutum procul a nobis in fugam. [100]

STEROPES

Hem ! Ut ventus folia[68], ita uno deflavimus omnes spiritu.

BRONTES

Hem praeclari Martis pulli, qui caelum ac Jovem territent !

65 Voir Érasme, *Adages*, I, 1, 16.

66 Pour *exossavero*.

67 Sur le manuscrit, il est à nouveau écrit en cet endroit : *[Vul.ni Soc.]*.

68 Plaute, *Miles gloriosus*, 18 : *quasi ventus folia aut paniculum tectorium*.

STROBILE

Allons, vous tous, jouez des poings et expulsez-moi au plus vite ce boîteux hors de son atelier avec toute sa bande de laquets scélérats.

TOUS LES GÉANTS

Hardi, hardi, aux armes !

VULCAIN

Par Pollux, le premier que j'attraperai, je le placerai entre le marteau et l'enclume[35] jusqu'au moment où je lui aurai brisé tous les os.

LE MAÎTRE

Pourquoi n'approchez-vous pas ? Allons, soyez des hommes et montrez la vigueur de vos forces !

UN COMPAGNON DE VULCAIN

Si quelqu'un approche, je lui raccourcis la tête avec ce bâton.

UN GÉANT

Et moi, je vais t'égaliser les deux jambes !

VULCAIN

Hardi, Brontès, prépare nos machines de guerre – je veux dire nos soufflets ! Projetons d'un coup de vent ces nabots loin de nous et mettons-les en fuite.

STÉROPÈS

Aha ! Nous les avons tous soufflés d'un coup, comme des feuilles dans le vent.

BRONTÈS

Regardez-moi ces illustres poussins de Mars, qui allaient terrifier le ciel et Jupiter !

35 L'expression *inter malleum et incudem*, si elle rappelle l'adage d'Érasme, a ici son sens littéral.

GIGAS
Sustine me, nam pedes me non ferunt amplius !

GIGAS
Quid hoc ? An Aeoli hic antrum uspiam ?

GIGAS
An suis Boreas [105] effugit sedibus ?

HERUS
Quin redintegratis aggredimini viribus !

BRONTES
[69]Quin vise quod Boreae hoc antrum siet !

(Accipit parvulum et in follem conjicit ac mox ejaculatur)

GIGAS
Ai, ai, ubi sum ?

GIGAS
O, sociene, periisti penitus !

BRONTES
Ohe ! Vel hosti miserandus[70].

VULCANUS
Exsuffla illum rursum ac propria in eos [110] retorque jacula.

GIGAS
Quid hoc rei est[71] ?

---

69 Il y a ici un mot biffé : *Folli.*

70 Ovide, *Métamorphoses*, VI, 276 : *at nunc miseranda vel hosti* ; IX, 178 : *Vel si miserandus et hosti.*

71 Térence, *Adelphes*, 175 : [...] *quid hoc rei est ?* L'expression est également employée à deux reprises par Tite-Live.

Un géant
Soutiens-moi, mes pieds ne me portent plus !

Un géant
Qu'est-ce que c'était ? La caverne d'Éole[36] est dans les parages ?

Un géant
Borée[37] [105] s'est échappé de sa demeure ?

Le maître
Allons, rassemblez vos forces et retournez au combat !

Brontès
Viens donc voir ce que c'est que la grotte de Borée !

(Il s'empare d'un petit combattant,
l'introduit dans son soufflet, puis l'en projette)

Un géant
Aïe, aïe, où suis-je ?

Un géant
O, camarade, c'en est bel et bien fait de toi !

Brontès
Aha ! Il ferait pitié même à l'ennemi !

Vulcain
Souffle-le à nouveau et [110] retourne leurs propres traits contre eux.

Un géant
Qu'est-ce que cela ?

36 Dieu des vents, Éole maintient les vents enfermés dans une caverne (voir Virgile, *Énéide*, I, 50-63).

37 Vent du nord qui passait pour être particulièrement violent.

HERUS

Sa, sa, ne despondeatis animum[72], rursum accedite. Tu, Antaee, ita fac, ut jussi.

STEROPES

Quin ego unum vestrum rursum si prehendero, in incude ferri hujus instar recudam denuo.

(Acceptum unum imponit incudi)

PYRACMON

Et ego naso vos suspendam omnes[73].

GIGAS

Ai, ai, perii, interii, occidi[74] !

BRONTES

O te [fol. 12r] natum infelici ovo pullum ! Nae ! Jam ego miram in te fabam cudam, furcifer[75].

GIGAS

O Aegeon, quam miseret me tui !

GIGAS

O Bronte, o Vulcane, tua amplector genua, serva socienum nostrum optimum ac tutum. Tibi dicto audientes eximus ac tuis abscedemus finibus.

VULCANUS

Illico ergo vos hinc recipite ac posthac malo hoc vestro fumantem ursi nasum tentare[76] cavete.

---

72 L'expression *animum despondere* est employée par Plaute à plusieurs reprises (Plaute, *Menaechmi*, 35 ; *Mercator*, 614 ; *Miles gloriosus*, 6 et 1053).

73 *Naso suspendere* est une expression employée par Horace (*Satires*, I, 6, 5 ; II, 8, 64) et Perse (*Satires*, 1, 118).

74 Plaute, *Aulularia*, 713 : *perii, interii, occidi ! Quo curram ? Quo non curram ?*

75 Térence, *Eunuque*, 381 : [...] *at enim istaec in me cudetur faba.*

76 Martial, *Épigrammes*, VI, 64, 28 : *fumantem nasum vivi temptaveris ursi.*

LE MAÎTRE

Allons, allons, ne perdez pas courage ! Attaquez de nouveau ! Toi, Antée, fais ce que je t'ai ordonné.

STÉROPÈS

Si j'en attrape encore un, je m'en vais le battre sur l'enclume comme ce fer.

(Il en attrape un et le pose sur l'enclume)

PYRACMON

Et moi, je vous suspendrai [115] tous par le nez[38].

UN GÉANT

Aïe, Aïe, je suis perdu, je suis mort, je suis assassiné[39] !

BRONTÈS

Pauvre poussin [fol. 12r] sorti d'un œuf de malheur ! Ah ! Je te battrai de belle manière, coquin.

UN GÉANT

Ô, Égéon, comme j'ai pitié de toi !

UN GÉANT

Ô Brontès, ô Vulcain, j'embrasse tes genoux[40], laisse notre ami [120] sain et sauf ! Nous t'obéissons, nous partons, nous allons quitter ton territoire.

VULCAIN

Battez donc immédiatement en retraite et veillez dorénavant à ne pas provoquer les narines fumantes d'un ours à vos dépens.

38 Comme à la ligne 91, l'auteur utilise probablement ici au sens littéral une expression qui a également un sens métaphorique bien attesté (chez Horace et Perse, *suspendere naso aliquem* signifie « se moquer de quelqu'un » ou « regarder quelqu'un avec mépris »).

39 Cette réplique est reprise à la célèbre scène de la lamentation d'Euclion dans l'*Aulularia* de Plaute (qui a inspiré l'*Avare* de Molière).

40 Position caractéristique du suppliant dans l'Antiquité.

(Clauditur iterum mons)

GIGAS

Hem, here, actum est, peractum est ! Io ! Triumphe ! Tenemus fulmina, fulmina !

HERUS

Videtis quam prosperis consilium nostrum agatur flatibus !

GIGAS

Hem, here, Vulcani ego quoque surripui securim ! Hac ego, Pol, Jovis cerebrum findam rursum bifurcum[77] visamque an inibi alia adhuc Pallas latitet.

GIGAS

Est, Hercule, ut dici solet : exigua saepius corpuscula animum ac solertiam sortiuntur magnam.

GIGAS

Ha, ha, o nos milites nunc gloriosos !

HERUS

Nunc nova rursum est excutienda quercus. Ad ea quae loquar advortite[78]. Ego cum Strobilo ad Olympum montem consilio nostro accommodissimum me confero. Vos eum die crastina quoque intervisite, sed montes alios toto vulsos radice aget quisque secum in humeros quos Olympi imponamus vertici. Num capitis ?

OMNES GIGANTES

Capimus.

77 Nous corrigeons la forme « bifurcam » indiquée sur le manuscrit, qui ne fait pas sens.

78 Plaute, *Amphitryon*, 38 : *nunc jam huc animum omnes quae loquar advortite* ; *Pseudolus*, 156 : *adsistite omnes contra me, et quae loquar advortite animum.*

(La montagne se referme)

UN GÉANT

Holà, maître, c'est fait, j'ai réussi. Victoire ! Triomphe ! Nous tenons les foudres, [125] les voici !

LE MAÎTRE

Voyez comme nous progressons bien : les vents sont avec nous.

UN GÉANT

Holà, maître, de mon côté, j'ai dérobé la hache de Vulcain ! Avec elle, par Pollux, je fendrai à nouveau le crâne de Jupiter en deux et je l'examinerai pour voir si une autre Pallas s'y cache encore[41].

STROBILE

Par Hercule, [130] le proverbe dit vrai : ce sont souvent les plus petits qui ont le plus de courage et d'ingéniosité.

UN GÉANT

Ha, ha ! Quels glorieux soldats nous sommes[42] !

LE MAÎTRE

Mais à présent, c'est un autre chêne qu'il nous faut secouer[43]. Écoutez bien ce que je vais vous dire. Avec Strobile, je me rends au mont Olympe [135], l'endroit le plus approprié pour accomplir notre projet. Vous, rendez-vous y aussi dans la journée de demain ; mais que chacun apporte sur ses épaules une des autres montagnes arrachées de leur fondement : nous les entasserons sur le sommet de l'Olympe. C'est bien compris ?

TOUS LES GÉANTS

Compris.

41 Selon le mythe, la déesse Athéna serait sortie à sa naissance de la tête de son père, le dieu Jupiter.

42 Cette formule rappelle la pièce de Plaute intitulée le *Miles gloriosus*.

43 Référence est faite ici à l'adage I, 5, 34 d'Érasme : *aliam quercum excute* (« va donc secouer un autre chêne ! »).

HERUS

Tu, Encelade, montem Ossam face praesto siet. Scin ubi situs ?

GIGAS

Ubi ?

HERUS

Dextrorsum iter est ad Thessaliae septentrionem.

GIGAS

Jam faxo, ibidem erit.

HERUS

Tu, Giges, sinistrorsum Pelion ad austrum situm humeris injice.

GIGAS

Factum puta.

HERUS

Tu, Antaee, socienis hisce ne concedas quidquam, Othryn[79] ex Thessaliae finitimis eo quoque apporta. Vos vero, illis manum praebete adjutabilem.

GIGAS

Teneo, numquid[80] aliud ?

HERUS

Nihil nisi ut actutum inibi vos intuear.

79 Le manuscrit donne *Otrin*, graphie erronée pour *Othryn*.
80 Nous corrigeons la forme *nonquid* indiquée sur le manuscrit.

LE MAÎTRE

Toi, Encélade, [140] va chercher le mont Ossa. Sais-tu où il se trouve ?

UN GÉANT

Où cela ?

LE MAÎTRE

Prends le chemin de droite qui conduit au nord de la Thessalie.

UN GÉANT

Je m'en occupe de suite ; il y sera.

LE MAÎTRE

Toi, Gigès, pars à gauche chercher le Pélion, qui est au sud, et hisse-le sur tes épaules.

UN GÉANT

C'est comme si c'était fait. [145]

LE MAÎTRE

Toi, Antée, pour ne pas être en reste face à tes compagnons, apporte là aussi l'Othrys des confins de la Thessalie. Et vous, donnez-leur un coup de main.

UN GÉANT

C'est entendu. Autre chose ?

LE MAÎTRE

Non. Rendez-vous bientôt au mont Olympe.

[fol. 12v]

ACTUS II
Judae Machabaei victoria

Nicanor, nimium praefidens suis viribus, educit suas copias in aciem. Illi obviam cum suis procedit Machabaeus. Proelium committit quo Nicanorem vincit ejusque caesum caput Hierosolymam deferri jubet.

Personae : NICANOR CUM SUIS,
JUDAS MACHABAEUS CUM SUIS.

NICANOR

Itane est ? Aliquane adhuc Hebraeorum manus
Tanto meorum robori et Nicanoris
Resistere audet viribus ? Et ultro quidem
Armis lacessit ? Igne fumantes agri,
Eversa ab imo moenia et strage omnia
Vastata late spiritus nondum docent
Cohibere ? Caeli scilicet numen suis
Feret levamen. Sera spes ! Nondum liquet
Quid arma valeant Lysiae ? Hic mundum regit
Praesensque habetur Divus. Illius pavet
Fortuna vires. Si Deus major, meis
Resistat armis, si potest. Nihil moror.
Faveat Hebraeis ! Haec mihi satis est phalanx
Judae in ruinam.

NOBILIS NICANORIS

Semper invictum caput, [fol. 13r]
Generose ductor, unicum hoc quaerit malis
Judas levamen, nobili ut cadat manu

[fol. 12v]

ACTE II
La victoire de Judas Maccabée

Nicanor, trop confiant en ses forces, met ses troupes en ligne de bataille. Maccabée va à sa rencontre avec ses hommes. Il livre une bataille dans laquelle il vainc Nicanor et ordonne de transporter sa tête tranchée à Jérusalem.

Personnages : NICANOR AVEC SES SOLDATS,
JUDAS MACCABÉE AVEC SES SOLDATS.

NICANOR

Eh bien quoi ? Une bande d'Hébreux ose encore
Résister à la vigueur redoutable de mes soldats
Et aux forces de Nicanor ? Et elle va jusqu'à
Me provoquer au combat ? Les champs incendiés et fumants,
Les remparts renversés depuis leur base et la contrée entière
Dévastée par les massacres ne leur enseignent-ils pas encore
À contenir leur ardeur ? Ils s'imaginent que le Dieu du ciel
Portera secours à son peuple. Espoir tardif ! La puissance des armes de Lysias
N'est-elle pas encore manifeste[44] ? C'est Lysias qui dirige le monde
Et il est considéré comme un dieu sur terre.
La Fortune redoute ses forces. S'il existe un Dieu plus grand,
Qu'il résiste à mes armes, s'il le peut. Rien ne me retient.
Qu'il accorde sa faveur aux Hébreux ! Cette phalange me suffit
Pour ruiner Judas.

UN NOBLE DE NICANOR

Ô toi qui n'as jamais connu la défaite, [fol. 13r]
Vaillant commandant : Judas cherche pour seul soulagement
À ses maux de succomber sous un noble coup

44 Lysias est le lieutenant d'Antiochus IV, sous les ordres duquel se trouvait Nicanor.

Et saltem in armis spiritum audacem exspuat.
Mors potior est, quam Parca per tristes colos
Vitam revolvat amplius. Sequi solent
Haec saepe miseros vota.

NICANOR

Votorum brevi
Haec arma reddent compotem. Vos pergite
Abolere propere hanc ultimam ferro luem[81].
Properate. Superest agmen in nostrum probrum
Unum hoc inerme. Restat hic levis labor.

(Abit Nicanor. Prodit cum suis Judas)

JUDAS

Tandem expetitum Phoebus attollit diem[82],
Tot qui ruinis totque depressam malis
Solymam renasci videat et solvi jugo
Armis Tonantis. Numinis quantus favor
In immerentem ! Magna quae pars es meae
Futura palmae, fida sociorum cohors :
Si vivit animus, si quis in venis latet
Generosus ardor Martis, hunc totum excita !
Nihil timendum video[83]. Quod sat est mihi,
Numen favebit. Robur invictum poli
Manusque fortes respice, hic peditum puta
Equitumque turmas, ferrum et ignem et fulmina,
Ad barbarorum prompta jamdudum necem.

NOBILIS

Etsi repugnat animus, hostilis memor
Ferocitatis, qua tamen ducis, sequor :
Nihil extimescat ille, cui caelum favet.

81 Sénèque, *Médée*, 183 : *abolere propere pessimam ferro luem.*
82 *Ibid.*, 298 : *clarum priusquam Phoebus attollat diem.*
83 Sénèque, *Thyeste*, 435 : *nihil timendum video, sed timeo tamen.*

Et d'exhaler au moins au combat son âme courageuse.
La mort est préférable à une vie plus longtemps tissée
Par la Parque sur ses tristes quenouilles. Tels sont souvent
Les souhaits des malheureux.

NICANOR

Mes armes
Exauceront bientôt son vœu. Vous, poursuivez votre tâche :
Retranchez sans délai par le fer cette dernière gangrène.
Hâtez-vous. Ce bataillon subsiste pour notre déshonneur ;
Il est seul et désarmé. Il ne reste que ce dernier détail à régler.

(Nicanor s'en va. Judas s'avance avec ses soldats)

JUDAS

Enfin le soleil se lève sur ce jour tant espéré
Qui verra renaître Jérusalem, opprimée par tant de désastres
Et tant de malheurs, et la verra libérée de son joug
Grâce aux armes du Tonnant. Comme est grande la faveur de Dieu
Pour celui qui n'en est pas digne ! Ô fidèle troupe de compagnons,
Vous qui serez une part importante de ma victoire :
Si votre courage est sauf, si une noble ardeur guerrière subsiste
Dans vos veines, convoquez-la toute entière !
Je ne vois rien à craindre. Dieu sera à nos côtés :
Cela me suffit ! Regardez les troupes courageuses,
La force invaincue des cieux ; pensez qu'il y a là
Des bataillons de fantassins et de cavaliers, le fer, le feu
Et les foudres, prêts à massacrer sans délai les barbares.

UN NOBLE

Même si mon cœur regimbe au souvenir de la férocité
De l'ennemi, je te suis pourtant là où tu me conduis.
Il ne doit rien craindre, celui que favorise le ciel.

NOBILIS

Quamcumque ductor petere fortunam volet
Per nos petetur.

NOBILIS

Cadere vel bello juvat
Vel vincere hostem.

NOBILIS

Si Deus miseros juvet,
Per nos resurget patria. Si palmam hanc neget,
Cecidisse patriae dabitur.

JUDAS

Agnosco indolem[84]
Animosque veteres[85]. Sic decet meos loqui.
Jam nunc triumpho. Sentit has necdum manus
Ferox Nicanor ? Gladius hic nondum rubet
Ducis cruore ?

NOBILIS

Sed quid hoc ?

NOBILIS

Clangunt tubae.
Adest Nicanor.

NOBILIS

Aera jam bellum cient[86].

JUDAS

Bene est. Vocamur, propius accessit salus
Properantque palmae decora. Perge, anime, tua est
Haec hora. Nunc, nunc, magne regnator poli[87],

---

84 Sénèque, *Les Troyennes*, 504 : *turpesne latebras spernis ? Agnosco indolem.*
85 *Ibid.*, 506 : *animosque veteres, sume quos casus dedit.*
86 Sénèque, *Les Phéniciennes*, 389 : *acies in armis ; aera jam bellum cient.*
87 Sénèque, *Phèdre*, 671 : *magne regnator deum.*

UN NOBLE

Quels que soient les risques que notre commandant voudra prendre,
Nous les prendrons aussi.

UN NOBLE

Tomber au combat ou vaincre l'ennemi,
Tel est mon souhait.

UN NOBLE

Si Dieu seconde les malheureux, notre patrie
Se relèvera grâce à nous. S'il nous refuse cette victoire, au moins
Serons-nous tombés pour la patrie.

JUDAS

Je reconnais là votre trempe et votre courage
D'autrefois. C'est ainsi que je veux entendre parler mes hommes.
Je triomphe déjà. Ne sent-il pas encore mes coups,
Le féroce Nicanor ? Ce glaive n'est-il pas encore rouge
Du sang d'un chef ?

UN NOBLE

Quel est ce bruit ?

UN NOBLE

Les trompettes retentissent.
Nicanor est là.

UN NOBLE

Déjà les clairons nous convoquent au combat.

JUDAS

C'est bien. Nous voilà appelés. Notre salut est tout proche
Et les honneurs de la victoire seront bientôt là. Tiens bon, mon âme :
Voilà ton heure ! Maintenant, maintenant, grand souverain du ciel,

Praesens adesto. Te auspice, haec faciet dies
Quod nulla taceat. Agite, vos duci manum
Praestate fidam. Barbarum turmas juvat
Hic opperiri[88].

NOBILIS

Neminem infidum tibi
Profugumque cernes.

(Tubae ac tympana. Clauditur
scaena ac mox aperitur et…)

[fol. 13v]

Proelium exhibetur per spectacula

(Milites fugitivi)

MILES

Periimus. En per arva dispersus ruit
Ubique miles. Agminum est fractus vigor.

MILES

Actum est. Nicanor ense Machabaei occidit.

(Aperitur scaena. Prodit Judas cum suis abscissum
Nicanoris gestans caput)

JUDAS

Habet[89]. Tonantis sentit ultricem manum
Ferox tyrannus. Cernite ut suo innatat
Miser cruori ; cernite exigua ducis
Quae pars relicta est ! Tam cito in nihilum ruit
Quodcumque mundi robur haud nisum est Deo !

88 Plaute, *Aulularia*, 698 : *hic opperiri. Nunc ego mecum cogito.*

89 *Hoc habet* au sens de « il a son compte » : voir Plaute, *Mostellaria*, 715 ; *Rudens*, 1143 ; Virgile, *Énéide*, 12, 296.

Sois à nos côtés. Sous tes auspices, ce jour verra s'accomplir un exploit
Que la postérité ne pourra jamais passer sous silence. Allons, prêtez
Fidèlement main-forte à votre commandant. Nous attendrons ici les troupes
Des barbares.

UN NOBLE

Tu ne verras parmi nous ni traître
Ni déserteur.

(Des trompettes et des tambours.
La scène se ferme et s'ouvre aussitôt...)

[fol. 13v]

Le combat est montré par des spectacles.[45]

(Des soldats en fuite)

UN SOLDAT

Nous sommes perdus. Partout des soldats dispersés se sauvent
À travers champs. L'élan des troupes est brisé.

UN SOLDAT

Tout est joué. Nicanor a succombé sous l'épée de Maccabée.

(La scène s'ouvre. Judas s'avance avec ses soldats,
brandissant la tête tranchée de Nicanor)

JUDAS

Voilà pour lui. Le tyran furieux sent la main vengeresse
Du Tonnant. Voyez comme le malheureux baigne
Dans son sang, voyez comme il reste peu de chose
De ce grand commandant ! Comme elles sont vites anéanties,
Les forces terrestres qui ne s'appuient pas sur Dieu !

---

45 Sur le sens à donner à l'expression « per spectacula », voir les pages 80-81.

Nunc vera gestat decora, nunc merito manus
Sceptris paternis gaudet : Hebraeis juvat
Praeesse nunc me. Discat hinc orbis, nihil
Non arma posse caelitum, et Dei manum.
At vos meorum magna pars decorum, graves
Spoliis opimis hostium, afflictam diu
Repetite laeti patriam. Hoc spolium unicum
Certum triumphi ac gloriae indicium meae,
Monstrate Solymae. Ut crastinus surget dies
Ego vos revisam.

NOBILIS

O nostra post numen salus
Dux Machabaee, cujus auspiciis jacet
Quodcumque[90] fuerat patriae infestum, tibi
Quosnam parabit patria, tot meritis pares
Victori honores !

JUDAS

Quidquid in cunctis fuit
Cum laude gestum, caelitum hoc totum et Dei
Dandum est favori : nulla pars laudis mea est.

(Clauditur scaena)

90 Le manuscrit porte la leçon *quidcumque*.

Aujourd'hui ma main brandit un véritable motif de gloire, elle se réjouit
À juste titre du sceptre paternel : maintenant, je me félicite
D'être le commandant des Hébreux. Que le monde en tire cette leçon :
Il n'est rien dont les armes célestes et la main de Dieu ne soient capables.
Mais vous, qui êtes pour une grande part dans mes honneurs,
Vous qui êtes chargés des dépouilles opimes[46] de l'ennemi, regagnez
Dans la joie votre patrie longtemps affligée. Montrez à Jérusalem
Cette seule et unique dépouille, qui assure mon triomphe
Et signale ma gloire[47]. Demain, au lever du jour,
Je reviendrai vous voir.

UN NOBLE

O toi qui es, après Dieu, notre salut,
Commandant Maccabée, à présent que, sous tes auspices,
Tous les ennemis de notre patrie ont succombé,
Quels honneurs la patrie te préparera-t-elle donc, à toi
Notre vainqueur, pour répondre à tant de mérites !

JUDAS

Tout ce qui a été accompli
De glorieux, il faut l'attribuer tout entier
À la faveur des cieux et de Dieu. Je n'ai aucun mérite.

(La scène se ferme)

46 Les *opima spolia* sont les dépouilles remportées par le général qui avait tué de sa propre main le général ennemi.

47 Après le combat, les Juifs pillèrent les dépouilles des vaincus et la tête de Nicanor fut ramenée à Jérusalem (*1 Maccabées*, 7, 47).

[fol. 15r]

INTERLUDII PARS II

Gigantes montes suis ubique sedibus avulsos humerisque impositos adferunt ad deturbandum caelo Jovem sed, illius fulmine percussi, sub suo quisque monte sepeliuntur, discentes docentesque malo suo, non esse adverso numine cum Jove superisque praeliandum.

Personae : HERUS, STROBILUS,
GIGANTES MIMICI, JUPPITER.

STROBILUS

Nullos adhuc uspiam hic conspicio ex Phlegraeis nostris fratribus. Ubi, ubi sunt ? O tardiores stipite ! Hem, Hercule, jam properant.

(Prodeunt Gigantes onusti montibus)

GIGAS

Bonum habitote animum[91], socieni, jam adsumus.

GIGAS

Hic jacet. Ohe, ut mihi lacerti et cervix dolet. Minutim edepol artus omnes fractos diceres.

STROBILUS

Nil mirum. An aliquod vos pondus monte istiusmodi nostis gravius, spectatores ?

GIGAS

At eccene Gigem socienum nostrum quoque advenientem video propere ?

91 Expression récurrente chez Plaute.

[fol. 15r]

DEUXIÈME PARTIE DE L'INTERMÈDE

Les géants amènent sur leurs épaules les montagnes qu'ils ont arrachées de leur emplacement respectif, pour déloger Jupiter du ciel ; mais, frappés par le foudre du dieu, les géants se retrouvent ensevelis chacun sous sa montagne ; ils apprennent et enseignent par leur malheur qu'il ne faut pas lutter contre Jupiter et les puissances célestes, en bravant la volonté divine.

Personnages : LE MAÎTRE, STROBILE,
LES SIMILI-GÉANTS, JUPITER.

STROBILE

Je ne vois encore nulle part ici aucun de nos frères phlégréens[48]. Où sont-ils donc ? Est-ce qu'ils ont pris racine[49] ? Ah, par Hercule, les voilà qui se hâtent !

(Les géants s'avancent, chargés de leur montagne)

UN GÉANT

Tenez bon, mes amis, nous y voilà.

UN GÉANT

C'est ici ! Holà ! J'ai mal aux bras et au cou ! On dirait, par Pollux, que tous mes membres sont en miettes !

STROBILE

Rien d'étonnant : avez-vous jamais rien vu de plus pesant que ce genre de montagne, chers spectateurs ?

UN GÉANT

Mais n'est-ce pas notre ami Gigès que je vois s'approcher avec effort ?

48 Selon les poètes latins, c'est près de Phlégra que se serait déroulée la gigantomachie.

49 Littéralement « mais ils sont plus lourds qu'une bûche, qu'une souche ». Le nom de « bûche » (*stipes*) est une insulte synonyme de « sot », comme l'indique Térence (*Heautontimoroumenos*, 877).

GIGAS

Papae ! Ut hiat ! Ut sub Ossae ingemit pondere !

GIGAS

Sudore madeo penitus.

STROBILUS

Cur non ei advorsum itis vos ac porrigitis manum ?

GIGAS

Sexta aerumna non acerbior Herculi, quam illa mihi est objecta[92] hodie.

GIGAS

Vix teneo animam.

STROBILUS

Nunc places[93]. Vestram, pol, jam ego virtutem novi.

GIGAS

Heus, heus, socieni, advolate, approperate, non sumus ferendo.

STROBILUS

Habe bonum animum. Jam in portu navigas[94].

GIGAS

Sine jam cadat.

GIGAS

Edepol, caput [fol. 15v] et humeri decidisse una videntur mihi. Omne enim sentire amisi penitus prae lassitudine.

92 Plaute, *Epidicus*, 179 : *neque sexta aerumna acerbior Herculi quam illa mihi objectast.*
93 Plaute, *Truculentus*, 273 : *nunc places, cum mihi inclementer dicis.*
94 Voir Érasme, *Adages*, I, 1, 46.

UN GÉANT

Diantre ! Comme il halète ! Comme il gémit sous le poids de l'Ossa[50] !

UN GÉANT

Je suis tout trempé de sueur.

STROBILE

Pourquoi n'allez-vous pas à sa rencontre pour lui prêter main-forte ?

UN GÉANT

Le sixième travail d'Hercule[51] n'était pas plus pénible que la tâche que l'on m'a confiée aujourd'hui.

UN GÉANT

Je suis tout essoufflé.

STROBILE

C'est comme cela que tu me plais ! [15] Maintenant, par Pollux, je connais votre courage.

UN GÉANT

Holà, mes amis, volez à mon secours. Vite ! Je n'en peux plus !

STROBILE

Tiens bon ! Tu es à bon port[52].

UN GÉANT

Tu peux la laisser tomber, maintenant.

UN GÉANT

Par Pollux, j'ai l'impression que ma tête [fol. 15v] et mes épaules sont tombées en même temps. La fatigue [20] m'a fait perdre toute sensation.

---

50 Signalons ici une petite incohérence : dans la première partie de l'intermède, le maître a invité Gigès à aller chercher le Pélion (voir *Intermède*, I, vers 143-144) et non l'Ossa, que devait apporter Encélade.

51 L'ordre des travaux variant selon les sources, il est difficile de savoir auquel des douze travaux il est ici fait allusion.

52 *In portu navirage* (« naviguer dans le port ») est un adage d'Érasme (I, 1, 46), inspiré d'un vers de Térence (*And.*, 480) et qui signifie « être tiré d'affaire ».

STROBILUS

Nunc conquiescito paululum. Vires postmodum quod ex Jovis potabimus cantharis refocillabit nectar.

(Venit herus)

HERUS

Nunc vestros laudo animos. Sed scitis quid rei siet ?

GIGAS

Quid, here ?

HERUS

Junonis [25] hodie in caelo nuptias celebrat Juppiter. Ingurgitant sese mero dii deaeque omnes strenue bibuntque omnes plenis cantharis[95].

GIGAS

Dii boni ! Ut totus differor laetitia[96] !

GIGAS

Ut amoenus hic nobis obtigit dies !

GIGAS

At [30] ubi Otos moratur modo ?

STROBILUS

Non cogitas hinc abesse longius[97] ? Et eccum, jam properat.

GIGAS

O Otos !

GIGAS

Quid est ?

95 Plaute, *Persa*, 821 : *age, circumfer mulsum, bibere da usque plenis cantharis.*

96 Plaute, *Truculentus*, 701 *: Di magni, ut ego laetus sum, ut laetitia differor !*

97 Térence, *Heautontimoroumenos*, 239 : *non cogitas hinc longule esse. Et nosti mores mulierum.*

STROBILE

Maintenant, repose-toi un peu. Bientôt, le nectar que nous boirons dans les coupes de Jupiter restaurera tes forces.

(Le maître arrive)

LE MAÎTRE

Bravo pour votre courage. Mais savez-vous où en est notre projet ?

UN GÉANT

Dis-nous, maître.

LE MAÎTRE

Aujourd'hui [25] Jupiter célèbre au ciel ses noces avec Junon. Tous les dieux et toutes les déesses se saoulent de bon cœur et boivent du vin à pleines coupes.

UN GÉANT

Grands dieux ! Je suis tout transporté de joie !

UN GÉANT

C'est vraiment notre jour de chance !

UN GÉANT

Mais [30] où Otos reste-t-il donc ?

STROBILE

Rappelle-toi qu'il avait davantage de route… Le voilà justement qui se hâte !

UN GÉANT

Hé, Otos !

UN GÉANT[53]

Qu'y a-t-il ?

53 Otos sans aucun doute.

GIGAS

Unica jamdudum ad felicitatem nostram maximam tua nobis deerat praesentia. Euge [35] modo : nuptias celebrat hodie Juppiter ; totus ex nunc prae nectare madet madide[98].

GIGAS

Nihil ergo timendum amplius ?

GIGAS

Nihil, Bacchus inibi regit omnia.

GIGAS

O nos beatos ! Edepol, jam inde mihi ad epulas istas dentes pruriunt[99]. [40]

GIGAS

Et mihi fauces ad nectar.

GIGAS

Et mihi manus ad harpagandum saccharum.

GIGAS

Nunc, vae tibi, Juppiter, vae capiti tuo, mastigia !

HERUS

Nunc ergo decet rem incipiscere. Omnes rursum colligite animos, ut montes montibus et [45] colophonem vestro imponatis operi. Ossam tu huic Olympo imponas, Encelade.

GIGAS

Manum accommoda, Ephialte, non sum ferendo.

(Montes montibus imponunt)

---

98 Plaute, *Pseudolus*, 1297 : *non vides me ut madide madeam ?*

99 Plaute, *Amphitryon*, 295 : *Perii, dentes pruriunt* ; Plaute, *Poenulus*, 1315 : *num tibi, adulescens, malae aut dentes pruriunt.* Chez Plaute, la personne dont « les dents chatouillent » s'apprête à recevoir un coup. L'expression est donc détournée dans la pièce jésuite.

UN GÉANT

Il ne manquait plus que toi pour que notre bonheur soit complet ! Et maintenant, écoute cette bonne nouvelle : Jupiter célèbre aujourd'hui ses noces et il est déjà tout imbibé de nectar.

UN GÉANT[54]

Il n'y a donc plus rien à craindre ?

UN GÉANT

Plus rien : Bacchus règne en maître là-bas.

UN GÉANT

Quelle chance nous avons ! Par Pollux, rien que de penser à ce festin, les dents me démangent !

UN GÉANT

Moi, c'est la gorge qui me démange à l'idée de boire du nectar !

UN GÉANT

Et moi les mains, à l'idée de chaparder du sucre !

UN GÉANT

Malheur à toi, Jupiter ! Le malheur va s'abattre sur ta tête, vaurien !

UN GÉANT

Il est temps, maintenant, d'accomplir notre projet. Rassemblez tous une nouvelle fois vos forces, pour entasser les montagnes les unes sur les autres et mettre un point final à votre entreprise. Toi, Encélade, pose ici l'Ossa sur l'Olympe.

UN GÉANT

Donne-moi un coup de main, Ephialte, je n'ai pas la force.

(Ils entassent les montagnes)

54 Probablement Otos à nouveau.

GIGAS

Numquid[100] sic belle ?

HERUS

Bellissime.

GIGAS

Papae ! Quis deorum atque hominum hasce deturbabit quas statuimus machinas ?

GIGAS

Neque Mars, neque Vulcanus, neque ipse Juppiter, aut in unum conflata omnium deorum prosapia ausit hiscere aut aequiparare vires suas ad [fol. 17r] hasce nostras modo.

(Fit tonitru)

GIGAS

Quid hoc ? Edepol, ex nunc adventum nostrum praesentiscit Juppiter ?

GIGAS

Ha, ha caniculorum instar, inani nos putant strepitu[101] dare in timorem superi[102].

STROBILUS

Ne metuatis quidquam. Larvis nempe leones terrent[103].

HERUS

Sa, sa, festinato opust. Suis ipsum juguletis actutum armis Jovem.

(Tonitru)

---

100 Corrige *nonquid.*

101 *Strepitu* est suivi du mot *dare* raturé.

102 Plaute, *Pseudolus*, 927-928 : *sic ego illum dolis atque mendaciis / in timorem dabo militarem advenam.*

103 Voir Érasme, *Adages*, I, 6, 40.

UN GÉANT

N'est-ce pas joli ainsi ?

LE MAÎTRE

Très joli.

UN GÉANT

Eh bien ! Quel dieu, quel homme abattra la belle construction que nous venons d'édifier ?

UN GÉANT

Ni Mars, ni Vulcain, ni même Jupiter, pas plus que toute la race des dieux fondue en un seul être n'oserait ouvrir la bouche ni comparer ses forces à [fol. 17r] celles qui sont les nôtres en cet instant.

(On entend un grondement de tonnerre)

UN GÉANT

Qu'est-ce que c'est ? Par Pollux, Jupiter se doute-t-il déjà de notre venue ?

UN GÉANT

Haha ! Les dieux pensent nous faire peur avec un vain grondement, comme de petits chiens.

STROBILE

Ne craignez rien. Ils effraient des lions avec des épouvantails[55] !

LE MAÎTRE

Allons, allons, il faut se hâter ! Sans tarder, égorgez-moi Jupiter avec ses propres armes.

(Un grondement de tonnerre)

55 Il s'agit à nouveau d'un adage d'Érasme (I, 6, 40).

GIGAS

Edepol, occipio mihi formidare male.

GIGAS

Et totus quoque ego sum in metu.

GIGAS

Ohe, tonitrua, fulgura !

HERUS

Quid vos in timorem [65] datis, desidiabula[104] ? An murium et glirium instar inanis corda vestra perfrigefacit[105] strepitus ?

STROBILUS

An suo esse Jovem a vobis orbatum fulmine tam cito excidit e memoria ?

(Prodit in aquila Juppiter)

GIGAS

Hem, papae ! Ipse jam adest Juppiter, [70] ohe minatur.

GIGAS

En ut frontem corrugat, ut ringitur !

GIGAS

Fallorne, an nova exinde sibi duci jussit fulmina ? Edepol, periimus ! Ecastor in nos collimat[106].

(Fulmen et tonit)

104 Le manuscrit porte la leçon *dissidiabula*. Voir Plaute, *Bacchides*, 376 : *Pistoclere, tua flagitia aut damna aut desidiabula ?*

105 Hapax attesté chez Plaute, *Pseudolus*, 1215 : *mihi quoque edepol jam dudum ille Surus cor perfrigefacit.*

106 Le verbe *collimo*, classiquement attesté dans l'expression *collimare oculos ad aliquid* (« regarder quelque chose du coin de l'œil »), a été confondu en néolatin avec le verbe *collineo* (« viser ») et a été employé dans le même sens que ce dernier (voir Hans Helander, « SO Debate : Neo-Latin Studies : Significance and Prospects », *Symbolae Osloenses*, 76 (2001), p. 5-102 : p. 38).

UN GÉANT

Par Pollux, je commence à avoir franchement peur.

UN GÉANT

Moi aussi, la crainte m'envahit.

UN GÉANT

Holà ! Des tonnerres, des éclairs !

LE MAÎTRE

Pourquoi vous laissez-vous [65] effrayer, bande de froussards ? Un bête grondement vous glace-t-il le cœur comme aux souris et aux loirs ?

STROBILE

Avez-vous déjà oublié que, grâce à vous, Jupiter est privé de son foudre ?

(Jupiter apparaît sur un aigle)

UN GÉANT

Ah, malheur ! Voilà Jupiter en personne. [70] Ho, mais il nous menace !

UN GÉANT

Comme il fronce les sourcils ! Comme il grince des dents !

UN GÉANT

Je rêve, ou il s'est déjà fait apporter de nouveaux foudres ? Par Pollux, nous sommes perdus ! Par Castor, il nous prend pour cibles !

(Un éclair et un grondement de tonnerre)

GIGAS

Jam ego pol ad cursuram me exerceo[107], procul a Jove, procul a fulmine.

GIGAS

Hic ego infra montem me occulo. Non placet.

GIGAS

Ohe, ubi nunc mater !

GIGAS

Ubi aedes ? O si nunc domi siem !

GIGAS

Neque vivus ego neque mortuus sum[108].

JUPPITER

Itane vero, turba sacrilegissima, meam invadere ausi estis regiam ? Formicis stolidi magis qui non in camelum[109], sed in Jovem insurgitis ? Jam ego, pol, vos omnes…

HERUS

Heus, heus, adeste ocius, adeste, inquam. Vos revehite huc, vestris obtecti montibus.

STROBILUS

Quin hac ego pol manu, sua eum illico in terram protelabo aquila.

JUPPITER

Conscendite, si ausi estis. Testor Stygios lacus, aut ego non ero Juppiter, aut vos omnes hoc fulmine exossabo hodie.

---

107 Plaute, *Mostellaria*, 862 : *exercent sese ad cursuram, fugiunt.*

108 Plaute, *Truculentus*, 823 : *neque vivos neque mortuus sum neque quid nunc faciam scio.*

109 Voir Érasme, *Adages*, I, 5, 47.

UN GÉANT

Par Pollux, c'est l'occasion de m'entraîner à la course, pour fuir [75] Jupiter et son foudre.

UN GÉANT

Moi je vais me cacher sous cette montagne. Cela ne me dit rien qui vaille.

UN GÉANT

Hou ! Maman !

UN GÉANT

Où est ma maison ? Je veux rentrer chez moi !

UN GÉANT

Je suis entre la vie et la mort.

JUPITER

Ainsi donc, bande d'impies de la pire espèce, vous avez osé envahir mon [80] royaume ? Vous êtes plus sots que les fourmis d'affronter, non un chameau[56], mais Jupiter ! Par Pollux, je vais tous vous…

LE MAÎTRE

Allez, allez, en avant ! Plus vite ! En avant, vous dis-je ! Revenez ici en vous couvrant de vos montagnes.

STROBILE

[85] Par Pollux, je m'en vais le faire tomber de son aigle droit sur terre de mes propres mains.

JUPITER

Montez, si vous osez. Je le jure par les eaux du Styx[57] : ou je ne m'appelle plus Jupiter, ou je vous désosserai tous aujourd'hui avec mon foudre.

---

56 Nouvelle allusion à l'adage d'Érasme déjà évoqué à la ligne 20 de la première partie de l'intermède.

57 Dans la mythologie, le Styx est un fleuve des enfers, garant des serments inviolables.

GIGAS

Sa, sa colligamus [90] animos, jam eo prae. Vos me sequimini !

JUPPITER

Vix, pol, contineo me quin[110] totam omnino Vulcani [fol. 17v] officinam in impia congeram capita. Sic pereant miseri !

(Projicit fulmen et corruunt montes cum gigantibus)

GIGAS

Ohe ! Periimus. Here, here, ubi es ?

GIGAS

Occidimus penitus.

GIGAS

O Juppiter, Deorum scelestissime, o [95] parricida !

GIGAS

Morior.

GIGAS

Membris sum mutilates omnibus.

(Clauditur scaena)

HERUS

Videtis, spectatores, mortalis confidentiae ac arrogantiae dementiam hanc maximam ? Hanc nempe Nicanor aeque ac illi malo suo nimio didicit ac agnovit probe : sed sero sapiunt Phryges[111]. Vos [100] periculum ex aliis facitote vobis quod ex usu siet[112] : ac discite justitiam moniti et non temnere divos[113].

110 Térence, *Eunuque*, 859 : *Conservam ? Vix me contineo quin involem in…*

111 Voir Érasme, *Adages*, I, 1, 28.

112 Térence, *Heautontimoroumenos*, 210 : *scitumst periclum ex aliis facere tibi quod ex usu siet* ; 221 : *nunc ait : « periclum ex aliis facito, tibi quod ex usu siet ».*

113 Virgile, *Énéide*, VI, 620 : *discite justitiam moniti et non temnere divos.*

UN GÉANT

Courage, rassemblons [90] nos forces ! Je vais devant. Vous, suivez-moi.

JUPITER

Par Pollux, j'ai peine à me retenir d'amasser sur vos têtes impies [fol. 17v] tout l'atelier de Vulcain. Qu'ainsi périssent les misérables !

(Jupiter lance la foudre et les montagnes s'écroulent avec les géants)

UN GÉANT

Malheur ! Nous sommes perdus ! Maître, maître, où es-tu ?

UN GÉANT

Nous sommes complètement morts.

UN GÉANT

O Jupiter, le plus scélérat des dieux, [95] parricide !

UN GÉANT

Je meurs.

UN GÉANT

Je suis amputé de tous mes membres.

(La scène se ferme)

LE MAÎTRE

Voyez-vous, spectateurs, l'immense folie à laquelle conduisent la confiance des hommes et leur arrogance ? Nicanor et les géants l'ont appris à leurs dépens et l'ont fort bien compris ; mais les Phrygiens s'assagissent trop tard[58]. Vous, [100] tirez les leçons utiles de l'expérience des autres et, en hommes avertis, apprenez à être justes et à ne pas mépriser les dieux.

---

58 *Sero sapiunt Phryges* (« les Phrygiens sont sages trop tard ») est, comme l'écrit Érasme dans ses *Adages* (I, 1, 28), un proverbe emprunté à une tragédie de Livius Andronicus et employé par Cicéron. Les Phrygiens sont les Troyens qui commencèrent seulement au bout de dix ans de guerre à envisager la restitution d'Hélène.

[fol. 18r]

ACTUS III
Judae Machabaei triumphus

Principes Hierosolymitani gratulabundi occurrunt Judae victori, cui devictis hostibus trophaeum statui curant ludosque gladiatorios in triumpho exhiberi.

Personae : PRINCIPES HIEROSOLYMITANI CUM SUIS,
JUDAS MACHABAEUS CUM SUIS.

PRINCEPS

Huc huc agiles Solymis turbae !
Plaudite pedibus, plaudite manibus,
Agite ad numeros, ducite choreas,
Spargite violas mollesque rosas !
Ture sabaeo compita fument :
Machabaeus adest, Machabaeus ovat !
Dicite fortes ad bella manus.
Trucibus vibrat fulgura ab[114] oculis,
Talis quondam Manue genitus
Agmina fudit versa Philistiim[115] ;
Pulcher facie talis Isaides
Proprio truncum gladio Goliath
Avibus praedam canibusque dedit.
Ubi Nicanor ferroque minax
Vultuque ferox ? Agite, corvi,

---

114 Nous corrigeons la forme *ob* indiquée sur le manuscrit.
115 Pour l'expression *agmen versum*, voir Virgile, *Énéide*, XI, 412 et 684.

[fol. 18r]

ACTE III
Le triomphe de Judas Maccabée

Les notables de Jérusalem vont à la rencontre de Judas vainqueur pour le féliciter ; suite à la défaite complète des ennemis, ils lui font élever un trophée[59] et font représenter des jeux de gladiateurs en guise de triomphe.

Personnages : LES NOTABLES DE JÉRUSALEM AVEC LEUR ESCORTE, JUDAS MACCABÉE AVEC SON ARMÉE.

UN NOTABLE

Foules, convergez prestement dans Jérusalem !
Frappez des pieds, frappez des mains,
Dansez en rythme, menez des rondes,
Répandez des violettes et de douces roses !
Que les carrefours fument de l'encens de Saba[60] :
Maccabée est là, Maccabée triomphe !
Chantez ses bras vigoureux au combat.
Ses yeux farouches dardent des foudres,
Tel jadis le fils de Manoah
Lorsqu'il a chassé les troupes en déroute des Philistins[61] ;
Son visage est beau, tel le fils d'Isaïe[62]
Lorsqu'il livra en proie aux oiseaux et aux chiens
Le corps de Goliath mutilé par son propre glaive.
Où est-il, Nicanor, à l'épée menaçante
Et au visage féroce ? Venez, corbeaux,

---

59 Le trophée représenté sur les dessins (fig. 14-18) est conforme aux premiers trophées antiques, formés à partir d'arbres ébranchés décorés des dépouilles des ennemis, ce que n'ignoraient pas les érudits du XVIIe siècle (voir Hofmann, *Lexicon Universale*, *op. cit.*, tome IV, p. 521-522, *s.v. tropaeum*).

60 Saba, royaume sud-arabique, était particulièrement réputée pour son encens.

61 Référence à Samson (voir Jg 13-16).

62 David, dont le père porte tantôt le nom d'Isaïe, tantôt celui de Jessé.

Laniate manus, laniate pedes,
Neu sceleratae parcite linguae.

PRINCEPS

Plausu caelum resonetque solum !
Vive ter io, vive triumpha
Machabaee, tuum postera celebrent
Saecula nomen fastique notent.
Vive ter io, vive triumpha !

OMNES

Vive ter io, vive triumpha !

(Egreditur Judas cum suis)

[fol. 18^{v}]

JUDAS

Quaenam ista turba meos in occursus ruit
Plauditque reduci ? Nota juvenilis cohors
Solymaeque noti principes.

PRINCEPS

Magnum decus,
Machabaee, magne ductor, amplecti licet
Et tangere manus, post tot hostiles minas
Palmis decoras !

PRINCEPS

Ergo victorem datur
Judam intueri !

JUDAS

Ruite in amplexus meos,
Noti sodales !

Déchiquetez ses mains et ses pieds
Et n'épargnez pas sa langue scélérate[63].

Un notable

Que le ciel et la terre retentissent d'applaudissements !
Vie à toi, trois fois victoire, vie à toi, triomphe,
Maccabée ; que les siècles à venir célèbrent
Ton nom et que les annales le consignent.
Vie à toi, trois fois victoire, vie à toi, triomphe !

Tous

Vie à toi, trois fois victoire, vie à toi, triomphe !

(Judas sort des coulisses avec ses soldats)

[fol. 18v]

Judas

Quelle est donc cette foule qui accourt à ma rencontre
Et applaudit mon retour ? Je les reconnais :
Ce sont les jeunes et les notables de Jérusalem.

Un notable

Glorieux héros,
Maccabée, grand commandant, il m'est donc permis de t'embrasser
Et de toucher ces mains qui, après tant de menaces ennemies,
Sont ennoblies par la victoire !

Un notable

Il m'est donc donné de voir
Judas vainqueur !

Judas

Venez dans mes bras,
Chers compagnons !

63 Selon *2 Maccabées*, 15, 33, la langue de Nicanor fut coupée de sa tête décapitée pour être jetée aux oiseaux.

PRINCEPS

Vive Hebraeorum salus
Nostraeque gentis gloria !

JUDAS

O quaenam subit
Animum voluptas ! Ora quam rursum juvat
Cernere meorum et liberam patriam metu !

PRINCEPS

Agnosco validam dexteram. O quales duci
Grates rependet Solyma ? Quos plausus dabit
Dignos triumphis ?

JUDAS

Mittite hanc curam, precor.
Mea nulla merita, haud ista mortali manu
Sunt parta decora. Numinis magni est opus.
Hujus juventus, voce qua potest, canat
Ubique laudes. Fregit hic, quidquid fuit
Vobis timendum. Hic, nos polo ex alto intuens,
Medios furores inter et tela hostium
Nostri est misertus et arma submisit mihi
Ipso ex Olympo.

PRINCEPS

Debita est etiam tibi
Pars magna laudis, cujus unius manu[116]
Cervice raptum infame demessum est caput.
Age, intuere grata quae juvenum cohors
Reduci apparavit[117].

116 Sénèque, *Les Troyennes*, 204 : *excidit Achilles cujus unius manu…*
117 Le manuscrit porte ici la leçon *apparuit*, que nous avons corrigée pour le sens.

UN NOTABLE

Vie à toi, salut des Hébreux
Et gloire de notre peuple !

JUDAS

Quelle joie emplit
Mon âme ! Quel plaisir de voir à nouveau
Les visages des miens et ma patrie libérée de la crainte !

UN NOTABLE

Je reconnais la vigueur de ta main. Quelles grâces
Jérusalem rendra-t-elle à son commandant ? Quels applaudissements
Lui donnera-t-elle qui soient dignes de ses triomphes ?

JUDAS

Oubliez cela,
Je vous en prie. Je n'ai aucun mérite, ces exploits ne sont pas
De main d'homme. C'est l'œuvre du Seigneur Dieu.
Que la jeunesse chante partout ses louanges,
De sa plus belle voix. C'est Dieu qui a brisé tous vos sujets de crainte.
C'est lui qui, nous regardant du haut des cieux,
Au milieu des fureurs et des traits des ennemis,
A eu pitié de nous et m'a envoyé des armes
Depuis l'Olympe.

UN NOTABLE

Tu mérites aussi une grande part
De louange : c'est ta main, et nulle autre, qui a tranché
La tête infâme et l'a fait tomber de son cou.
Allons, regarde ce que la jeunesse reconnaissante
A préparé pour ton retour.

PRINCEPS

Propere, huc agilis juvenum turba
Aptas plectro ducite choreas[118]
Et victoris decorent arma
Signa triumphi. Dicite cuncti :
Vive ter io, vive, triumpha,
Solymae splendor patriaeque salus !

OMNES

Vive ter io.

(Tripudium gladiatorum in quo Machabeo
erigitur tropheum cum hoc epinicio
« MaChabaeo IsraeL DefensorI »)

[fol. 21r]

(Post tripudium)

JUDAS

Gratus est vester labor,
Sunt grata amoris pignora, ast melius tamen
Praestare munus Solyma Machabaeo potest,
Uni dicatum numini, auctori meae
Felicitatis, si diem hunc ritu pio
Festum quotannis celebret. Hoc, proceres, magis
Exoptat animus.

PRINCEPS

Quidquid est gratum duci
Fiet. Tonanti hic luceat semper dies
Sacer quotannis. Hujus hoc meruit satis
Solymae ruenti praestitus toties favor.

JUDAS

Nunc miles aras numinis mecum petat !

118 Le manuscrit indique *choras*. La métrique et le sens imposent de corriger en *choreas*.

UN NOTABLE

Vite, rassemblez-vous, prestes jeunes gens,
Exécutez des danses de circonstance en musique
Et que les signes du triomphe décorent
Les armes du vainqueur. Répétez à l'unisson :
Vie à toi, trois fois victoire, vie à toi, triomphe,
Splendeur de Jérusalem et salut de ta patrie !

TOUS

Vie à toi, trois fois victoire !

(Ballet des gladiateurs au cours duquel
on dresse un trophée pour Maccabée avec cet éloge :
« À Maccabée, défenseur d'Israël »)

[fol. 21r]

(Après le ballet)

JUDAS

Vos efforts me sont agréables,
Et j'apprécie vos gages d'amour ; toutefois, Jérusalem
Peut offrir à Maccabée un présent bien meilleur,
Consacré à la seule divinité, qui est l'auteur de ma félicité,
En rendant ce jour férié et en le célébrant pieusement
Chaque année. Voilà le plus grand souhait de mon âme,
Nobles compagnons.

UN NOTABLE

Tout ce qui est agréable à notre commandant
Sera fait. Que ce jour brille toujours pour le Tonnant,
Et lui soit consacré chaque année. Il le mérite amplement
Vu la faveur dont il a si souvent gratifié Jérusalem en péril.

JUDAS

Que les soldats rejoignent maintenant avec moi les autels de la divinité !

Timor Domini triumphos Judae sistit scaenaque versa et mutato nomine, idem trophaeum statui jubet clienti suo serenissimo principi Leopoldo ac adornari trophaeum insignibus recuperatarum urbium in Flandria armisque ac lanceis laureatis, inter hastiludia advolante Austriae Genio in aquila et spargente lauros victori principi eique gratulante hoc epinicio chronico « arMa LeopoLDI gLorIosa »[119]. Laeti denique Flandriae mittuntur nuntii a Timore Domini de liberata fortiter ac feliciter Dunkerka victricibus armis suae Celsitudinis.

(Discedente Juda cum suis,
postremo abeuntes tripudiatores sistit Timor Domini)

TIMOR DOMINI

Reflecte gressum[120], laeta juvenilis cohors ;
Renovanda scaena est.

(Invertitur scaena et titulus trophaeo
impositus aliud chronicon exhibet)

Tale consiliis meis
Par est trophaeum. Cernitis cuinam novos
Referre plausus deceat ? Hic caelo auspice
Meisque tutus viribus, non impares
Ab hoste palmas rapuit. Huic scaenam appara
Choreisque mixtis, spolia victrici manu
Urbesque et arces hostium exemptas jugo [fol. 21v]
Refer in triumphum : en tempus hoc ultro expetit,
Quove decoretis nomine heroem docet :

119 Chronogramme de l'année 1652 (c'est-à-dire que l'addition des valeurs numérales des lettres correspondant à des chiffres romains donne 1652).

120 Sénèque, *Thyeste*, 428 : *reflecte gressum, dum licet, teque eripe.*

Le Génie de la Crainte du Seigneur arrête les triomphes de Judas ; après un changement de décor et une modification du nom [du vainqueur célébré], il fait consacrer le même trophée à son protégé, le sérénissime prince Léopold ; il fait orner le trophée avec les armoiries des villes récupérées en Flandre, ainsi qu'avec des armes et des piques ornées de laurier, tandis que le Génie de l'Autriche vole sur un aigle au milieu de ce ballet de lances, répandant du laurier sur le prince victorieux et le félicitant d'un chronogramme d'éloge : « Les armes glorieuses de Léopold ». Enfin, de joyeux hérauts sont envoyés à la Flandre par la Crainte du Seigneur, pour lui annoncer que Dunkerque a été libérée avec courage et bonheur par les armes victorieuses de son Altesse.

(Pendant que Judas se retire avec les siens,
la Crainte du Seigneur retient les danseurs
sur le point de quitter la scène)

LA CRAINTE DU SEIGNEUR

Reviens sur tes pas, heureuse jeunesse ;
Il faut changer le décor.

(Le décor est changé et l'inscription posée
sur le trophée fait voir un autre chronogramme)

Voilà un trophée qui répond
À mon attente. Voyez-vous à qui il faut adresser
De nouveaux applaudissements ? Cet homme, sous les auspices du ciel
Et protégé par mes forces, a arraché à l'ennemi des victoires
Qui ne le cèdent en rien à celles de Judas. Préparez la scène pour lui
Et, en mêlant vos pas de danse, rapportez en triomphe les dépouilles
Arrachées d'une main victorieuse, les villes et les citadelles [fol. 21v]
Enlevées au joug des ennemis. Les circonstances le réclament
Et vous enseignent de quel titre décorer le héros :

LeopoLDo fLanDrIae DefensorI.

<GENIUS AUSTRIAE

Haec decora vobis portat Austriadum solum.
Hoc agite, palmis inclutum armorum genus
Ornate sertis. Pugilis est labor mei
Honore tanto dignus. Omnes concinant

arMa LeopoLDI gLorIosa. >[121]

(Post tripudium)

TIMOR DOMINI

Sic sic agendum est. Plausus hic decuit meum
Dudum clientem. Parta Flandrorum salus,
Tot ab hoste rapta decora festivo magis
Celebranda cantu. Ast Flandriae invitum avocant
Animum querelae, quae suae etiamnum gemit
Felicitatis inscia ac, inter metus
Dubiaque nimium vota, sollicitam tenet
Dunkerka, quondam placida navigiis quies.

(Prodeunt Genii famae)

Vos agite, veri nuntiae, afflictae nimis
Patriae tot annis, praepeti cursu[122] ocius
Portate celeres qualia auspiciis meis
Invictus heros spolia Dunkerkae ferat.

FAMAE GENIUS

Parere jussis, diva, nos decet tuis. [fol. 25r]

121 Nous insérons ici cette portion de texte qui figure au fol. 23r, dans le cartouche accompagnant l'illustration (fig. 17).

122 Sénèque, *Phèdre*, 1061 : *prolusit irae, praepeti cursu evolat.*

À Léopold, défenseur de la Flandre.

<Le génie de l'Autriche

Voilà les gloires que vous apporte le sol d'Autriche.
Allons, ornez de couronnes cet assortiment d'armes[64]
Que les victoires ont rendues célèbres. C'est l'œuvre de mon champion ;
Il mérite un tel honneur. Que tous chantent

Les armes glorieuses de Léopold.>

(Après le ballet)

La crainte du seigneur

Oui, voilà ce qu'il faut faire. Cette réjouissance était due
À mon protégé de longue date. C'est le salut assuré aux Flamands,
Et tant de gloires arrachées à l'ennemi, qu'il faut plutôt célébrer
Par un chant festif. Mais les plaintes détournent l'esprit de la Flandre,
Malgré elle ; elle gémit aujourd'hui encore,
Sans connaître son bonheur ; tiraillée entre les craintes
Et les vœux mal assurés, elle reste soucieuse
Pour Dunkerque, jadis un havre de paix pour les navires.

(Les Génies de la renommée s'avancent)

Allons, messagers de vérité, annoncez vite
À une patrie tant d'années affligée, annoncez-lui promptement
Et d'une course rapide, quelles dépouilles le héros invaincu
Tire de Dunckerque sous mes auspices.

Un génie de la renommée

Nous obéissons à tes ordres, déesse. [fol. 25r]

64 Il s'agit des diverses armes qui constituent le trophée de Léopold-Guillaume, orné des blasons des villes prises à l'ennemi (fig. 16).

EPILOGUS
Terra marique principi applauditur

Dum hinc quatuor membra Flandriae laeto nuntio liberatae Dunkerkae recreantur, inde a Neptuno festas inter navium bellicarum explosiones et sirenium cantus celebratur victoris nomen. Quod proinde Fama illustratura defert utrimque ad solem orientem et occidentem.

Personae : FAMAE GENII DUO,
FLANDRIA EJUSQUE MEMBRA,
NEPTUNUS, SIRENES.

FAMAE GENIUS PRIMUS

O quam per auras talia afflictae juvat
Referre genti nuntia et tandem modum
Monstrare luctus !

FAMAE GENIUS SECUNDUS

Melior at sors haec mea est :
Tot clara posse facta generosi ducis
Gentes per omnes[123] dicere et notum omnibus
Cantare nomen.

(Aperitur scaena)

123 Sénèque, *Les Troyennes*, 479 : *gentes per omnes clara et invidiae gravis…*

ÉPILOGUE
On applaudit le prince sur terre et sur mer

Pendant que d'un côté les quatre parties de la Flandre[65] se réjouissent de l'heureuse nouvelle de la libération de Dunkerque, de l'autre côté Neptune célèbre le nom du vainqueur, au son des chants des sirènes et des canonnades festives tirées par les navires de guerre. La Renommée qui rendra ce nom illustre le proclame ensuite dans les deux directions, vers le Levant et vers le Couchant.

Personnages : Les deux Génies de la Renommée,
la Flandre et ses parties,
Neptune, les Sirènes.

Premier génie de la Renommée

Quelle joie de transporter à travers les airs
De tels messages à un peuple affligé et de lui signaler enfin
Le terme de son malheur !

Second génie de la Renommée

J'ai un devoir plus agréable encore :
Pouvoir transmettre tant d'exploits resplendissants
D'un noble commandant à tous les peuples et chanter un nom
Connu de tous.

(La scène s'ouvre)

65 Ces parties de la Flandre sont représentées (fig. 19) par les figures féminines entourant la personnification de la Flandre, tenant leur blason respectif (de gauche à droite : le Franc, Bruges, Ypres et Gand).

FAMAE GENIUS PRIMUS

Pristinae sortis memor
Fallorne gemit hic Flandria et adhuc anxiam
Dunkerka reddit ?

FAMAE GENIUS SECUNDUS

Hic decet miseram alloqui.

FLANDRIA

O sortem Hebraei prosperam ! O quantum bonum est[124]
Favor Tonantis ! Robur hic densum agminum
Aciesque validas, turbinis vasti modo[125],
Agit in ruinam. Quam cito in plausus, tuas
Judaea vertit lacrimas, carus Deo
Dux Machabaeus ! Flandriae exhaustae quoque
Utinam liceret sorte tam laeta frui
Meoque portu mercibus quondam incluto
Mars exularet !

FAMAE GENIUS PRIMUS

Quidnam adhuc votis polum,
Virgo, fatigas ? Simile jam fatum tibi
Ipsisque votis melius et bellis modum
Machabaeus alius hoste devicto attulit ;
Pulsusque fugit sedibus Mavors tuis.
Dunkerka salva est, reddita est rursum tibi. [fol. 25v]

FLANDRIA

Bene est, abunde est[126] ! Vota transcendi mea[127] !
Gaudete, sociae ! Vos quoque, o cives mei,
Gaudete ! Longis pectus hebetatum malis[128]
Pandatur[129] iterum, haud causa lugendi est super.

---

124 Sénèque, *Thyeste*, 449 : *O quantum bonum est…*

125 Sénèque, *Les Troyennes*, 230 : *sparsae tot urbes turbinis vasti modo.*

126 Sénèque, *Thyeste*, 279 et 889 : *bene est, abunde est.*

127 *Ibid.*, 912 : *vota transcendi mea.*

128 *Ibid.*, 920 : *pectora longis hebetata malis.*

129 Voir Sénèque, *Phèdre*, 1190 : *confugimus ad te : pande placatos sinus.*

PREMIER GÉNIE DE LA RENOMMÉE

Entends-je bien la Flandre qui gémit
Au souvenir de son ancien sort, anxieuse encore
Pour Dunkerque ?[66]

SECOND GÉNIE DE LA RENOMMÉE

Il faut parler à la malheureuse.

LA FLANDRE

Ah, quel sort heureux ont connu les Hébreux ! Quel grand bien
Que la faveur du Tonnant ! Lui qui, telle une immense tornade,
Conduit à leur ruine la force compacte des armées
Et les troupes vigoureuses. Ô Judée, comme le commandant Maccabée,
Homme cher à Dieu, a vite changé tes larmes en applaudissements !
Si seulement la Flandre épuisée
Pouvait également connaître un sort aussi heureux !
Si seulement Mars était chassé de mon port,
Jadis célèbre pour son commerce !

PREMIER GÉNIE DE LA RENOMMÉE

Pourquoi encore fatiguer le ciel
De tes vœux, Flandre ? Un autre Maccabée
Vient de t'offrir un destin semblable, supérieur même à tes vœux,
Et un terme à ces guerres, en anéantissant l'ennemi ;
Expulsé, Mars fuit tes territoires.
Dunkerque est sauvée et t'a été rendue. [fol. 25v]

LA FLANDRE

Quel bonheur ! Je suis comblée au-delà de mes désirs !
Réjouissez-vous, mes compagnes ! Vous aussi, mes citoyens,
Réjouissez-vous ! Que votre cœur engourdi par de longues infortunes
Batte à nouveau librement ; il n'y a plus de raison de s'affliger.

66 Ces paroles renvoient au prologue, et plus précisément aux plaintes émises par la Flandre et ses comparses.

IPRA

Dicite sodales, audiat caelum et solum :
« Felix Virago, parta cui forti manu
Diu expetita jam redit rursum quies ! »

BRUGA

Quosnam licebit, Virgo, victori duci
Nostraeque gentis vindici, his factis pares
Celebrare plausus ? Ore quis digno canet
Tot rapta citius decora, quam quisquam rapi
Potuisse credat ?

IPRA

Plausibus resonent meae
Urbesque et amnes, Martis et liber metu
Tutoque labens Lysa.

GANDA

Libera Scaldis cornua tollat,
Livia flava turbidus unda
Celeri motu, fluctu rapido,
Gallo numeret rapta trophaea.

FRANCONATUS

Pronoque meae vertice silvae
Fontesque sacri vallesque cavae
Vosque supini plaudite montes.

Ypres

Proclamez, mes amis, et que le ciel et la terre vous entendent :
« Heureuse Flandre, toi qui retrouves le repos longtemps attendu,
Grâce à une main courageuse ! »

Bruges

Quelles acclamations pourras-tu trouver, Flandre,
Qui soient à la hauteur des exploits de ce commandant victorieux
Vengeur de notre peuple ? Qui pourra chanter comme il se doit
Tant d'honneurs remportés plus vite qu'on ne le croyait
Possible ?

Ypres

Que mes villes et mes fleuves retentissent d'acclamations ;
Qu'en retentisse la Lys, libérée de la crainte de Mars
Et qui coule en toute sécurité.

Gand

Que l'Escaut relève librement ses cornes[67].
Que la Live[68] trouble aux eaux blondes,
Dans un mouvement rapide et d'un cours emporté,
Compte les trophées arrachés aux Français !

Le Franc[69]

Et vous, mes forêts aux cimes inclinées,
Mes sources sacrées, mes creuses vallées,
Et mes basses collines, applaudissez.

---

67 Avant de se jeter dans la Mer du Nord, le cours de l'Escaut se divise en deux branches, que l'on appelait « les cornes de l'Escaut ». Voir par ex. Aubertus Miraeus, *Rerum Belgicarum chronicon…*, Anvers, Lestaenius, 1636, p. 523.

68 Dans sa description de la Flandre, Jacques de Meyere nous apprend que « la Live n'est pas tant un fleuve qu'un canal, tracé de Gand à Damme, le port de Bruges, en grande partie par la main de l'homme » (Jacques de Meyere, *Flandricarum rerum tomi X*, Anvers, Vorstermann, 1631, fol. 43v : *Livia autem non tam fluvius est quam fossa Gandavo ad Dam Brugensium portum magna ex parte hominum ducta*).

69 Le Franc (*Franconatus, Terra Franca*) « comprend les Bailliages de Bourbourg, de Bergues S(aint) Winox, & de Furne, & outre les villes capitales de ces Bailliages, celles de Dunquerque, & de Gravelines. » (*Dictionnaire geographique universel*, Amsterdam-Utrecht, chez François Halma, Guillaume van de Water, marchands libraires, 1701, p. 443).

FLANDRIA

Major hunc decet
Diem triumphus, maximum ubi partum est decus.
Ad occidentis litora est major duci
Honos parandus. Illius laudes canant
Quaecumque ponto aut numina aut nymphae latent :
« Victoria ».

(Aperitur mare)

[fol. 27r]

SIRENES
[Partition à trois voix] (fig. 20)

Victoria, victoria, victoria, victoria, victoria, victoria, victoria…
Respira tandem, Flandria, post longa proelia.
Ter io, sonent undique Tritonum cornua.
Gravelinga prima principis ad mare laurea.
Dunkerka namque dedita parta est victoria.
Posthac jam semper saecula tibi fluent aurea.
Aeterna quae futura est Leopoldi gloria.

(Victoria, etc. (ut supra))

Victoria, victoria, victoria, victoria, victoria, victoria, victoria…

(Post cantum emergit Neptunus)

[fol. 27v]

NEPTUNUS
Favete linguis[130]. Cantui indultum est satis :
Per quem expetita venit Oceano quies
Meliore plausu dignus. Hinc fugam ocius

130 Horace, *Odes*, III, 1, 2 : *favete linguis : carmina non prius…*

La Flandre

Il mérite un plus grand triomphe encore,
Ce jour qui a vu naître la plus grande gloire.
Sur les rivages d'Occident, un plus grand honneur
Doit être rendu au commandant. Que toutes les divinités et les nymphes
Qui se cachent dans la mer chantent ses louanges :
« Victoire ».

(La mer s'ouvre)

[fol. 27r]

LES SIRÈNES
[Partition à trois voix] (fig. 20)

Victoire, victoire, victoire, victoire, victoire, victoire, victoire.
Respire enfin, Flandre, après de longs combats.
Trois fois victoire, que partout retentissent les cornes des Tritons[70].
Gravelines est la première victoire du prince le long de la mer.
Dunkerque aussi s'est rendue et la victoire est acquise.
Désormais, des siècles dorés couleront toujours pour toi.
La gloire de Léopold sera éternelle.

(Victoire, etc. (comme ci-dessus))

Victoire, victoire, victoire, victoire, victoire, victoire, victoire, victoire, victoire.

(Après le chant, Neptune sort de l'eau)

[fol. 27v]

Neptune

Faites silence. Nous avons suffisamment chanté :
Celui à qui l'Océan doit le repos souhaité
Mérite une meilleure acclamation. Que les vents[71] contraires

70 Divinités marines et trompettes de Neptune.

71 Littéralement, « la race d'Éole ».

Procul capessat Aeoli discors genus
Solique Zephyro detur in ponto locus.
Huc huc, Favoni, flamine hanc classem levi
Gracilique flatu, dum meo applaudit duci
Palmasque celebrat, parte qua cupit vibra.

(Naves explodunt tormenta)

FLANDRIA

Hoc restat unum[131] : perge, pennatum genus
Famae volucris[132], vindicis nomen mei
Ducisque tanti gloriam per ultima
Vulgare mundi litora. Illius manu
Captas tot urbes, Teutonum primum solum,
Dein Vesper et Eos noverit.

FAMA

Eoos ego ;
Tu, socia, per vacuum aera Hesperios pete
Clarumque terrae nomen ignotae audiant[133].

(Attoluntur utrimque motu adverso Genii famae.
Clauditur scaena)

Finis

[fol. 28r]

Ad majorem Dei gloriam

---

131 Sénèque, *Médée*, 37 : *hoc restat unum, pronubam thalamo feram…*

132 Voir Ovide, *Héroïdes*, XVII, 209 : *non ita contemno volucris praeconia famae.*

133 Sénèque, *Les Troyennes*, 293-294 : *ferent et illum laudibus cuncti canent | magnumque terrae nomen ignotae audient.*

Fuient au plus vite loin d'ici
Et que place soit laissée sur la mer au seul Zéphyr.
D'une brise légère et d'un souffle agréable, Favonius[72],
Mène cette flotte là où elle le désire,
Pendant qu'elle applaudit mon champion et célèbre ses victoires.

(Les navires déchargent leurs canons)

LA FLANDRE

Il ne reste qu'une chose à faire : allons, race ailée
De la prompte renommée, propage le nom de mon vengeur
Et la gloire d'un si grand commandant
Jusqu'aux derniers rivages du monde. Le Saint-Empire d'abord,
Puis le Couchant et le Levant connaîtront
Les nombreuses villes que sa main a prises.

LA RENOMMÉE

Moi, je pars
Vers l'Orient ; toi, mon amie, gagne l'Occident à travers les airs
Et que les terres les plus reculées entendent son renom éclatant.

(Les Génies de la renommée s'envolent de part et d'autre,
dans des directions opposées. La scène se ferme)

Fin

[fol. 28r]

Pour une plus grande gloire de Dieu

72 « Favonius » est le nom latin du Zéphyr.

ILLUSTRATIONS

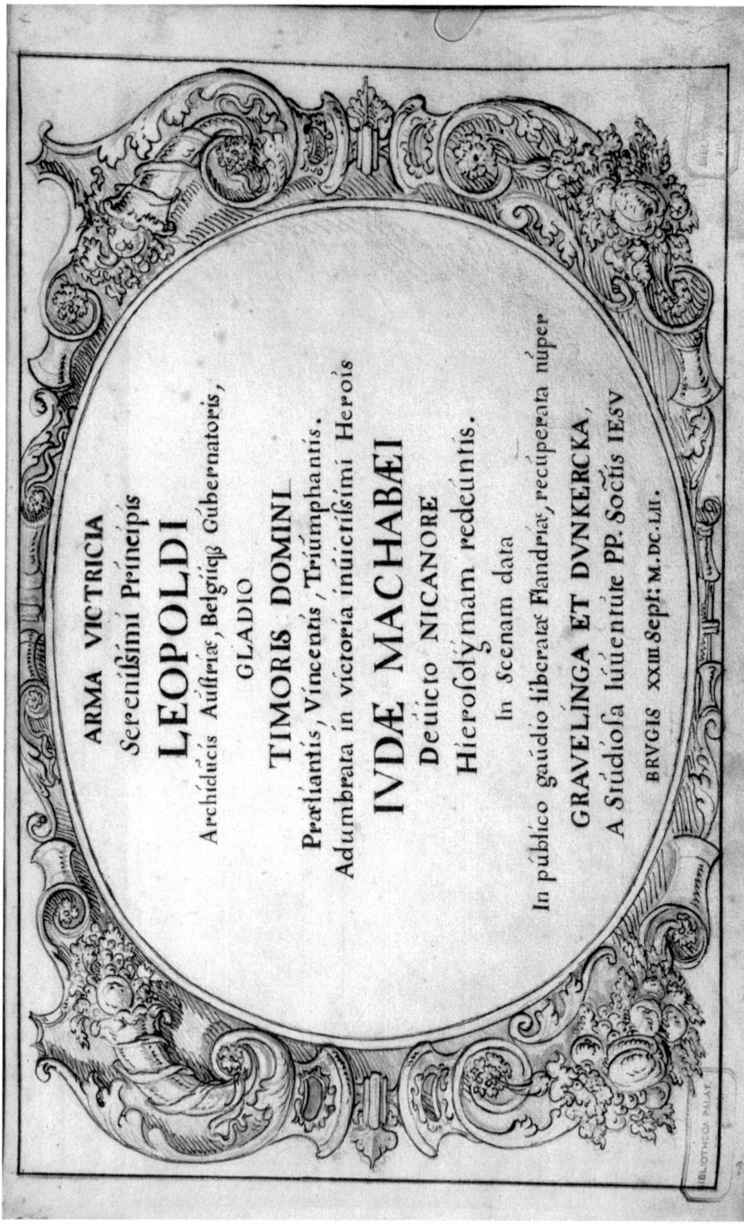

ARMA VICTRICIA
Serenissimi Principis
LEOPOLDI
Archiducis Austriae, Belgiiq; Gubernatoris,
GLADIO
TIMORIS DOMINI
Praeliantis, Vincentis, Triumphantis.
Adumbrata in victoria invictissimi Herois
IVDÆ MACHABÆI
Devicto NICANORE
Hierosolymam redeuntis.
In Scenam data
In publico gaudio liberatae Flandriae, recuperata nuper
GRAVELINGA ET DVNKERCKA,
A Studiosa Iuventute PP. Societatis IESV
BRVGIS XXIII Sept. M.DC.LII.

FIG. 4 – *Arma Victricia*, Bruges, 1652, page de titre, fol. 1r, Österreichische Nationalbibliothek, Bibl. Pal. Vind. Cod. 12.434. © ÖNB.

FIG. 5 – Prologue, dans *Arma Victricia*, Bruges, 1652, fol. 2r, Österreichische Nationalbibliothek, Bibl. Pal. Vind. Cod. 12.434. © ÖNB.

FIG. 6 – Acte 1, dans *Arma Victricia*, Bruges, 1652, fol. 5[r], Österreichische Nationalbibliothek, Bibl. Pal. Vind. Cod. 12.434. © ÖNB.

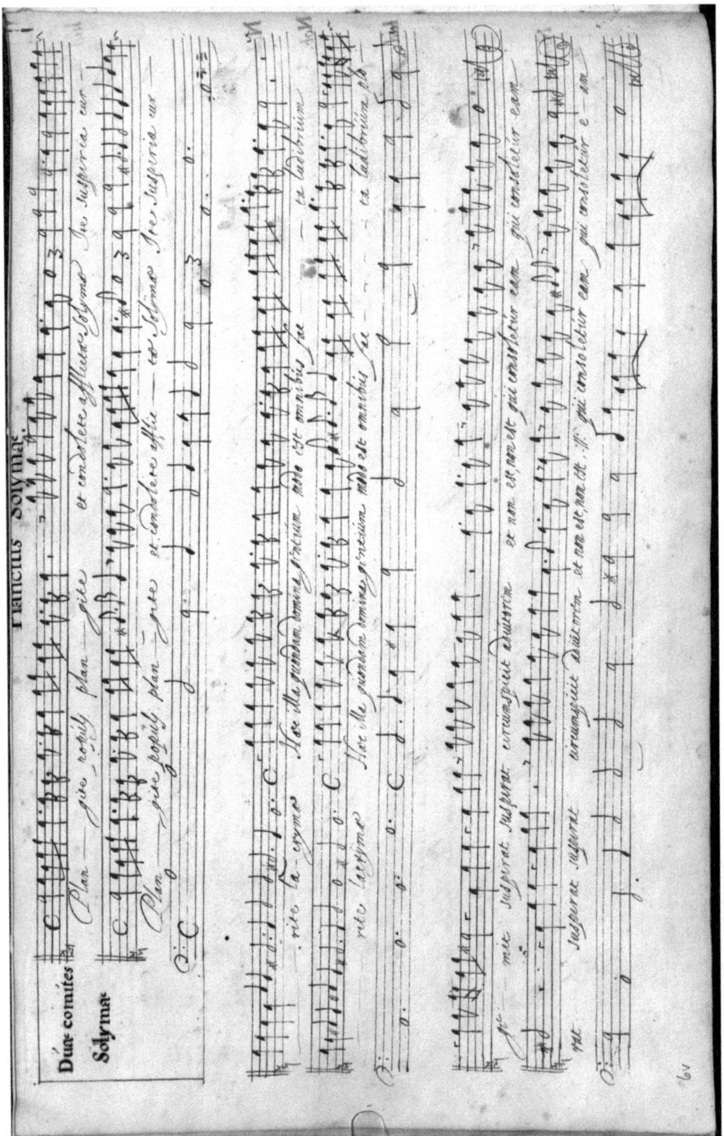

FIG. 7 – *Planctus Solymae*, dans *Arma Victricia*, Bruges, 1652, fol. 6v, Österreichische Nationalbibliothek, Bibl. Pal. Vind. Cod. 12.434. © ÖNB.

Planctus Solymae

Duae comites Solymae

* Original : *la*

**
- ta lu-di - bri - um. Ge - mit. Sus - pi - rat,
- ta lu-di - bri - um. Plo - rat. Sus - pi - rat, sus -
sus - pi - rat. Cir - cum - spi - cit ad - ju - to - rem et non est, non
pi - rat. Cir - cum - spi - cit ad - ju - to - rem et non est, non est, non
est qui con - so - le - tur e - am, qui con - so - le - tur e - am.
est qui con - so - le - tur e - am, qui con - so - le - tur e - am.

** Original : *do*

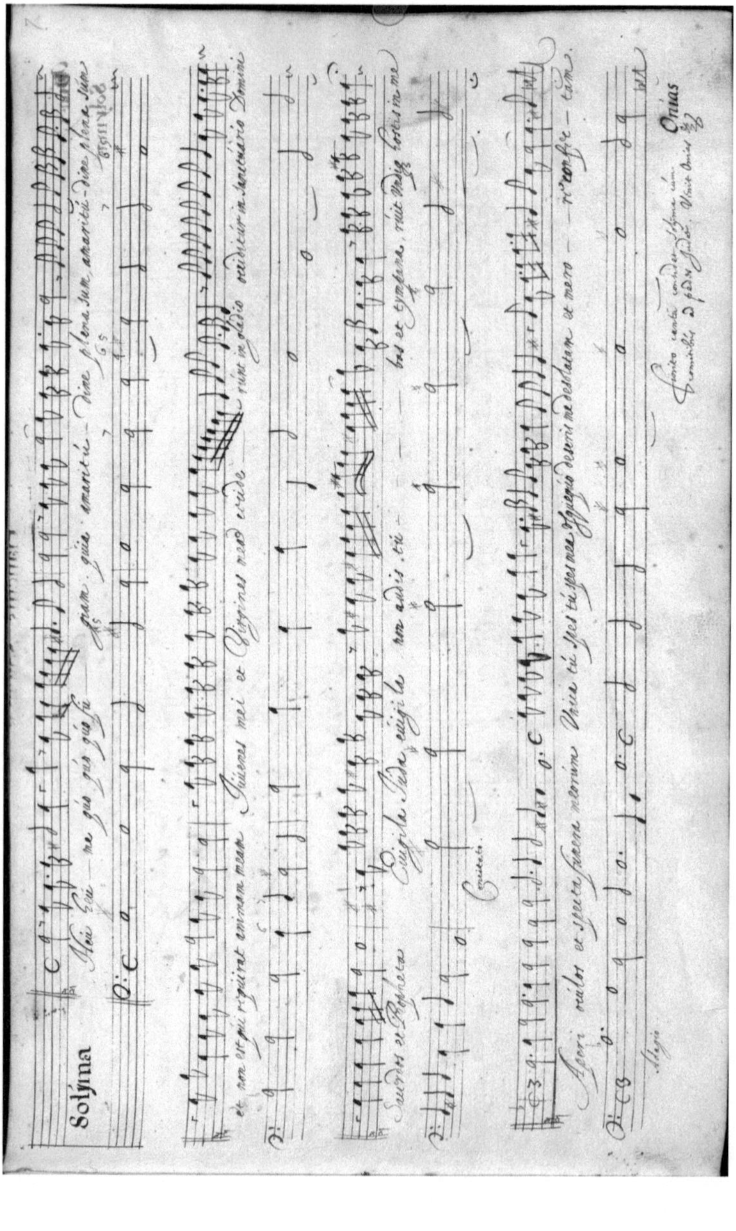

Fig. 8 – *Solyma*, dans *Arma Victricia*, Bruges, 1652, fol. 7r,
Österreichische Nationalbibliothek, Bibl. Pal. Vind. Cod. 12.434. © ÖNB.

Solyma

Heu, Heu___ me! Quo, quo, quo fu - gi-am? Qui - a
a-ma-ri-tu - di-ne ple-na sum, a-ma-ri-tu - di-ne ple - na sum.
Et non est qui re - qui-rat a - ni-mam me - am. Ju-ve-nes me-i et vir-gi-nes
me-ae ce-ci-de - runt in gla - di - o. Oc-ci-di-tur in sanc-tu - a - ri-o Do-mi-ni
Concitato
sa - cer - dos et Pro - phe - ta. E - vi - gi-la Ju - da, e-vi - gi-la.

Non au-dis tu - bas et tym-pa-na? Ru-it un-di-que hos-tis in me.
Adagio
A - pe-ri o - cu-los et spec - ta fu - ne-ra me - o - rum.
U-ni-ca tu spes, tu spes me - a us - que - quo de - se-ris me de - so - la - tam et mae-
ro - - - re con - fec - - - tam?

FIG. 9 – *Solyma respirans*, dans *Arma Victricia*, Bruges, 1652, fol. 8r, Österreichische Nationalbibliothek, Bibl. Pal. Vind. Cod. 12.434. © ÖNB.

FIG. 10 – *Solyma respirans*, dans *Arma Victricia*, Bruges, 1652, fol. 8v, Österreichische Nationalbibliothek, Bibl. Pal. Vind. Cod. 12.434. © ÖNB.

Solyma respirans

o Ju - da, et coe -
o Ju - da, et coe -
sur - ge, o Ju - da, et coe - lo sub - mis - sa et
- lo sub - mis - sa ca - pe ar - ma Vic - tri - ci - a.
- lo sub - mis - sa ca - pe ar - ma Vic - tri - ci - a.
coe - lo sub - mis - sa ca - pe ar - ma Vic - tri - ci - a.
Oc-cur - re, oc - cur - re Ni - ca - no-ri et proe - li - a -
Oc - cu - re, oc - cur - re Ni - ca - no-ri et proe - li - a - - -
Oc-cur - re, oc - cur - re Ni - ca - no - ri et proe - li - a - - -

- - - re proe - li - a - re bel - la Do - mi - ni.
- - - re proe - li - a - re bel - la Do - mi - ni.
- - - re proe - li - a - re bel - la Do - mi - ni.
Ap-pre-hen-de ar - ma, ap-pre-hen-de ar - ma et scu - tum et ex -
Ap-pre-hen-de ar - ma, ap-pre-hen-de ar - ma et scu - tum et ex -
Ap-pre-hen-de ar-ma, ap-pre-hen-de ar-ma ar - ma et scu - tum et ex -
sur - ge et ex - sur - ge in ad - iu -
sur - ge et ex - sur - ge in ad - iu -
sur - ge et ex - sur - ge in ad - iu -

* Original : carrée pointée

FIG. 11 – Intermède 1, dans *Arma Victricia*, Bruges, 1652, fol. 10r, Österreichische Nationalbibliothek, Bibl. Pal. Vind. Cod. 12.434. © ÖNB.

FIG. 12 – Acte 2, dans *Arma Victricia*, Bruges, 1652, fol. 14r, Österreichische Nationalbibliothek, Bibl. Pal. Vind. Cod. 12.434. © ÖNB.

Fig. 13 – Intermède 2, dans *Arma Victricia*, Bruges, 1652, fol. 16r, Österreichische Nationalbibliothek, Bibl. Pal. Vind. Cod. 12.434. © ÖNB.

Fig. 14 – Acte 3, dans *Arma Victricia*, Bruges, 1652, fol. 19^{r}, Österreichische Nationalbibliothek, Bibl. Pal. Vind. Cod. 12.434. © ÖNB.

FIG. 15 – Ballet, dans *Arma Victricia*, Bruges, 1652, fol. 20r, Österreichische Nationalbibliothek, Bibl. Pal. Vind. Cod. 12.434. © ÖNB.

FIG. 16 – Ballet, dans *Arma Victricia*, Bruges, 1652, fol. 22r, Österreichische Nationalbibliothek, Bibl. Pal. Vind. Cod. 12.434. © ÖNB.

FIG. 17 – Ballet, dans *Arma Victricia*, Bruges, 1652, fol. 23r, Österreichische Nationalbibliothek, Bibl. Pal. Vind. Cod. 12.434. © ÖNB.

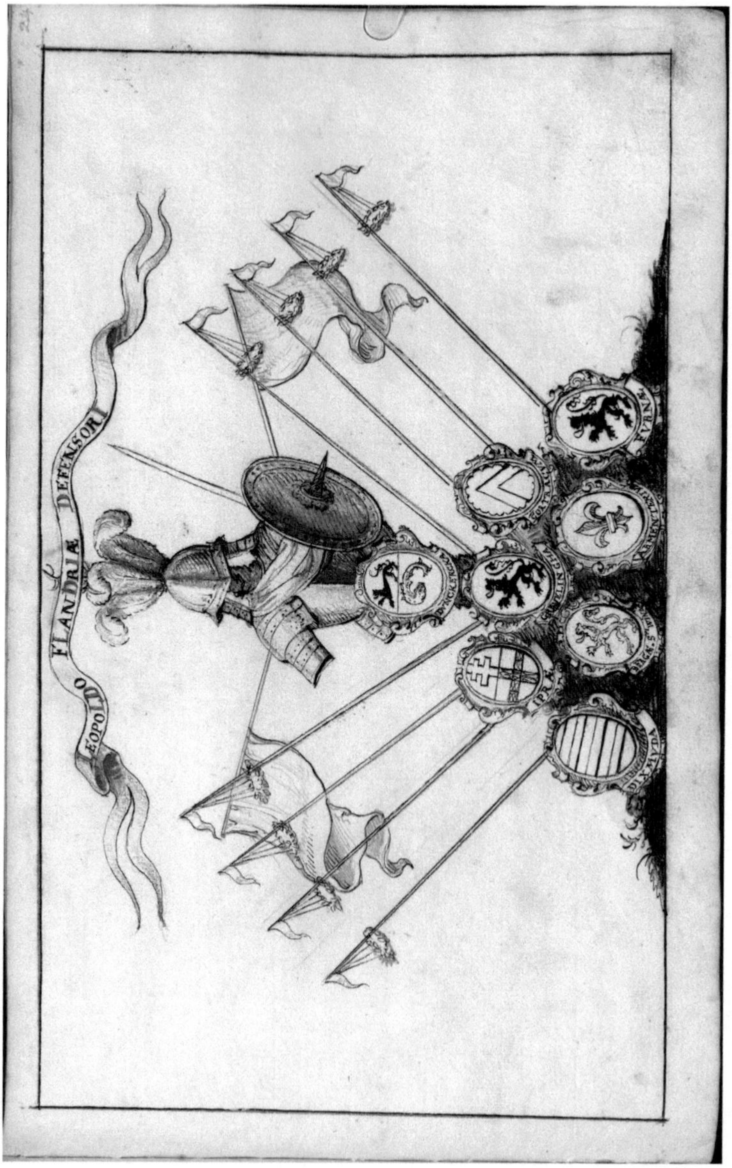

FIG. 18 – Ballet, dans *Arma Victricia*, Bruges, 1652, fol. 24r, Österreichische Nationalbibliothek, Bibl. Pal. Vind. Cod. 12.434. © ÖNB.

Fig. 19 – Épilogue, dans *Arma Victricia*, Bruges, 1652, fol. 26r, Österreichische Nationalbibliothek, Bibl. Pal. Vind. Cod. 12.434. © ÖNB.

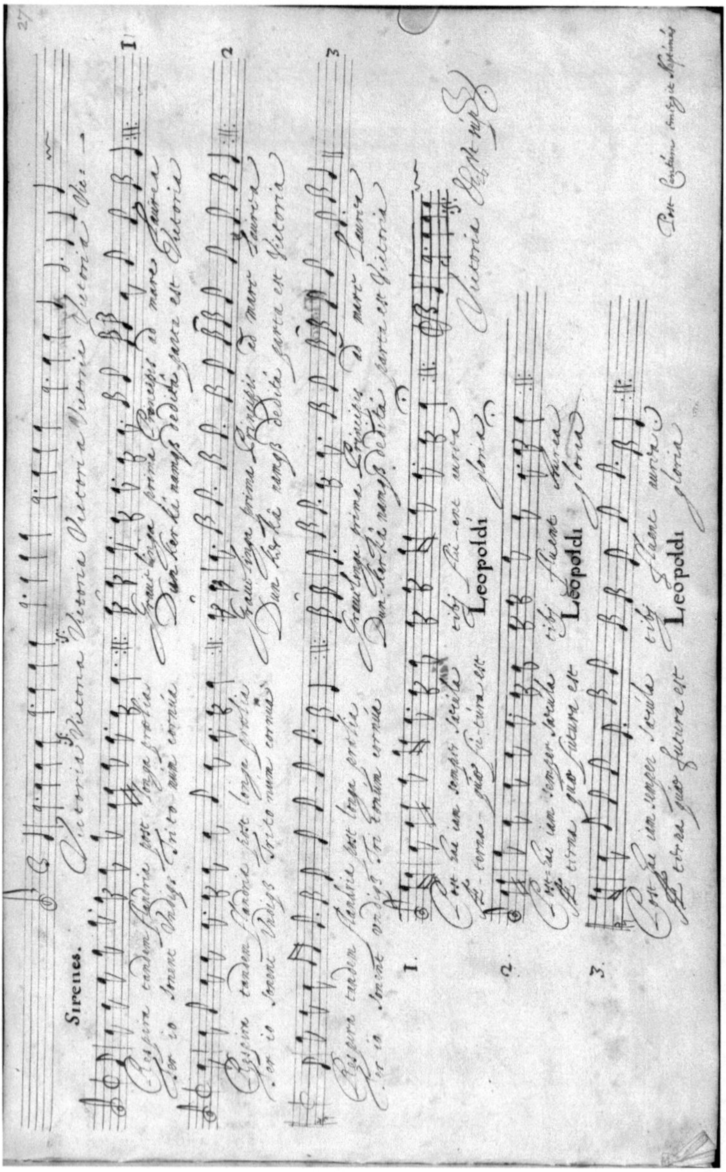

FIG. 20 – *Sirenes*, dans *Arma Victricia*, Bruges, 1652, fol. 27r, Österreichische Nationalbibliothek, Bibl. Pal. Vind. Cod. 12.434. © ÖNB.

Sirenes

* Noté sur une seule portée dans le manuscrit original, le canon est ici développé aux trois voix.

** Original : noire.

[reprise du canon *Victoria*]

*** Le point d'orgue ne vaut que pour la reprise.

BIBLIOGRAPHIE

SOURCES PRIMAIRES – AUTEURS ANTIQUES

CORNÉLIUS NÉPOS, *Œuvres*, texte établi et traduit par Anne-Marie Guillemin, Paris, Les Belles Lettres, 1923 (CUF).

HOMÈRE, *Iliade*, texte établi et traduit par Paul Mazon, avec la collaboration de Pierre Chantraine, Paul Collart, René Langumier, 4 tomes, Paris, Les Belles Lettres, 1937-1938 (CUF).

HORACE, *Satires*, texte établi et traduit par François Villeneuve, Paris, Les Belles Lettres, 1932 (CUF).

HORACE, *Odes*, *Épodes*, texte établi et traduit par François Villeneuve, Paris, Les Belles Lettres, 1929 (CUF).

LUCAIN, *La guerre civile (La Pharsale)*, texte établi et traduit par Abel Bourgery et Max Ponchont, 2 tomes, Paris, Les Belles Lettres, 1927-1930 (CUF).

MARTIAL, *Épigrammes*, texte établi et traduit par Henri-Jean Izaac, 3 tomes, Paris, Les Belles Lettres, 1930-1934 (CUF).

OVIDE, *Fastes*, texte établi, traduit et commenté par Robert Schilling, 2 tomes, Paris, Les Belles Lettres, 1993 (CUF).

OVIDE, *Héroïdes*, texte établi par Henri Bornecque et traduit par Marcel Prévost, 2e éd., Paris, Les Belles Lettres, 1961 (CUF).

OVIDE, *Les Métamorphoses*, texte établi et traduit par Georges Lafaye, 3 tomes, Paris, Les Belles Lettres, 1925-1930 (CUF).

OVIDE, *L'art d'aimer*, texte établi et traduit par Henri Bornecque, Paris, Les Belles Lettres, 1924 (CUF).

PERSE, *Satires*, texte établi et traduit par Augustin Cartault, Paris, Les Belles Lettres, 1921 (CUF).

PLAUTE, *Comédies*, texte établi et traduit par Alfred Ernout, 7 tomes, Paris, Les Belles Lettres, 1932-1947 (CUF).

PROPERCE, *Élégies*, texte établi et traduit par Simone Viarre, Paris, Les Belles Lettres, 2005 (CUF).

SÉNÈQUE, *Tragédies*, texte établi et traduit par François-Régis Chaumartin, Paris, Les Belles Lettres, 1996-2011 (CUF).

SILIUS ITALICUS, *La guerre punique*, texte établi et traduit par Georges Devallet, Pierre Miniconi, Michel Martin *et al.*, 4 tomes, Paris, Les Belles Lettres, 1979-1992 (CUF).

TÉRENCE, texte établi et traduit par Jules Marouzeau, 3 tomes, Paris, Les Belles Lettres, 1942-1949 (CUF).

VIRGILE, *Énéide*, texte établi et traduit par Jacques Perret, 3 tomes, Paris, Les Belles Lettres, 1977-1980 (CUF).

VIRGILE, *Géorgiques*, texte établi et traduit par Eugène de Saint-Denis, Paris, Les Belles Lettres, 1926 (CUF).

SOURCES PRIMAIRES – AUTEURS ET TEXTES MODERNES

Auctores classis rhetoricae in collegiis Societatis Jesu Provinciae Gallo-Belgicae anno M.DC.XXXIIII praelegendi, Douai, Balthazar Bellerus, 1634.

Authores classis rhetoricae in collegiis Societatis Jesu Provinciae Gallo-Belgicae anno 1637 praelegendi, Liège, Joannes Ouwerx, 1637.

Authores Graeci classis rhetoricae in collegiis Societatis Jesu Provinciae Gallo-Belgicae praelegendi, Liège, veuve de Guilielmus Hovius et Henricus Hovius, 1648.

Authores classis rhetoricae praelegendi in collegiis Societatis Jesu Provinciae Gallo-Belgicae anno M.DC.LXXX, Liège, Guilielmus Henricus Streel, 1680.

AVANCINI, Nicolas, *Leopoldi Guilielmi, Archiducis Austriae, principis pace et bello inclyti virtutes*, Anvers, officina Plantiniana Balthasaris Moreti, 1665.

AVANCINI, Nicolas, *Le prince dévot et guerrier ou les vertus héroïques de Léopold Guillaume Archiduc d'Autriche*, trad. du latin [...] et augmenté de quelques mémoires en François par le Père Henry Bex, Lille, Nicolas de Rache, 1667.

AVANCINI, Nicolas, *Pietas victrix – Der Sieg der Pietas*, éd. Lothard Mundt et Ulrich Seelbach, Tübingen, Niemeyer, 2002.

BERNARDT, Georg, *Dramen*, éd. Fidel Rädle, 4 volumes, Amsterdam, APA, 1984-2008 (collection Geistliche Literatur der Barockzeit).

BIANCHI, Giulio Cesare, STROZZI, Giulio et TORELLI, Giacomo, *Feste theatrali per la Finta pazza*, [...] *rappresentate nel Picollo Borbone in Parigi*, [Paris], 1645.

BIDERMANN, Jacob, *Ludi theatrales sacri sive opera comica posthuma*, 2 tomes, Munich, Joannes Wagner et Joannes Wilhelmus Schell, 1666 (fac-similé édité par R. Tarot, Tübingen, Niemeyer, 1967).

Calepino, Ambrogio, *Dictionarium*, Venise, Paul Manuce, 1573.

Dubreuil, Jean, *La perspective pratique*, Paris, Melchior Tavernier, 1649.

Encyclopédie méthodique. Arts académiques, equitation, escrime, danse, et art de nager, Paris, Panckoucke, Liège, Plomteux, 1786.

Érasme de Rotterdam, *Les adages*, sous la direction de Jean-Christophe Saladin, volume I, Paris, Les Belles Lettres, 2011.

Estienne, Robert, *Dictionarium Latinogallicum*, Paris, Charles Estienne, 1552.

Hofmann, Johann Jacob, *Lexicon universale*, Leyde, Jacobus Hackius *et al.*, 1698.

Imago primi saeculi Societatis Jesu a provincia Flandro-Belgica eiusdem Societatis repraesentata, Anvers, Moretus, 1640.

Jouvancy, Joseph de, *Ratio discendi et docendi*, Paris, frères Barbou, 1725.

Jouvancy, Joseph de, *Maniere d'apprendre et d'enseigner*, trad. Jean-François Lefortier, Paris, Le Normant, 1803.

Lang, Franz, *Dissertatio de actione scenica*, Munich, Maria Magdalena Riedlin, 1727.

Ménestrier, Claude-François, *Des ballets anciens et modernes*, Paris, René Guignard, 1682.

Negri, Cesare, *Il Gratie d'amore*, Milan, Pacifico Pontio et Giovanni Battista Piccaglia, 1602.

Ordo domesticus magistrorum Provinciae Flandro-Belgicae Societatis Jesu, praelegendus singulis annis in triclinio, initio studiorum, Anvers, Jean-Paul Robyns, 1715.

Petau, Denis, *Opera Poetica*, Paris, Sébastien Cramoisy, 1620.

Het Prieel der Gheestelijcke Melodie, Bruges, Pieter Soetaert, 1609.

Pure, Michel de, *Idée des spectacles anciens et nouveaux* [1668], Genève et Paris, Minkoff reprint, 1972.

Rameau, Pierre, *Le Maître à danser*, Paris, Jean Villette, 1725.

Ratio studiorum : plan raisonné et institution des études dans la Compagnie de Jésus, éd. Adrien Demoustier et Dominique Julia, trad. Léone Albrieux et Dolorès Pralon-Julia, notes de Marie-Madeleine Compère, Paris, Belin, 1997.

[Rocoles, Jean-Baptiste de] M. de R.H., *Entretiens du Luxembourg sur l'utilité de la promenade et sur un voyage fait depuis peu en Flandres*, Paris, Louis Billaine, 1666.

Sanctissima Dei lex in Eleazaro et VII Machabaeis una cum matre de tyranno Antiocho triumphans, exhibetur a studiosis gymnasii Societatis Jesu, Bruxellis, Aprilis 11, 1652, [Bruxelles], Hubert Antoine Velpius, 1652.

Sanderus, Antonius, *Flandria illustrata*, 2 tomes, Cologne, Cornelis van Egmont, 1641-1644.

Selectae Patrum Societatis Jesu tragoediae, Anvers, Jan Cnobbaert, 1634.

[Sénèque], *L. Annaei Senecae tragoedia Medea, in usum studiosae juventutis*, Anvers, Joachim Trognaesius, 1611.

[SÉNÈQUE], *L. Annaei Senecae tragoedia Thyestes, in usum studiosorum Societatis Jesu*, Anvers, Joannes Meursius, 1642.

Spes aurei saeculi – Hoffnung auf ein goldenes Zeitalter oder Tyrolis pacifica. Ein Innsbrucker Jesuitenschauspiel zur Hochzeit Erzherzog Ferdinand Karls mit Anna Medici (1646). Einleitung, Text, Übersetzung und Kommentar, éd. Stefan Tilg, Innsbruck, Wagner, 2002.

Symbolum serenissimi archiducis Leopoldi Guilielmi Belgii et Burgundiae gubernatoris, pii, pacifici, moderati, vigilantis, fortis, augusti in Gedeone repraesentatum a gymnasio Soc. Jesu Bruxellis MDCXLVIII, Bruxelles, Jan Mommaert, 1648.

[TÉRENCE], *Pub. Terentii florum selectiorum pars tertia, in usum studiosorum Societatis Jesu*, Anvers, Jacobus Meursius, 1656.

[TÉRENCE], *Formulae Terentianae novo delectu cum versione Belgica et Gallica.* [...] *Ad usum studiosorum linguae Latinae*, editio tertia correctior, Anvers, typographia Knobbariana, 1694.

Timore Domini concessa divinitus Israeli sapientia, felicitas, gloria quam in regum potentissimo Salomone exhibet, in Serenissimi Leopoldi genio eodem timore duce expressam veneratur studiosa juventus Collegii Societatis Jesu Antverpiae, [Anvers, 1648].

TUCCAROI, Archante, *Trois dialogues de l'exercice de sauter et de voltiger en l'air*, Paris, Claude de Monstr'œil, 1599.

TURRIANUS, Augustinus, *Comoedia de Divi Augusti Pueritia et Adolescentia. Komödie über die Kindheit und Jugend des Heiligen Augustinus (Paderborn 1604). Mit Einleitung, Übersetzung und Kommentar*, éd. Peter Maier, Aachen, Shaker Verlag, 2006.

Ulisse all'Isola di Circe : dramma musicale, in applauso alle nozze augustissime delle maesta di Filippo Re di Spagna et Maria Anna d'Austria. Rappresentato nella sala regia di Brusselles, l'anno 1650, Bruxelles, Huberto Antonio Velpio, 1650.

Voorspoedighe Wapenen van de Vreese des Heeren, In de geluckige verlossinge van Vlaendren door syne Keyserl. Hoogheyt Leopoldus afgebeelt in de Victorie van den Kloecken Helt Iudas Machabaeus behaelt over Nicanor, Bruges, Nicolaes Breygel, 1652.

WALLIUS, Jacobus, *Poematum libri novem*, Anvers, Balthasar Moretus, 1656.

WALLIUS, Jacobus, *Oliva pacis*, Anvers, Meursius, 1645.

MANUSCRITS ET SOURCES D'ARCHIVES

NB : les manuscrits des archives de la province flandro-belge conservées aux Archives de l'État (Rijksarchief) à Anvers-Beveren sont cités d'après le nouvel inventaire de H. Callewier, *Inventaris van het archief van de Nederduitse provincie der Jezuïeten (provincia Belgica, vervolgens provincia Flandro-Belgica) en van het archief van het professenhuis te Antwerpen (1388) 1564-1773* (Archives de l'État en Belgique).

Anvers, FelixArchief, Private archieven, BE SA 427534, inventarisnummer 1391#85 : *Handschrift theaterstuk 'De Goede Doodt van Alexander'.*

Anvers-Beveren, Archives de l'État, *Archief van de Nederduitse provincie der jezuïeten (Flandro-Belgica)*, n° 6 : *Litterae annuae Prouinciae Flandro-Belgicae*, 1645-1656.

Anvers-Beveren, Archives de l'État, *Archief van de Nederduitse provincie der jezuïeten (Flandro-Belgica)*, n° 13 : *Litterae annuae* et *historiae domus*, Bruges, 1560-1695.

Anvers-Beveren, Archives de l'État, *Archief van de Nederduitse provincie der jezuïeten (Flandro-Belgica)*, n° 38 : *Catalogus tertius personarum et functionum provinciae Flandro-Belgicae*, 1650-1653.

Anvers-Beveren, Archives de l'État, *Archief van de Nederduitse provincie der jezuïeten (Flandro-Belgica)*, n° 39 : *Catalogi I-III personarum et functionum provinciae Flandro-Belgicae*, 1651.

Anvers-Beveren, Archives de l'État, *Archief van de Nederduitse provincie der jezuïeten (Flandro-Belgica)*, n° 249 : instructions et rapports du visiteur Henricus Scherenus en 1617.

Anvers-Beveren, Archives de l'État, *Archief van de Nederduitse provincie der jezuïeten (Flandro-Belgica)*, n° 2141 : *catalogus functionum* et rapports sur les activités pastorales et pédagogiques, 1638-1764.

Anvers-Beveren, Archives de l'État, *Archief van de Nederduitse provincie der jezuïeten (Flandro-Belgica)*, n° 3670 : *Annus saecularis Societatis Jesu… a provincia Flandro-Belgica celebratus*, 1639-1640.

Bruges, Archives de l'État, *Sociëteit van Jezus te Brugge*, TBO 5/1712 : feuillets de musique à destination de l'école dominicale dirigée par les jésuites brugeois.

Bruges, Archives de l'État, *Sociëteit van Jezus te Brugge*, TBO 5/2139.

Bruxelles, Archives générales du Royaume, *Jésuites, Ruremonde* 8-9 : *Ordinationum Provincialium lib. V*[1].

Bruxelles, Archives générales du Royaume, *Comité jésuitique*, n° 23.

Courtrai, Archives de l'État, *Jezuietencolleges te Ieper, Kortrijk en Oudenaerde (1584-1773)*, n° 307 : deux manuscrits musicaux relatifs à la pièce *Diogenes Romanus Treur-Spel*, représentée chez les jésuites d'Ypres en septembre 1702.

1 Goran Proot (*Het schooltoneel van de jezuïeten*, *op. cit.*, p. 55, note 22) signale qu'au 7 avril 2008, les Archives générales du Royaume avaient perdu la trace de ce document, jadis utilisé et cité par Van den Boogerd, *Het jezuïetendrama*, *op. cit.* (1961).

Louvain, Kadoc, A.B.M.L., Fonds Poncelet, IX-2,1<22> Doc. 39, nº 2.

Liège, Université, Bibliothèque générale de Philosophie et Lettres, Fonds et manuscrits anciens, ms. 357c : pastorale *Daphnis*.

Mons, Archives de l'État, *Collège des jésuites de Mons*, nº 22 : *Livre des pensionnaires [du Séminaire de Mons] où sont marquez par mois les prets qu'on leur a faits et que l'on a reçûs.*

Munich, Bayerische Staatsbibliothek, H. lit. p. 278-1 1/3 Cah.16 : *Jeu de la conversion de sainct Guillaume d'Aquitaine*, pièce représentée au collège des jésuites de Bruxelles en 1614.

Rome, Archivum Romanum Societatis Iesu, *Flandro-Belgica*, nº 60.

Rome, Archivum Romanum Societatis Iesu, *Germania*, nº 132.

Vanves, Archives jésuites, Ms. IPa 146 : pièce de théâtre *Mauritius.*

Vienne, Österreichische Nationalbibliothek, Cod. 10.119 : manuscrit emblématique offert à Léopold-Guillaume par le collège jésuite de Bruxelles en 1650.

Vienne, Österreichische Nationalbibliothek, Bibl. Pal. Vind. Cod. 12.434 : manuscrit commémoratif des *Arma victricia*, pièce représentée au collège jésuite de Bruges en 1652.

LITTÉRATURE SECONDAIRE

ADEL, Kurt, « Handschriften von Jesuitendramen in der Österreichischen Nationalbibliothek », *Jahrbuch der Gesellschaft für Wiener Theaterforschung*, 12 (1960), p. 83-112.

ANDRIESSEN, Pieter, *Die van Muziken gheerne horen. Muziek in Brugge 1200-1800*, Bruges, West-Vlaamse gidsenkring, 2002.

ANGLO, Sydney, *L'escrime, la danse et l'art de la guerre, Le livre de la représentation du mouvement*, Paris, Bibliothèque nationale de France, 2011.

ARLEDLER, Giovanni, « Domenico Zipoli : il gesuita musicista delle riduzioni », *La Civiltà Cattolica*, 90 (1999), p. 40-52.

ARNOLD, Denis, « Monteverdi and the Art of War », *The Musical Times*, 108 (1967), p. 412-414.

ARNOLD, Udo, « Leopold Wilhelm als Kirchenfürst », dans Mertens et Aumann (éd.), *Krijg en Kunst*, *op. cit.*, p. 15-21.

ARNOLD, Udo et KÖLZER, Günter, « Deutscher Orden und Westfälischer Frieden », dans Mertens et Aumann (éd.), *Krijg en Kunst*, *op. cit.*, p. 29-38.

AUMANN, Franz, « Aartshertog Leopold Willem, een connaisseur, verzamelaar van kunst en antiquiteiten », dans Mertens et Aumann (éd.), *Krijg en Kunst*, *op. cit.*, p. 89-100.

Bärtel, Dietrich, *Musica Poetica : Musical-rhetorical Figures in German Baroque Music*, Lincoln, University of Nebraska Press, 1998.

Le baroque au théâtre et la théâtralité du baroque, Montauban, Centre national de recherches du baroque, 1967.

Battaglia, Salvatore (éd.), *Grande Dizionario della Lingua Italiana*, Turin, UTET, 2000.

Bayard, Marc, *Feinte baroque. Iconographie et esthétique de la variété au* XVIIe *siècle*, Paris, Somogy, 2010.

Belfiore, Jean-Claude, *Dictionnaire de mythologie grecque et romaine*, Paris, Larousse, 2003.

Béthune, Baron de, « Contribution à l'histoire du théâtre dans les anciens collèges de Belgique, spécialement à Courtrai », dans *Handelingen van den Geschied- en Oudheidkundigen Kring te Kortrijk*, III, 1910, p. 1-98.

Biet, Christian et Triau, Christophe, *Qu'est-ce que le théâtre ?*, Paris, Gallimard, 2006 (Folio. Essais, 467).

Biographie nationale, Bruxelles, Académie royale des Sciences, des Lettres et des Beaux-Arts de Belgique, 1866-1986, 44 vol.

Bjurström, Per, *Giacomo Torelli and Baroque Stage Design*, Stockholm, Nationalmuseum, 1961.

Bloemendal, Jan et Norland, Howard B. (éd.), *Neo-Latin Drama and Theatre in Early Modern Europe*, Leiden-Boston, Brill, 2013.

Bogaert, Pierre-Maurice (éd.), *Dictionnaire encyclopédique de la Bible*, 3e éd. revue et augmentée, Turnhout, Brepols, 2002.

Bolduc, Benoît, « Stefano della Bella, inventeur des gravures des *Nozze degli dei* (1637) et de *Mirame* (1641) », dans Marc Bayard (éd.), *Rome-Paris 1640*, Rome, Académie de France – Paris, Somogny, 2010, p. 481-507.

Brouwers, Louis, *De Jezuïeten te Brugge, 1570-1773, 1840-heden*, Malines, Huis Leliëndaal, 1986.

Buccheri, Alessandra, *The Spectacle of Clouds, 1439-1650. Italian Art and Theatre*, Farnham, Ashgate, 2014.

Cessac, Catherine, « Tragédie latine et tragédie en musique au collège Louis-le-Grand de Paris : l'exemple de *Saül* et *David et Jonathas* (1688) », dans Piéjus (éd.), *Plaire et instruire*, *op. cit.*, p. 203-213.

Chew, Geoffrey, « Stile concitato », dans *Grove Music Online. Oxford Music Online*, http://www.oxfordmusiconline.com (consulté le 27/12/2020).

Claeys Bouuaert, Fernand, « Une visite canonique des Maisons de la Compagnie de Jésus en Belgique (1603-1604). Rapports des visiteurs Olivier

Manare et Léonard Lessius, envoyés au P. Général Claude Aquaviva », *Bulletin de l'Institut historique belge de Rome*, 7, 1927, p. 5-116.

COELHO, Victor Arnaud, « Kapsberger's Apotheosis... of Francis Xavier (1622) and the conquering of India », dans Richard Dellamora, Daniel Fischlin (éd.), *The work of opera : Genre, nationhood, and sexual difference*, New York, Columbia University Press, 1997, p. 27-47.

COMPÈRE, Marie-Madeleine et JULIA, Dominique, *Les collèges français 16e-18e siècles. 2. Répertoire France du Nord et de l'Ouest*, Paris, INRP/CNRS, 1988.

DAINVILLE, François de, *L'éducation des jésuites (XVIe-XVIIIe siècle).* Textes réunis et présentés par Marie-Madeleine Compère, Paris, Minuit, 1978.

DELATTRE, Pierre (éd.), *Les établissements des Jésuites en France depuis quatre siècles*, tome II, Enghien-Wetteren, 1953.

DELFOSSE, Annick, « Quand la politique est conviée sur les planches. Spectacles, patriotisme et morale politique dans les collèges jésuites belges au XVIIe siècle », dans Philippe Desmette (éd.), *Eglise, pouvoir civil et enseignement (XVIe-XVIIIe siècle)*, Bruxelles, Presses de l'Université Saint-Louis, 2008, p. 33-55.

DELPLACE, Louis, « L'ancien collège des Jésuites à Bruges (1560-1773) », *Annales de la Société d'émulation pour l'étude de l'histoire et des antiquités de la Flandre*, 34 (1884), p. 1-100.

DEMEL, Bernhard, « Hoch- und Deutschmeister Leopold Wilhelm von Österreich (1641-1662) », dans Jozef Mertens (éd.), *Miscellanea Baliviae de Juncis II. Verzamelde opstellen over Alden Biesen*, Bilzen, 2000 (Bijdragen tot de geschiedenis van de Duitse Orde in de balije Biesen, deel 6), p. 223-264.

DEWITTE, Alfons, « Cornelis van den Rijne (1502-1573) organist van Sint-Donaas te Brugge. Commentaar bij een testament », *Biekorf : Westvlaams archief voor geschiedenis, oudheidkunde en folklore*, 73/5-6 (1972), p. 159-166.

DEWITTE, Alfons, « Orgels en organisten te Brugge vóór 1630 : Samenvattend overzicht », *Orgelkunst*, 24/1 (2001), p. 37-41.

DOBBINS, Franck, « Music in French theatre of the late sixteenth century », *Early Music History*, 13 (1994), p. 113-114.

DRÈZE, Céline, *Les jésuites et la musique dans les provinces gallo- et flandro-belges (2e moitié du XVIe siècle – 1773)* (thèse inédite), Louvain-la-Neuve, Université catholique de Louvain, 2011.

DRÈZE, Céline, « Un corpus inédit de méditations pour le carême, conservé dans le fonds d'archives jésuites à Anvers (XVII-XVIIIe siècles) », *Journal of the Alamire Foundation*, 3 (2011), p. 267-303.

DRÈZE, Céline, « Musical Practices among Marian Sodalities in the Gallo- and Flandro-Belgic Provinces (16th-18th centuries) », dans Daniele Filippi (éd.), *Jesuit Music*, numéro special du *Journal of Jesuit Studies*, 3/3 (2016), p. 398-414.

Drèze, Céline et Guilloux, Fabien, « Répertoire et pratiques musicales des sodalités mariales : premiers éléments d'enquête autour d'exemples parisien et anversois », dans Cécile Davy-Rigaux (éd.), *La musique d'Église et ses cadres de création dans la France d'Ancien Régime*, Firenze, Léo S. Olschki, 2014, p. 85-116 (Biblioteca della « Rivista di storia e letteratura religiosa » – Studi, vol. 30).

Duron, Jean, « Marc-Antoine Charpentier : *Mors Saülis et Jonathae – David et Jonathas*, de l'histoire sacrée à l'opéra biblique », *Revue de Musicologie*, 77/2 (1991), p. 221-268.

Dyer, Elisabeth, « Re-constructing Jesuit theatre for the modern stage : Daphnis, Pastorale, an eighteenth-century Jesuit College music-drama », *Journal of the Alamire Foundation*, 5/2 (2013), p. 263-298.

Egghe, Leo et Proot, Goran, « The estimation of the number of lost multi-copy documents : a new type of informetrics theory », *Journal of Informetrics*, 1/4 (2007), p. 257-268.

Egghe, Leo et Proot, Goran, « Estimating Editions on the Basis of Survivals : Printed Programmes of Jesuit Plays in the *Provincia Flandro-Belgica* before 1773, with a Note on the 'Book Historical Law' », *The Papers of the Bibliographical Society of America*, 102/2 (2008), p. 149-174.

Eimert, Dorothea, « Jesuitendrama und Bühnenbau in der Kölner Kirche St. Maria Himmelfahrt », *Das Münster*, 28 (1975), p. 324-330.

Ems, Grégory, *L'emblématique au service du pouvoir. La symbolique du prince chrétien dans les expositions emblématiques du collège des jésuites de Bruxelles sous le gouvernorat de Léopold-Guillaume (1647-1656)*, Louvain, Presses Universitaires de Louvain, 2016.

Ernout, Alfred, *Morphologie historique du latin*, nouv. éd. rev. et corr., avec un avant-propos par Antoine Meillet, Paris, Klincksieck, 1927.

Fabre, Pierre-Antoine, « Dépouilles d'Égypte. L'expurgation des auteurs latins dans les collèges jésuites », dans Luce Giard (éd.), *Les jésuites à la Renaissance. Système éducatif et production du savoir*, Paris, PUF, 1995, p. 55-76.

Fagiolo, Marcello, Knapp, Éva et Kilián, István (éd.), *The Sopron collection of Jesuit stage designs*, Budapest, Enciclopédia Pub. House, 1999.

Fiaschi, Annick, « Rhétorique et musique dans la seconde moitié du xviie siècle : les histoires sacrées de Marc-Antoine Charpentier », *Ostinato Rigore*, 8/9 (1996-1997), *Les musiciens au temps de Louis XIV*, p. 215-236.

Filippi, Bruna, *Il teatro degli argomenti : gli scenari seicenteschi del teatro gesuitico romano. Catalogo analitico*, Rome, IHSI, 2001.

Flammarion, Édith, *Théâtre jésuite néolatin et antiquité. Sur le* Brutus *de Charles Porée (1708)*, Rome, École française de Rome, 2002 (Collection de l'École française de Rome, 301).

Ford, Philip et Taylor, Andrew (éd.), *The Early Modern Cultures of Neo-Latin*

Drama, Louvain, Leuven University Press, 2013 (Supplementa humanistica Lovaniensia, XXXII).

FRANCIS, Elizabeth Annie, « Notes et documents. Jeu de la conversion de Saint-Guillaume d'Aquitaine », *Humanisme et Renaissance*, 4/3 (1937), p. 293-306.

FURLONG, Guillermo, « Domenico Zipoli, musico eximio en Europa y América. 1688-1726 », *Archivum Historicum Societatis Iesu*, 24 (1955), p. 418-428.

GAFFIOT, Félix, *Le grand Gaffiot. Dictionnaire Latin-Français*, nouv. éd. rev. et augm. sous la dir. de Pierre Flobert, Paris, Hachette, 2000.

GRIMAL, Pierre, *Dictionnaire de la mythologie grecque et romaine*, préface de Charles Picard, 15e éd., Paris, PUF, 2002 (2e tirage : 2005).

HANNING, Barbara Russano, « Monteverdi's Three Genera : A Study in Terminology », dans Nancy K. Baker et Barbara R. Hanning (éd.), *Musical Humanism and Its Legacy : Essays in Honor of Claude V. Palisca*, New York, Pendragon Press, 1992, p. 145-170.

HELANDER, Hans, « SO Debate : Neo-Latin Studies : Significance and Prospects », *Symbolae Osloenses*, 76 (2001), p. 5-102.

HERMAN, Jean-Baptiste, *La pédagogie des Jésuites au XVIe siècle. Ses sources. Ses caractéristiques*, Louvain, Bureaux de recueil, 1914.

HOLZER, Robert, « "Ma invan la tento et impossibil parmi" or how *guerrieri* are Monteverdi's *madrigali guerrieri* », dans Francesco Guardiani (éd.), *The sense of Marino : literature, fine arts and music of the Italian baroque*, Ottawa-New York, Legas, 1994, p. 429-450.

HOWATSON, Margaret C. (éd.), *Dictionnaire de l'Antiquité. Mythologie, littérature, civilisation*, trad. de l'anglais, Paris, Robert Laffont, 1993.

JACQUOT, Jean, « Les types de lieu théâtral et leurs transformations de la fin du Moyen Age au milieu du XVIIe siècle », dans Jean Jacquot (éd.), *Le lieu théâtral à la Renaissance*, Paris, CNRS, 1968, p. 473-509.

KENNEDY, T. Frank, « Jesuit Opera in Seventeenth-Century : *Patientis Christi memoria* by Johann Bernhard Staudt (1654-1712) », dans John O'Malley *et al.* (éd.), *The Jesuits : Cultures, Sciences, and the Arts, 1540-1773*, vol. 2, Toronto-Buffalo-London, University of Toronto Press, 2006, p. 787-801.

KISS, Dóra, « De l'escrime à la danse : croiser le fer, les arts, la pratique et la recherche », *Arrêt sur scène/scene focus*, 3 (2014), *Scènes de dispute/Quarrel Scenes*, p. 111-122.

KORY, Agnes, « Leopold Wilhelm and his patronage of music with special reference to opera », *Studia musicologica Academiae Scientiarum Hungaricae*, 36/1-2 (1995), p. 11-25.

LAWRENSON, Thomas E., « La mise en scène dans l'*Arimène* de Nicolas de Montreux », *Bibliothèque d'Humanisme et Renaissance*, 18/2 (1956), p. 286-290.

LECOMTE, Nathalie, « Les interprètes des ballets dansés au collège Louis-le-Grand de 1684 à 1699 », dans Piéjus (éd.), *Plaire et instruire*, *op. cit.*, p. 113-136.

LIEBRECHT, Henri, *Histoire du théâtre français à Bruxelles au XVIIe et au XVIIIe siècle*, Bruxelles, Société des Bibliophiles et Iconophiles de Belgique, 1923.

LOACH, Judi, « Performing in Latin in Jesuit-run Colleges in mid- to late-17th-century France : why, and with what consequences ? », dans Ford et Taylor (éd.), *The Early Modern Cultures*, *op. cit.*, p. 113-139.

LOWE, Robert W., *Marc-Antoine Charpentier et l'opéra de collège*, Paris, Maisonneuve et Larose, 1966.

LUKÁCS, Ladislaus, *Monumenta paedagogica Societatis Jesu*, vol. 5 : *Ratio atque institutio studiorum Societatis Jesu (1586-1591-1599)*, Rome, IHSI, 1986.

MAGNIEZ, Anne-Claire, « Les *exercices spirituels* sur la scène d'une congrégation mariale. L'expérience originale des Jésuites munichois (1695-1717) », dans Lambert Isebaert et Aline Smeesters (éd.), *Poésie latine à haute voix*, Turnhout, Brepols, 2013, p. 211-226.

MAMCZARZ, Irène, « La trattatistica dei gesuiti e la pratica teatrale al Collegio Romano : Maciej Sarbiewski, Jean Dubreuil e Andrea Pozzo », dans Maria Chiabo et Frederico Doglio (éd.), *I Gesuiti e i primordi del teatro barocco in Europa*, Rome, Centro Studi sul Teatro Medioevale e Rinascimentale, 1995, p. 349-388.

MAREŠ, Franz, « Beiträge zur Kenntnis der Kunstbestrebungen des Erzherzogs Leopold Wilhelm », *Jahrbuch kunsthistorischer Sammlungen des allerhöchsten Kaiserhauses*, 5 (1887), p. 343-363.

MARTIN, Jennifer A. (éd.), *Illustrated Dictionary of 17th Century Flemish Painters*, Bruxelles, Renaissance du Livre, 1994.

MAUSS, Marcel, « Les techniques du corps », dans *Sociologie et anthropologie*, Paris, Presses Universitaires de France, 2006, p. 364-386.

MAZOUER, Charles, « Les intermèdes de l'*Arimène* de Montreux (château de Nantes, février 1596) », *Les cahiers d'Artes*, 7 (2011), *Corps dansant, corps glorieux. Musique, danses et fêtes de cour en Europe au temps d'Henri IV et de Louis XIII*, éd. Marie-Bernadette Dufourcet et Anne Surgers, p. 141-159.

MCGOWAN, Margaret M., *L'Art du ballet de cour en France, 1581-1643*, Paris, CNRS, 1963 (réimpr. 1978).

MERTENS, Jozef et AUMANN, Franz (éd.), *Krijg en Kunst. Leopold Willem (1614-1662), Habsburger, Landvoogd en Kunstverzamelaar*, Alden Biesen, Landcommanderij Alden Biesen, 2003.

MERTENS, Jozef, « De gehuldigde krijgsheer », dans Mertens et Aumann (éd.), *Krijg en Kunst*, *op. cit.*, p. 71-87.

MEULEMEESTER, Jean-Luc, *Jacob van Oost de Oudere en het zeventiede-eeuwse Brugge*, Bruges, Westvlaamse gidsenkring, 1984.

MILESI, Francesco (éd.), *G. Torelli. L'invenzione scenica nell'Europa barocca*, Fano, Fondazione Cassa di risparmio, 2000.

MONTEYNE, Martine, « Foundations and their impact on the flourishing of polyphony : Case-study of a foundation at the Collegiate Church of Saint Donatian in Bruges by Dyno Rappondi, merchant of Lucca », *Yearbook of the Alamire Foundation*, 3 (1999), p. 123-133.

MOUL, Victoria (éd.), *A Guide to Neo-Latin Literature*, Cambridge, Cambridge University Press, 2017.

PACHTLER, Georg Michael, *Ratio studiorum et institutiones scholasticae Societatis Jesu per Germaniam olim vigentes*, 4 tomes, Osnabrück, Biblio-Verlag, 1968.

PAPEBROCHIUS, Daniel, *Annales Antverpienses ab urbe condita ad annum MDCC collecti ex ipsius civitatis monumentis publicis privatisque Latinae ac patriae linguae*, vol. IV, Anvers, Buschmann, 1847.

PHILIPPETH, Guido, *De muziek uit het liedboek "Het Prieel der Gheestelijcke Melodie"*, Leuven, KUL, 1967 (Licenciaatsverhandeling).

PIÉJUS, Anne (éd.), *Plaire et instruire. Le spectacle dans les collèges de l'Ancien Régime*, Rennes, Presses Universitaires de Rennes, 2007.

POHLE, Frank, *Glaube und Beredsamkeit. Katholisches Schultheater in Jülich-Berg, Ravenstein und Aachen (1601-1817)*, Münster, Rhema, 2010.

PONCELET, Alfred, *Histoire de la Compagnie de Jésus dans les Anciens Pays-Bas. Établissement de la Compagnie de Jésus en Belgique et ses développements jusqu'à la fin du règne d'Albert et Isabelle*, 2 tomes, Bruxelles, Lamertin, 1927.

PONCELET, Alfred, *Nécrologe des jésuites de la Province flandro-belge*, Wetteren, De Meester, 1931.

PORTEMAN, Karel, *Emblematic exhibitions (*affixiones*) at the Brussels Jesuit College (1630-1685) : a study of the commemorative manuscripts (Royal Library, Brussels)*, Bruxelles, Bibliothèque Royale, 1996.

PORTEMAN, Karel, « 9 september 1616 : De heilige Jan Berchmans speelt te Mechelen de rol van de H. Nathalia. Het jezuïetentoneel in de Zuidelijke Nederlanden », dans Robert L. Erenstein (éd.), *Een theatergeschiedenis der Nederlanden*, Amsterdam, Amsterdam University Press, 1996, p. 170-177.

POWELL, John S., « L'air de cour et le théâtre de collège au XVIIe siècle », dans Georgie Durosoir (éd.), *Poésie, musique et société. L'Air de cour en France au XVIIe siècle*, Sprimont, Mardaga, 2006, p. 317-325.

PRIEM, Felix, *Précis analytique des documents que renferme le dépôt des archives de la Flandre occidentale à Bruges : Comptes du Franc*, 9 volumes, Bruges, Vandecasteele-Werbrouck, 1840-1858.

PROOT, Goran, « Contribution au théâtre des jésuites flamands. Les pièces perdues, les titres retrouvés », *Archief- en Bibliotheekwezen in België*, 59/1-4 (1998), p. 111-171.

PROOT, Goran, « Het Brugs Jezuïetentoneel in de zeventiende en achttiende eeuw », *Vereniging van Religieuswetenschappelijke Bibliothecarissen. Informatie* 30/1-4 (2000), p. 3-19.

PROOT, Goran, « Leopold Willem en het Jezuïetentoneel in de "Provincia Flandro-Belgica" », dans Mertens et Aumann (éd.), *Krijg en Kunst*, *op. cit.*, p. 65-70.

PROOT, Goran, « Musique, danse et ballet dans le théâtre scolaire des jésuites de la Provincia Flandro-Belgica », *Revue liégeoise de musicologie*, 27 (2008), p. 121-167.

PROOT, Goran, *Het schooltoneel van de jezuïeten in de* Provincia Flandro-Belgica *tijdens het ancien régime [1575-1773]*, Proefschrift (Promotor : prof. dr. H. Meeus), Universiteit Antwerpen, Faculteit Letteren en Wijsbegeerte, 2008.

PURKIS, Helen M. C., « Quelques observations sur les intermèdes dans le théâtre des Jésuites en France », *Revue d'histoire du théâtre*, 18 (1966), p. 182-198.

RADKE-STEGH, Marlis, *Der Theatervorhang. Ursprung – Geschichte – Funktion*, Meisenheim am Glan, Verlag Anton Hain, 1978.

RÄDLE, Fidel, « Jesuit Theatre in Germany, Austria and Switzerland », dans Bloemendal et Norland (éd.), *Neo-Latin Drama*, *op. cit.*, p. 185-292.

REBITSCH, Robert, « Leopold Wilhelm als Oberbefehlshaber der kaiserlichen Armee im Dreißigjährigen Krieg », dans Mertens et Aumann (éd.), *Krijg en Kunst*, *op. cit.*, p. 9-14.

ROEGIERS, Jan, « Spanje, Habsburg, en Europa : de Nederlanden onder Leopold Willem », dans Mertens et Aumann (éd.), *Krijg en Kunst*, *op. cit.*, p. 23-27.

SALA, Emilio et MARINCOLA, Frederico, « La musica nei drammi gesuitici : il caso dell "Apotheosis sive consecratio sanctorum Ignatii et Francisci Xaverii" », dans Maria Chiabo et Frederico Doglio (éd.), *I Gesuiti e i Primordi del Teatro Barocco in Europa*, Rome, Centro Studi sul Teatro Medioevale e Rinascimentale, 1995, p. 389-405.

SANTIS, Mila de, *Domenico Zipoli. Itinerari iberoamericani della musica italiana nel settecento*, Firenze, Olschki, 1994 (Quaderni della Rivista italiana di musicologia, 31).

SCHREIBER, Renate, *« Ein galeria nach meinem humor ». Erzherzog Leopold Wilhelm*, Vienne, Kunsthistorisches Museum Wien, 2004 (Schriften des Kunsthistorischen Museums, 8).

SMELIK, Jan, *Het Prieel der Gheestelijcke Melodie (Brugge 1609, Antwerpen 1614 & 1617). Een onderzoek naar functies, herkomst en verspreiding* (thèse inédite), Utrecht, Universiteit Utrecht, 1992.

SOMMERVOGEL, Carlos *et al.* (éd.), *Bibliothèque de la Compagnie de Jésus*, 12 volumes, Bruxelles, Schepens, 1890-1960.

SPOELDER, Jan, *Prijsboeken op de Latijnse school, 1585-1876*, Amsterdam – Maarssen, Apa-Holland Universiteits Pers, 2000.

STROHM, Reinhard, *Music in Late Medieval Bruges*, éd. revue, Oxford, Clarendon Press, 1990.

STRYCKERS, Piet, « Muziek aan het hof van Leopold Wilhelm en de opkomst van de barok in de Zuidelijke Nederlanden », dans Louis Peter Grijp (éd.), *Een muziekgeschiedenis der Nederlanden*, Amsterdam, Amsterdam University Press, 2001, p. 296-301.

STRYCKERS, Piet, « Vivat Vivat Leopoldus, Mecenatus nostri munificentissime. Het muziekmecenaat van Leopold Willem in Brussel », dans Mertens et Aumann (éd.), *Krijg en Kunst*, *op. cit.*, p. 109-118.

SURGERS, Anne, *Scénographies du théâtre occidental*, Paris, Nathan, 2000.

SZAROTA, Elida Maria, *Das Jesuitendrama im deutschen Sprachgebiet. Eine Periochen-Edition*, Munich, Fink, 4 volumes, 1979-1987.

TERZIAN, Alicia, *La musica de las missiones jesuiticas : Domenico Zipoli y musicos indigenas anonimos*, Buenos Aires, Centro Internacional para la Conservacion del Patrimonio, 1999.

THIEFFRY, Sandrine, « L'archiduc Léopold Guillaume à Bruxelles (1647-1656) : le bon usage du mécénat musical en temps de guerre », *Revue belge de musicologie*, 56 (2002), p. 159-175.

THIEME, Ulrich et BECKER, Felix, *Allgemeines Lexikon der Bildenden Künstler. Von der Antike bis zur Gegenwart*, 37 volumes, Leipzig, Engelmann, 1907-1950.

T'HOOFT, Sigrid, « De opera "Ulisse all'Isola di Circe" in Brussel », dans Mertens et Aumann (éd.), *Krijg en Kunst*, *op. cit.*, p. 119-128.

UNGER, Hans-Heinrich, *Die Beziehungen zwischen Musik und Rhetorik im 16.-18. Jahrhundert*, Würzburg, Triltsch Verlag, 1941.

UNTERKIRCHER, Franz, *Inventar der illuminierten Handschriften, Inkunabeln und Frühdrucke der Österreichischen Nationalbibliothek*, Teil 1 : *Die abendländischen Handschriften*, Vienne, Georg Prachner Verlag, 1957 (Museion. Veröffentlichungen der Österreichischen Nationalbibliothek, Neue Folge, II/2).

VALENTIN, Jean-Marie, *Le théâtre des jésuites dans les pays de langue allemande (1554-1680)*, 3 volumes, Berne, Peter Lang, 1978.

VALENTIN, Jean-Marie, *Theatrum catholicum : les Jésuites et la scène en Allemagne au* XVIe *et au* XVIIe *siècles*, Nancy, Presses universitaires, 1990.

VAN AELBROUCK, Jean-Philippe, *Dictionnaire des danseurs à Bruxelles de 1600 à 1830*, Liège, Mardaga, 1994.

VAN AERDE, Raymond, *Bijdrage tot het geschiedenis van het tooneel te Mechelen. Het schooldrama bij de jezuïeten*, Malines, H. Dierickx-Beke, s.d. [1938 ?].

VAN DEN BOOGERD, Leonardus, *Het jezuïetendrama in de Nederlanden*, Groningen, J. B. Wolters, 1961.

VANDEN HAUTE, Charles, *La corporation des peintres de Bruges*, Bruges, P. Van Cappel-Missiaen, 1913.

VAN DE VORST, Charles, « Instructions pédagogiques de 1625 et 1647 pour les collèges de la province Flandro-Belge », *Archivum Historicum Societatis Jesu*, 19 (1950), p. 181-236.

VANUXEM, Jacques, « Les fêtes théâtrales de Louis XIV et le baroque de la *Finta Pazza* à *Psyché* (1645-1671) », dans *Le baroque au théâtre et la théâtralité du baroque*, Montauban, centre national de recherches du baroque, 1967, p. 31-43.

VERHAERT, Maria, *Het Prieel der Gheestelijcke Melodie* (mémoire de licence), Leuven, Katholieke Universiteit Leuven, 1951.

VERMEIR, René, « Leopold Willem als landvoogd van de Spaanse Nederlanden (1647-1656) », dans Mertens et Aumann (éd.), *Krijg en Kunst*, *op. cit.*, p. 39-51.

VERSTEGEN, Vedast, « Het Prieel der Gheestelijcke Melodie », *Tijdschrift voor Taal en Letteren*, 28 (1940), p. 245-264.

VISENTIN, Hélène, « Au cœur d'une mutation socio-politique et esthétique de l'art dramatique en France : le théâtre à machines à la cour et à la ville », dans Bayard (éd.), *Rome-Paris 1640*, *op. cit.*, p. 509-520.

VISENTIN, Hélène, « Machine plays », dans John D. Lyons (éd.), *Oxford Handbook of the Baroque*, Oxford, Oxford University Press, 2019, p. 386-408.

WALDACK, Charles F., *Historia Provinciae Flandro-Belgicae Societatis Jesu, quam e veteribus documentis colligit. Annus unus, speciminis causa 1638us*, Gand-Bruxelles, H. Goemaere, 1867.

SITOGRAPHIE

Biblia Sacra juxta Vulgatam Clementinam, http://vulsearch.sourceforge.net (consulté le 13/12/2021)

Grove Music Online. Oxford Music Online, http://www.oxfordmusiconline.com (consulté le 13/12/2021)

Projet « Culture du spectacle baroque », http://web.philo.ulg.ac.be/csb/ (consulté le 13/12/2021)

Projet « Dramata festiva. Le théâtre des Jésuites au Collège de Luxembourg » – http://w3.restena.lu/cul/PERIOCHAE/Prooemium/T_001_Periochae.html (consulté le 13/12/2021)

Projet « Japan on the Jesuit Stage » mené par le Ludwig Boltzmann Institute for Neo-Latin Studies en collaboration avec l'Otsuma Women's University de

Tokyo – https://neolatin.lbg.ac.at/research/former-research-lines-2011-2017 (consulté le 13/12/2021)

DISCOGRAPHIE

Apotheosis sive consecratio sanctorum Ignatii et Francisci Xaverii de Johannes Hieronymus Kapsberger et *San Ignacio de Loyola* de Domenico Zipoli, enregistrés par l'ensemble Abendmusik, sous la direction de James Davis Christie (Dorian Recordings, 2003).

San Ignacio de Loyola de Domenico Zipoli, enregistré par l'ensemble Elyma, sous la direction de Gabriel Garrido (K617, 1996).

David et Jonathas de Marc-Antoine Charpentier, enregistré par l'ensemble « Les Arts florissants », sous la direction de William Christie (Harmonia Mundi, 2012).

INDEX DES NOMS PROPRES

TABLE DES MATIÈRES

ARMA VICTRICIA

(BRUGES, 1652)

IMPRIM'VERT®

Achevé d'imprimer par Corlet,
Condé-en-Normandie (Calvados),
en Mai 2022
N° d'impression : 176035 - dépôt légal : Mai 2022
Imprimé en France